Managementwissen für Studium und Praxis

Herausgegeben von Professor Dr. Dietmar Dorn und Professor Dr. Rainer Fischbach

Bisher erschienene Werke:

Behrens · Kirspel, Grundlagen der Volkswirtschaftslehre
Behrens, Makroökonomie – Wirtschaftspolitik
Bichler · Dörr, Personalwirtschaft – Einführung mit Beispielen aus SAP® R/3® HR®
Blum, Grundzüge anwendungsorientierter Organisationslehre
Bontrup, Volkswirtschaftslehre
Bontrup, Lohn und Gewinn
Bradtke, Mathematische Grundlagen für Ökonomen
Bradtke, Übungen und Klausuren in Mathematik für Ökonomen
Bradtke, Statistische Grundlagen für Ökonomen
Busse, Betriebliche Finanzwirtschaft, 5. Auflage
Clausius, Betriebswirtschaftslehre I
Clausius, Betriebswirtschaftslehre II
Dorn · Fischbach, Volkswirtschaftslehre II, 3. Auflage
Ellinghaus, Werbewirkung und Markterfolg
Fank, Informationsmanagement
Fank · Schildhauer · Klotz, Informationsmanagement: Umfeld – Fallbeispiele
Fiedler, Einführung in das Controlling
Fischbach, Volkswirtschaftslehre I, 11. Auflage
Fischer, Vom Wissenschaftler zum Unternehmer
Frodl, Dienstleistungslogistik
Götze, Techniken des Business-Forecasting
Gohout, Operations Research
Haas, Kosten, Investition, Finanzierung – Planung und Kontrolle, 3. Auflage
Haas, Marketing mit EXCEL, 2. Auflage
Hardt, Kostenmanagement
Heine · Herr, Volkswirtschaftslehre
Hofmann, Globale Informationswirtschaft
Hoppen, Vertriebsmanagement
Koch, Marketing
Koch, Marktforschung, 2. Auflage
Koch, Gesundheitsökonomie: Kosten- und Leistungsrechnung
Krech, Grundriß der strategischen Unternehmensplanung
Kreis, Betriebswirtschaftslehre, Band I, 5. Auflage
Kreis, Betriebswirtschaftslehre, Band II, 5. Auflage
Kreis, Betriebswirtschaftslehre, Band III, 5. Auflage
Laser, Basiswissen Volkswirtschaftslehre
Lebefromm, Controlling – Einführung mit Beispielen aus SAP® R/3®, 2. Auflage
Lebefromm, Produktionsmanagement – Einführung mit Beispielen aus SAP® R/3®, 4. Auflage
Martens, Statistische Datenanalyse mit SPSS für Windows
Mensch, Kosten-Controlling
Olivier, Windows-C – Betriebswirtschaftliche Programmierung für Windows
Peto, Einführung in das volkswirtschaftliche Rechnungswesen, 5. Auflage
Piontek, Controlling
Piontek, Beschaffungscontrolling, 2. Auflage
Piontek, Global Sourcing
Posluschny, Kostenrechnung für die Gastronomie
Posluschny · von Schorlemer, Erfolgreiche Existenzgründungen in der Praxis
Reiter · Matthäus, Marktforschung und Datenanalyse mit EXCEL, 2. Auflage
Reiter · Matthäus, Marketing-Management mit EXCEL
Rudolph, Tourismus-Betriebswirtschaftslehre
Rüth, Kostenrechnung, Band I
Sauerbier, Statistik für Wirtschaftswissenschaftler
Schaal, Geldtheorie und Geldpolitik, 4. Auflage
Scharnbacher · Kiefer, Kundenzufriedenheit, 2. Auflage
Schuchmann · Sanns, Datenmanagement mit MS ACCESS
Schuster, Kommunale Kosten- und Leistungsrechnung
Stahl, Internationaler Einsatz von Führungskräften
Steger, Kosten- und Leistungsrechnung, 2. Auflage
Stock, Informationswirtschaft
Weindl · Woyke, Europäische Union, 4. Auflage
Zwerenz, Statistik

Grafische und empirische

Techniken des Business-Forecasting

Lehr- und Übungsbuch für Betriebswirte und Wirtschaftsinformatiker

Von
Professor
Dr. Wolfgang Götze

R. Oldenbourg Verlag München Wien

Die Deutsche Bibliothek - CIP-Einheitsaufnahme

Götze, Wolfgang:
Grafische und empirische Techniken des Business-Forecasting : Lehr- und Übungsbuch für Betriebswirte und Wirtschaftsinformatiker / von Wolfgang Götze. – München ; Wien : Oldenbourg, 2000
(Managementwissen für Studium und Praxis)
ISBN 3-486-25514-2

Rosenheimer Straße 145, D-81671 München
Telefon: (089) 45051-0
www.oldenbourg-verlag.de

Gedruckt auf säure- und chlorfreiem Papier
Gesamtherstellung: WB-Druck, Rieden

ISBN 3-486-25514-2

Inhaltsverzeichnis

So überschlägt sich die Zeit wie ein Stein vom Berge kommend, und man weiß nicht, wo sie hinkommt und wo man ist.

Goethe,
an Johann Heinrich Meyer, 18.3.1797

Vorwort

Das vorliegende Lehr- und Übungsbuch ist aus meiner Lehrveranstaltung Operationsforschung II für Wirtschaftsinformatiker an der Fachhochschule Stralsund entstanden.
Der erste Teil umfasst Techniken der Beschreibung und Extrapolation von Zeitreihen, die auch bei der Ausbildung von Betriebswirten eine Rolle spielen. Es handelt sich hierbei um das klassische Business-Forecasting. Im zweiten Teil werden Zeitreihen mit Hilfe von Wahrscheinlichkeitsmodellen analysiert und prognostiziert. Hierbei steht die Wechselwirkung zwischen Modelling und Forecasting im Mittelpunkt.
Für das Verständnis beider Teile sind Kenntnisse aus dem Grundstudium Statistik für Wirtschaftler ausreichend.
Die Zeitreihen-Beispiele stammen schwerpunktmäßig aus der Verkehrs- und Tourismuswirtschaft und der Lebensmittelbranche. Darüber hinaus werden auch einige volkswirtschaftliche Reihen und Börsenindizes betrachtet.
Bei der Stoffvermittlung wird auf eine beispielorientierte Vermittlung der Ansätze und Techniken Wert gelegt. Jedes Kapitel enthält einen zweigeteilten Übungspart: Die klassischen Übungsaufgaben und Kontrollfragen dienen der Festigung von Begriffen und der Ausprägung manueller Fertigkeiten. Sie sind darüber hinaus zur Klausurvorbereitung gedacht.
Die Aufgaben für den Laborbetrieb eignen sich zur Einstimmung auf eine Hausarbeit, in der Zeitreihen zu recherchieren, zu analysieren und fortzuschreiben sind. Als Programmpaket wird SPSS mit dem Modul Trends genutzt.
Die Arbeitsabläufe des Business-Forecasting sind in Struktogrammen formalisiert und bei komplexen Fragestellungen zusätzlich tabellarisch untersetzt.
Im Verlauf des mehrjährigen Lehrbetriebs hat sich gezeigt, dass mit einer Dreiteilung aus beispielorientierter Stoffvermittlung, klassischen

Übungen und PC-Sitzungen bemerkenswerte Lernerfolge der Studierenden erreichbar sind. Eine kombinierte Fachprüfung aus Klausur und Hausarbeit sichert diesem Lehrkonzept nachhaltige Akzeptanz.

Der Autor bedankt sich bei seinen Tutoren H. Beckmann und C. Kramer für ihren engagierten Einsatz im Laborbetrieb. Die gründliche Durchsicht des Manuskripts ist Frau Dipl. Math. Uta Knöchel zu danken.
Zahlreiche dankenswerte Anregungen aus der Verkehrsstatistik sind von Frau Dr. Link vom Deutschen Institut für Wirtschaftsforschung Berlin gekommen.
Gedankt wird last but not least Herrn Weigert vom R. Oldenbourg-Verlag für die nette Zusammenarbeit.

Berlin

Wolfgang Götze

1. Deskriptive Zeitreihenanalyse und Prognose

Die zeitliche Veränderung eines Merkmals X steht im Mittelpunkt der Zeitreihenanalyse. Dieses Merkmal X wird für verschiedene Zeitpunkte t (z. B. Kassenstand am Monatsanfang, Lagerbestand zum Schichtbeginn) oder für verschiedene Zeitperioden t (z. B. Umsatz eines Monats, Jahreseinkommen) beobachtet, so dass als Ergebnis eine zeitliche Folge dieser mit x_t bezeichneten Beobachtungen vorliegt. Der Zeitparameter t durchläuft meist die Menge der natürlichen Zahlen. Die Menge der Beobachtungen

$$\{x_t\} \quad \text{für} \quad t = 1,2,\ldots,n$$

heißt **Zeitreihe**. Die Analyse einer Zeitreihe soll insbesondere dynamische Gesetzmäßigkeiten eines Merkmals aufdecken. Sie ist der Regressionsanalyse verwandt, wenn die Zeit als Regressor und das zu untersuchende Merkmal X als Regressand gedeutet werden.

Beispiel 1.1 Die Zahl der jährlich auf dem größten Flughafen Europas (London-Heathrow) abgefertigten Fluggäste wächst seit vielen Jahren überproportional. Der Anstieg ist vor allem dem Wachstum des Fernreise-Tourismus im Zusammenhang mit der Drehscheibenfunktion des Airports (Zubringer- und Verteiler-Verkehr) zuzuschreiben.

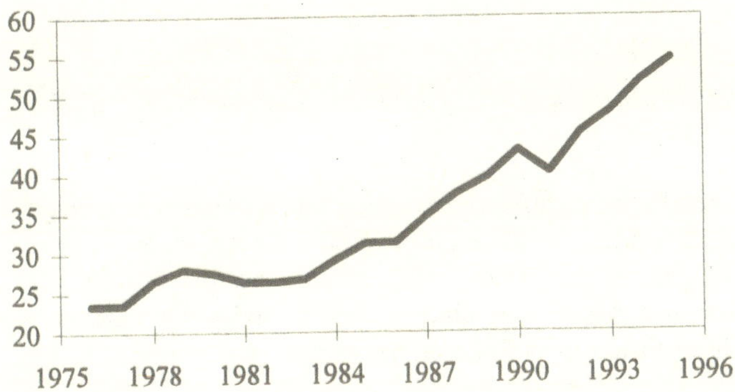

Bild 1.1 Anzahl der jährlich abgefertigten Fluggäste auf dem Flughafen London-Heathrow

Ein wichtiger Ansatz zur Analyse einer Zeitreihe ist die gedankliche Zerlegung in interpretierbare Komponenten, wie Trend, Saison, Zyklen und Rest:

$$x_t = x_T(t) + x_S(t) + x_Z(t) + x_R(t).$$

Diese Komponenten sind jedoch nicht beobachtbar und dienen lediglich als Modellvorstellung. Die Trendkomponente $x_T(t)$, meist einfach als Trend bezeichnet, spiegelt die langfristige, über den gesamten Beobachtungszeitraum reichende Niveauveränderung von X wider. Sie kann von überjährigen Zyklen $x_Z(t)$ begleitet sein und wird meist mit dem Trend zur sogenannten glatten Komponente $x_G(t)$ zusammengefasst. Unterjährige Schwankungen, die meist jahreszeitlich bedingt sind, zeigt die Saisonkomponente $x_S(t)$ an.

Beispiel 1.2 Die Zahl der monatlich auf dem Airport Singapore-Changi abgefertigten Flugpassagiere folgt dem weltweit zu beobachtenden Wachstumstrend im Luftverkehr. Die Grafik weist auf einen linearen Trend und ein saisonales Muster hin, bei dem Spitzen in den Sommermonaten und am Jahresende auffallen.

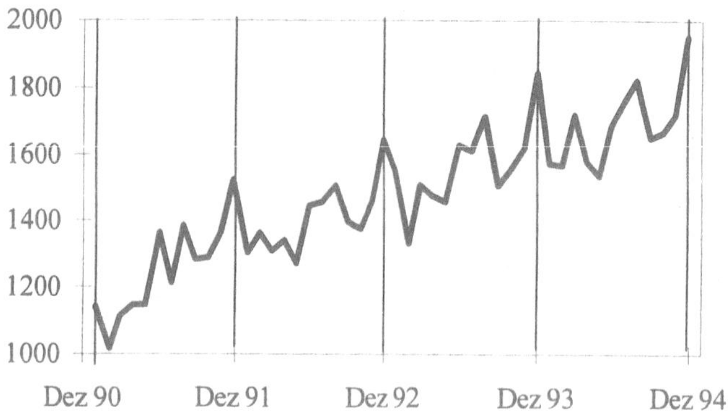

Bild 1.2 Anzahl der monatlich abgefertigten Fluggäste auf dem Flughafen Singapore-Changi

Kurzfristige, zufallsbedingte Schwankungen und Störungen, die sogenannten Schocks, sind in der Restkomponente $x_R(t)$ enthalten.
Eine Zeitreihenanalyse gibt nicht nur Auskunft über die Struktur der einzelnen Komponenten. Sie bereitet auch den Boden für eine Fortschreibung dieser Struktur im Rahmen der Prognoserechnung.

1.1 Trendanalyse und Extrapolation

Falls eine Zeitreihe keine Saisonalität aufweist, wie etwa die Jahresreihe im Beispiel 1.1, kann eine Regression des zu beschreibenden Merkmals X auf die Zeit t modelliert werden. Zu bestimmen sind dann der Wachstumstyp und eine adäquate Modellklasse von Zeitfunktionen. Die Parameter der Zeitfunktion sollen sich aus den Daten hinreichend zuverlässig schätzen lassen. Das Schätzverfahren muss seiner-

seits gewissen Gütekriterien genügen. Falls extreme Werte (Ausreißer) in den Daten zu vermuten sind, muss eine geeignete Alternative modell- oder verfahrensseitig angeboten werden.
Angesichts der Risiken sollte die Extrapolation des Trends einen Prognoseschlauch umfassen, in dem zukünftige Beobachtungen liegen könnten.

1.1.1 Analyse und Extrapolation von Trend-Polynomen

Falls sich das Wachstum mit einer Zeitfunktion vom Typ eines Polynoms (lineare Funktion, quadratische Parabel, kubische Parabel usw.) beschreiben lässt, können mit Hilfe der Methode der kleinsten Quadrate eindeutig bestimmte Modellkoeffizienten geschätzt werden. Eine Voraussetzung, vor allem bei sehr kurzen Zeitreihen von 20 und weniger Werten, besteht darin, dass Ausreißer nicht zu befürchten sind. Andernfalls könnte die geschätzte Modellfunktion erheblich verfälscht sein.
Ein quadratischer Ansatz führt zu den Berechnungsvorschriften

$$\hat{x}_t = x_T(t) = \hat{a}_0 + \hat{a}_1 t + \hat{a}_2 t^2$$

$$\hat{a}_0 = \overline{x} - \hat{a}_1 \overline{t} - \hat{a}_2 \overline{t^2} \qquad \hat{a}_1 = \frac{s^2_{T^2}\, s_{TX} - s_{T^2T}\, s_{T^2X}}{s^2_T\, s^2_{T^2} - (s_{T^2T})^2}$$

$$\hat{a}_2 = \frac{-s_{T^2T}\, s_{TX} + s^2_T\, s_{T^2X}}{s^2_T\, s^2_{T^2} - (s_{T^2T})^2}$$

mit den Verschiebeformeln

$$s_{TX} = \overline{tx} - \overline{t} \cdot \overline{x} \qquad s_{T^2X} = \overline{t^2x} - \overline{t^2} \cdot \overline{x}$$

$$s^2_{T^2} = \overline{t^4} - (\overline{t^2})^2 \qquad s_{T^2T} = \overline{t^3} - \overline{t^2} \cdot \overline{t} \qquad s^2_T = \overline{t^2} - (\overline{t})^2$$

Im Beispiel 1.1 könnte der grafischen Darstellung nach eine Parabel angemessen sein. Für die Kovarianzen und Varianzen ergibt sich bei diesem Ansatz

$$s_T^2 = 143{,}5 - 10{,}5^2 = 33{,}25 \quad s_{T^2}^2 = 36133{,}3 - 143{,}5^2 = 15541{,}05$$

$$s_{T^2T} = 2205 - 143{,}5 \cdot 10{,}5 = 698{,}25 \quad s_{TX} = 416{,}18 - 10{,}5 \cdot 34{,}71 = 51{,}72$$

$$s_{T^2X} = 6140{,}82 - 143{,}5 \cdot 34{,}71 = 1159{,}94$$

und nachfolgend für die Parameter der Trendparabel

$$\hat{a}_1 = \frac{155541{,}05 \cdot 51{,}72 - 698{,}25 \cdot 1159{,}94}{33{,}25 \cdot 15541{,}05 - 698{,}25^2} = -0{,}208$$

$$\hat{a}_2 = \frac{-698{,}25 \cdot 51{,}72 + 33{,}25 \cdot 1159{,}94}{33{,}25 \cdot 15541{,}05 - 698{,}25^2} = 0{,}084$$

$$\hat{a}_0 = 34{,}71 + 0{,}208 \cdot 10{,}5 - 0{,}084 \cdot 143{,}5 = 24{,}84$$

Zum Vergleich wird eine weitere, lineare Funktion angepasst. Deren Bestimmtheitsmaß[1] liegt allerdings deutlich unter dem der Trendparabel ($R^2_{lin} = 90{,}8\% < R^2_{qua} = 97{,}8\%$). Der deutliche Unterschied erhärtet den optischen Eindruck von der unterschiedlichen Anpassungsgüte beider Funktionen aus der grafischen Darstellung (siehe Bild 1.1.1).

Wesentlich für die Treffsicherheit einer Prognose ist die Schätzgüte der Trendfunktion für Werte am aktuellen Rand, d.h. für die letzten Beobachtungsperioden. Auch unter diesem Gesichtspunkt ist eine quadratische Parabel vorzuziehen.

Durch Extrapolation bis zum Jahr 2000 ergeben sich, vom Ursprungsjahr $n \approx 1995$ aus gerechnet, für die Folgejahre n+1, n+2, n+3 usw. die sogenannten Punktprognosen

$$\hat{x}_n(1) = 57{,}5 \quad \hat{x}_n(2) = 60{,}9 \quad \hat{x}_n(3) = 64{,}5 \quad \hat{x}_n(4) = 68{,}2$$
$$\hat{x}_n(5) = 72{,}1.$$

Die tatsächlichen Passagierzahlen weichen jedoch mit Sicherheit von den prognostizierten Werten ab. So steht beispielsweise dem Prognosewert für 1996 mit 57,5 Mio. Fluggästen ein Ist-Wert von 55,8 Mio. Fluggästen gegenüber.

[1] Das Bestimmtheitsmaß ist das prozentuale Verhältnis von modellseitig erklärter Varianz zur Gesamtvarianz von $\{x_t\}$.

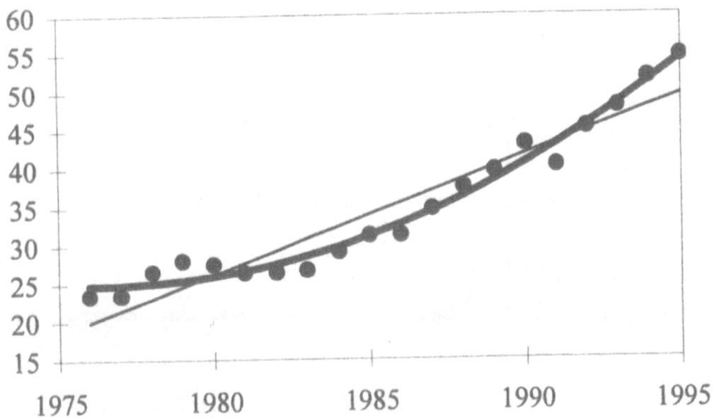

Bild 1.1.1 Lineare und quadratische Trendfunktionen (Bsp. 1.1)

Da eine Punktprognose mit hohem Risiko verbunden ist, werden meist Prognoseintervalle (Vertrauensintervalle) berechnet, in denen die zukünftige Entwicklung höchstwahrscheinlich verlaufen wird. Es gibt verschiedene Ansätze, um derartige Prognoseschläuche zu konstruieren.

Mit Hilfe der Restvarianz s_R^2 und einer Gewichtungsfunktion g(h) lässt sich die Varianz des Prognosefehlers s_h^2 für die Periode n+h berechnen. Für eine Trendgerade gilt folgende Berechnungsformel (Rönz [1992])

$$s_h^2 = s_R^2 \cdot g(h) = s_R^2 \left(1 + \frac{1}{n} + \frac{\left(n + h - \frac{1}{n} \sum_{t=1}^{n} t \right)^2}{\sum_{t=1}^{n} (t - \bar{t})^2} \right).$$

Mit zunehmender Entfernung vom letzten Beobachtungswert x_n steigen die Varianz des Prognosefehlers s_h^2 und damit das Risiko der Schätzung. Ein Intervall um die Punktprognose $\hat{x}_n(h)$ entsteht, wenn ein Vielfaches (meist das Zweifache) der Standardabweichung des Prognosefehlers addiert und subtrahiert wird

$$\hat{x}_n(h) \pm k \cdot s_h .$$

Für Trendfunktionen höherer Ordnung (quadratische und kubische Parabel) lassen sich entsprechend kompliziertere Gewichtsformeln herleiten, mit denen die Varianz des Prognosefehlers näherungsweise bestimmt werden kann (siehe Hartung [1991]). Die Aufweitung des Prognoseschlauchs nimmt mit der Trendordnung zu.

Tabelle 1.1.1 Vertrauensintervalle für eine lineare Trendfunktion (Bsp. 1.1)

Jahr	t	Prognose $\hat{x}_{20}(h)$	Gewichte g(h)	Prognose-fehler-varianz s_h^2	unteres Prognose-intervall	oberes Prognose-intervall
1996	21	51,052	1,164	9,516	44,882	57,222
1997	22	52,608	1,173	9,589	46,415	58,801
1998	23	54,164	1,182	9,663	47,947	60,373
1999	24	55,720	1,191	9,739	49,478	61,937
2000	25	57,276	1,201	9,816	51,010	63,542

$$\hat{x}_{20}(h) = 18{,}376 + 1{,}556 \cdot (20 + h) \quad s_R^2 = 8{,}175.$$

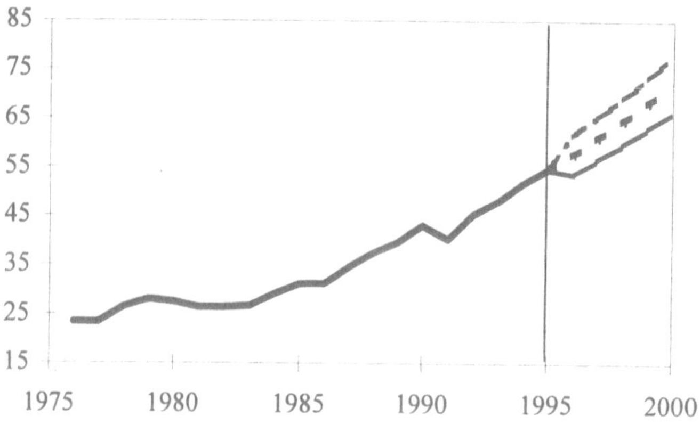

Bild 1.1.2 Trendextrapolation mit einer quadratischen Funktion und statistische Prognoseintervalle (Bsp. 1.1)

Eine etwas einfachere Alternative zur Ableitung von **Intervallprognosen** besteht darin, den Trendverlauf für die Zukunft sowohl optimistisch als auch pessimistisch einzuschätzen.
Im Beispiel 1.1 könnte eine kubische Parabel für die optimistische Sicht auf eine Entwicklung der Flugpassagiere stehen. Pessimistisch wäre demgegenüber eher eine lineare Steigerung für die Zukunft zu unterstellen. Das arithmetische Mittel der beiden Extreme würde dann eine alternative Punktprognose ergeben.

Im Unterschied zur Risikoabschätzung im ersten Ansatz kann bei der alternativen Extrapolation zusätzlich auf Expertenwissen zurückgegriffen werden.

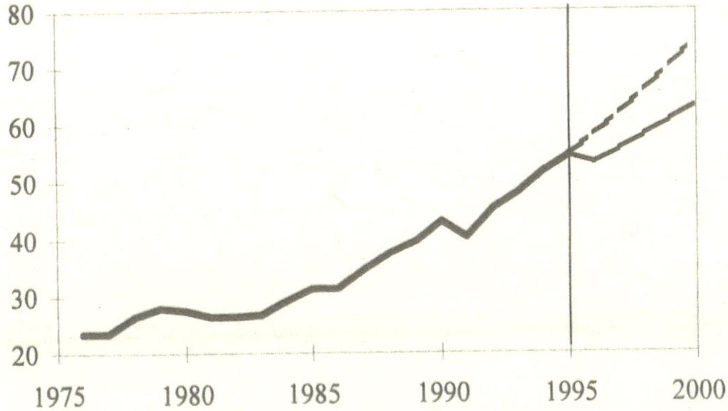

Bild 1.1.3 Optimistische und pessimistische Randprognose mittels Exponentialfunktion und kubischer Parabel (Bsp. 1.1)

1.1.2 Trendanalyse und Extrapolation mit ausgewählten transzendenten Funktionen

Während in den vorangegangenen Abschnitten polynomiales Wachstum des Merkmals X behandelt wurde, sollen nun exponentiell-progressive oder logarithmisch-degressive Wachstumstypen betrachtet werden. Als Trendfunktionen dienen die Exponential- bzw. Logarithmusfunktion. Mitunter reicht es schon aus eine exponentielle oder eine logarithmische Zeitachse zu wählen und dann erneut auf einen polynomialen Ansatz zurück zu greifen. Man spricht auf diese Weise von einer quasilinearen Regression, bei der die Parameter mit der Methode der kleinsten Quadrate bestimmbar sind.

Beispiel 1.1.1 Der Jahresabsatz eines Getränkeherstellers in Mio. hl entwickelt sich degressiv.

Als Trendfunktion wird daher

$$x_T(t) = a_0 + a_1 \cdot \ln t$$

angesetzt. Die Methode der kleinsten Quadrate führt auf

$$\hat{a}_0 = 486{,}067 \quad \text{und} \quad \hat{a}_1 = 289{,}362$$

als Schätzwerte für die beiden Parameter. Das Bestimmtheitsmaß beträgt 91,6%. Die Intervallprognose wird für drei Jahre berechnet.

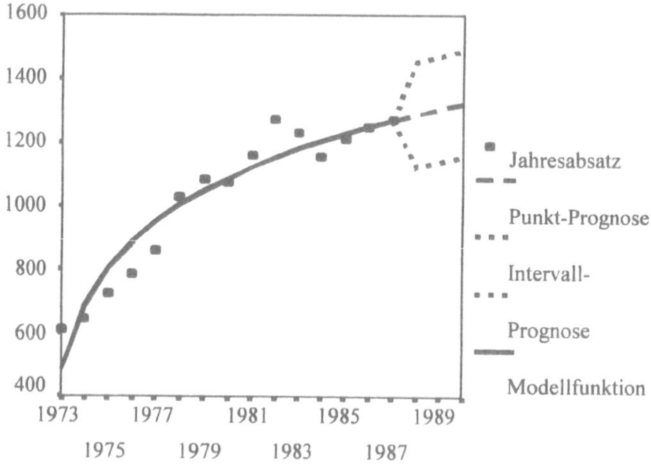

Bild 1.1.4 Intervallprognose für einen degressiven Absatzverlauf mit einer logarithmischen Trendfunktion (Bsp. 1.1.1)

1.1.3 Anpassung und Extrapolation von Sättigungsfunktionen

Für die Modellierung der Nachfrage vor allem langlebiger Konsumgüter (Kühlschränke, Stereoanlagen, Pkw, Farbfernsehgeräte etc.) spielen spezielle Trendfunktionen mit S-förmigem Verlauf und Sättigungsniveau eine Rolle. Mit diesen Funktionen können neben der Entwicklung der Marktnachfrage auch die Ausstattung von Haushalten oder der Verlauf von Produktlebenszyklen analysiert und extrapoliert werden. Eine besonders zur Beschreibung von Bestandsveränderungen geeignete S-Kurve ist die **Gompertz-Funktion**:

$$x_T(t) = \frac{b_0}{e^{b_1 \cdot b_2^t}} \quad \text{mit} \quad 0 < b_2 < 1 \quad \text{und} \quad b_0 > 0.$$

Die Gompertz-Funktion verläuft asymmetrisch um ihren Wendepunkt $t_w = -\ln b_1 / \ln b_2$ und modelliert eine kurze, aber heftige Markteinführungsphase mit überproportionalem Wachstum. Der Wendepunkt markiert den Eintritt in eine recht lange Ernüchterungsphase mit unterproportionalem Wachstum. Die Marktsättigung wird durch b_0 erfasst. Gompertz-Funktionen werden unter anderem zur Beschreibung der Haushaltsausstattung mit langlebigen Konsumgütern angewendet.

Beispiel 1.1.2 Die prozentuale Haushaltsausstattung mit Farbfernsehgeräten nähert sich dem Sättigungswert von 100% ohne ihn jedoch tatsächlich zu erreichen.
Die Parameterschätzung ist hier nicht mehr unmittelbar mit der Methode der kleinsten Quadrate möglich. Es ist vielmehr zunächst eine Transformation der Beobachtungen x_t erforderlich, auf die dann die Methode der kleinsten Quadrate angewendet werden kann

$$y_t = \ln\left(\ln\left(\frac{b_0}{x_t}\right)\right) = \ln b_1 + t \cdot \ln b_2 .$$

Die Schätzwerte $\hat{y}_t$ des linearisierten Modells müssen zurücktransformiert werden. Ein solcher Ansatz wird auch als **quasilineare Regression** auf die Zeit bezeichnet.

Tabelle 1.1.2 Quasilineare Regression (Bsp. 1.1.2)

t	x_t	Hintrans-formation	Schätzwerte $\hat{y}_t$	Rücktrans-formation
1	9,1	0,87	0,64934	14,74
2	10,9	0,80	0,44491	21,01
3	21,1	0,44	0,24049	28,03
4	29,3	0,21	0,03607	35,46
5	42,2	-0,15	-0,16835	42,95
6	50,1	-0,37	-0,37278	50,22
7	60,9	-0,70	-0,5772	57,04
8	69,2	-1,00	-0,78162	63,28
9	73,8	-1,19	-0,98604	68,86
10	78,7	-1,43	-1,19046	73,78
11	81,5	-1,59	-1,39489	78,05
12	85,1	-1,82	-1,59931	81,71
13	87,6	-2,02	-1,80373	84,82
14	87,1	-1,98	-2,00815	87,44
15	90,1	-2,26	-2,21257	89,64
16	91,2	-2,38	-2,417	91,47
17	94,1	-2,80	-2,62142	92,99
18	95,2	-3,01	-2,82584	94,25
19	95,8	-3,15	-3,03026	95,28
20	95,9	-3,17	-3,23469	96,14
21	96,5	-3,33	-3,43911	96,84
22	96,9	-3,46	-3,64353	97,42
23	96,3	-3,28	-3,84795	97,89

Als Schätzwerte für die gesuchten Modellparameter b_1 und b_2 ergeben sich nach Rücktransformation mit Hilfe der Exponentialfunktion die Werte 2,349 und 0,8151. Das Bestimmtheitsmaß der linearen Regression beträgt 97,7%, das der rücktransformierten Daten fällt allerdings auf 83,9% ab.

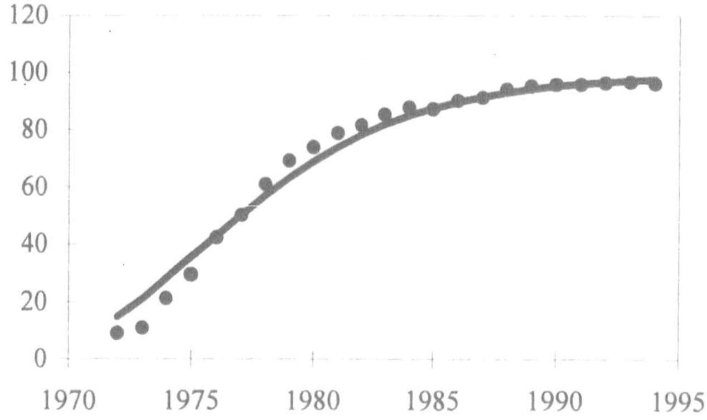

Bild 1.1.5 Trendmodellierung mit Hilfe einer Gompertz-Funktion (Bsp. 1.1.2)

Die tatsächliche Entwicklung der Ausstattungsgrade von 96,3% im Jahre 1995 und von 95,9% im Jahre 1996 folgt offensichtlich der ermittelten Trendfunktion. Ein Rückgang in der Haushaltsausstattung mit Farbfernsehgeräten ist nicht zu erwarten.

Wie im Beispiel 1.1.2 zu sehen war, verändert sich bei der Rücktransformation die Höhe des Bestimmtheitsmaßes. Die Optimaleigenschaft der Methode der kleinsten Quadrate geht dabei grundsätzlich verloren. Dieser Nachteil kann vermieden werden, wenn eine Methode zur nichtlinearen Parameterschätzung zur Anwendung kommt.
Ein im Business-Forecasting praktisch üblicher Ansatz zur nichtlinearen Parameterschätzung basiert auf dem **Gradientenverfahren** (auch Gauß-Newton-Verfahren genannt (siehe Schlittgen/Streitberg [1995]). Es setzt voraus, dass die Modellfunktion differenzierbar ist. Die Idee des Verfahrens besteht bei Funktionen einer Variablen darin den Differenzenquotienten schrittweise an den Differentialquotienten heranzuführen. Nach einer Umformung der Quotienten ergibt sich die Formel für das Näherungsverfahren. Beginnend mit einem Startwert $b^{(s)}$ wird jeweils aus einem alten Funktionswert ein verbesserter neuer Funktionswert für $x_T(t)$ bestimmt.

$$\frac{x_T(b^{(s)}+\Delta b,t)-x_T(b^{(s)},t)}{h} \approx \left.\frac{dx_T(b,t)}{db}\right|_{b=b^{(s)}}$$

$$x_T(b^{(s)}+\Delta b,t) \approx x_T(b^{(s)},t)+\Delta b\cdot\left.\frac{dx_T(b,t)}{db}\right|_{b=b^{(s)}}$$

In jedem Iterationsschritt wird der gesuchte Parameter b um Δb korrigiert. Die Höhe der Korrektur ergibt sich aus der Minimierungsaufgabe für die Fehlerquadratsumme $S(\Delta b)$ mit Hilfe der Methode der kleinsten Quadrate. Das Verfahren bricht ab, wenn die Änderungen Δb hinreichend klein ausfallen oder eine Höchstzahl von Iterationsschritten erreicht worden ist. Die kleinste Änderung von Δb und die Maximalzahl von Iterationen müssen vorgegeben werden.

$$S(\Delta b) = \sum_{t=1}^{n}\left(x_t - x_T(b^{(s)}, t) - \Delta b \cdot \left.\frac{dx_T(b,t)}{db}\right|_{b=b^{(s)}} \right)^2 \rightarrow \text{Minimum}$$

Beispiel 1.1.2 Als Sättigungswert für die Haushaltsausstattung mit Farbfernsehgeräten in Prozent ist $b_0 = 100$ zu setzen. Wenn darüber hinaus ein Erfahrungswert für b_2 existiert, etwa $b_2 = 0{,}7$, dann ergibt sich folgender Ansatz zur Schätzung von b_1:

$$S(\Delta b) = \sum_{t=1}^{n}\left(x_t - \frac{100}{e^{b_1^{(s)} \cdot (0,7)^t}} + \Delta b \cdot \left[\frac{100}{e^{b_1^{(s)} \cdot (0,7)^t}} \cdot (0{,}7)^t \right] \right)^2 \rightarrow \text{Minimum}$$

Ein sinnvoller Startwert $b^{(s)}{}_1$ lässt sich aus der Bedingung

$$x_1 = \frac{100}{e^{b_1^{(s)} \cdot 0,7^1}}$$

nach Umformung mit

$$b_1^{(s)} = \frac{\ln\left(\frac{100}{9{,}1}\right)}{0{,}7} \approx 3{,}4$$

gewinnen. Eine minimale Änderung von b_1 muss die Bedingung

$$\frac{dS(\Delta b)}{d\Delta b} = 0$$

erfüllen. Nach Ableitung der Fehlerquadratsumme und einigen Umformungen ergibt sich als Berechnungsvorschrift für die gesuchte Korrektur Δb_1

$$\Delta b_1 = \frac{\sum_{t=1}^{23}\left(x_t - \frac{100}{e^{3,4 \cdot 0,7^t}}\right)\frac{100}{e^{3,4 \cdot 0,7^t}} \cdot 0,7^t}{\sum_{t=1}^{23}\left(\frac{100}{e^{3,4 \cdot 0,7^t}} \cdot 0,7^t\right)^2} = 1,518$$

und daraus der korrigierte Parameterwert $b_1 = 4,918$ (berechnet mit EXCEL 6.0). Die Fehlerquadratsumme verringert sich durch diese Korrektur von 2269 auf 806. Wie aus Tabelle 1.1.3 ersichtlich ist, kann das Verfahren bereits nach fünf Iterationen abgebrochen werden.

Tabelle 1.1.3 Nichtlineare Schätzung für b_1 (Bsp. 1.1.2)

Iteration	$S(\Delta b_1)$	Δb_1	b_1
1	2269	1,518	3,400
2	806	0,617	4,918
3	683	0,617	5,535
4	678	0,130	5,666
5	678	-0,006	5,659

Wenn mehr als ein Parameter geschätzt werden soll, wird in der Regel die Näherungsformel des sogenannten **totalen Differentials** verwendet. Umgeformt in die Iterationsdarstellung ergibt sich für den Fall von zwei gesuchten Parameter b_1 und b_2

$$x_T(b_1^{(s)} + \Delta b_1, b_2^{(s)} + \Delta b_2) \approx x_T(b_1^{(s)}, b_2^{(s)}) + \Delta b_1 \cdot \left.\frac{\partial x_T(b_1, b_2)}{\partial b_1}\right|_{(b_1^{(s)}, b_2^{s})}$$
$$+ \Delta b_2 \cdot \left.\frac{\partial x_T(b_1, b_2)}{\partial b_2}\right|_{(b_1^{(s)}, b_2^{s})}.$$

Die partiellen Ableitungen nach b_1 und b_2 werden so gebildet, als ob die Trendfunktion jeweils nur von einer Variablen abhängen würde. Die zweite Variable ist dann wie eine Konstante zu behandeln.
Die Fehlerquadratsumme hängt von der Änderung zweier Parameter ab. Daraus ergeben sich nach der Methode der kleinsten Quadrate zwei lineare Gleichungen, aus denen die Korrekturen für b_1 und b_2 und damit die neuen Parameterwerte ermittelt werden können.

Im Bsp. 1.1.2 sind die Parameter b_1 und b_2 simultan zu schätzen mit den Startwerten 4 und 0,5. Die Berechnung stoppt nach 17 Iterationen.

Tabelle 1.1.4 Nichtlineare Schätzung für b_1 und b_2 (Bsp. 1.1.2)

Iteration	Fehlerquadratsumme	b_1	b_2
1	18668,0667	4	0,5
2	4,00E+90	-2,99281740	1,15729253
3	12292,4996	5,00379413	0,56274718
4	12292,4996	5,00379413	0,56274718
5	2947,14246	6,78144934	0,65670350
6	2947,14246	6,78144934	0,65670350
7	324,266829	3,51971315	0,77757753
8	324,266829	3,51971315	0,77757753
9	135,870233	3,90354993	0,78165657
10	135,870233	3,90354993	0,78165657
11	135,753729	3,93427961	0,78102391
12	135,753729	3,93427961	0,78102391
13	135,752741	3,93684881	0,78094793
14	135,752741	3,93684881	0,78094793
15	135,752724	3,93718218	0,78093795
16	135,752724	3,93718218	0,78093795
17	135,752723	3,93722601	0,78093664

Die so geschätzte Trendfunktion hat die Gestalt

$$\hat{x}_T(t) = \frac{100}{e^{3,937 \cdot 0,781^t}}$$

Im Vergleich zur Schätzung durch Linearisierung fällt das Bestimmtheitsmaß wesentlich höher aus

$$99,3\% > R^2_{lin} = 83,9\%.$$

Auch die geschätzten Modellkoeffizienten unterscheiden sich in ihren Werten erheblich. In der grafischen Darstellung sind diese Unterschiede zwischen den beiden Schätzverfahren meist nicht erkennbar.
Die Konvergenz-Geschwindigkeit des Gradienten-Verfahrens hängt oft von den gewählten Anfangswerten ab. Mitunter sind mehrere Versuche notwendig um geeignete Starwerte zu finden. Hilfreich können dabei bekannte Relationen für die Parameter sein um wenigsten das Vorzeichen und die Größenordnung des Parameters bei den Startwerten zu berücksichtigen.
Eine weitere methodische Alternative stellen sogenannte heuristische Suchverfahren dar, die meist auf Differenzierbarkeitsvoraussetzungen verzichten und weniger abhängig von der Wahl der Startpunkte sind.
Darüber hinaus spielen Spline-Interpolationen und charakteristische Anstiege eine Rolle (siehe Götze/Müller [1989]).

1.1.4 Zusammenfassung zur Trendextrapolation von Jahresreihen

Die Ausführungen der vorangegangenen Abschnitte lassen sich wie folgt zusammenfassen: Zu jedem Wachstumstyp gehört eine praktikable Trendfunktion. Polynom-Funktionen werden typischerweise mit der Methode der kleinsten Quadrate angepasst. Bei der Auswahl nichtlinearer Funktionen kann diese Methode nicht mehr unmittelbar auf die Originaldaten, sondern erst auf entsprechend transformierte Daten (Linearisierung) angewandt werden. Da die Rücktransformation oft mit einem Güteverlust einhergeht, sind jedoch nichtlineare Schätzverfahren vorzuziehen.

Tabelle 1.1.5 Zusammenfassung praktisch bedeutsamer Trendfunktionen

Wachstums-Charakteristik	Trendverlauf	Funktionstyp	analytischer Ausdruck	linearisierte Form
Proportional		lineare Funktion	$f(t) = a_0 + a_1 t$	
Quadratisch progressiv	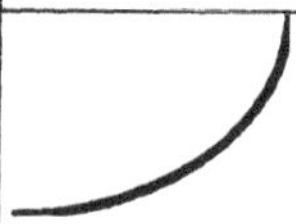	quadratische Funktion	$f(t) = a_0 + a_1 t + a_2 t^2$	
Exponentiell progressiv		Exponential-Funktion	$f(t) = a_0 e^{a_1 t}$ $a_1 > 1$	$\ln f(t) = \ln a_0 + a_1 t$
Logarithmisch degressiv		Logarithmus-funktion	$f(t) = a_0 + a_1 \ln t$	
S-förmig symmetrisch	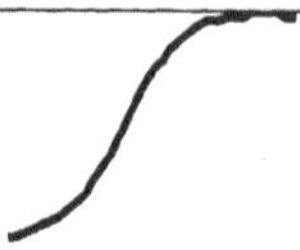	logistische Funktion	$f(t) = \frac{b_0}{1 + e^{b_1 + b_2 \cdot t}}$ $0 > b_2$	$\ln(b_0/f(t) - 1) = b_1 + b_2 t$
S-förmig unsymmetrisch	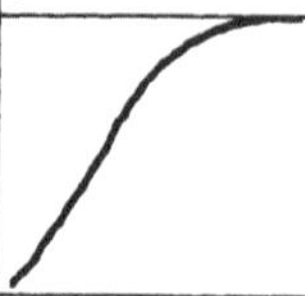	Gompertz-Funktion	$f(t) = \frac{b_0}{e^{b_1 \cdot b_2^t}}$ $0 < b_2 < 1$	$\ln \ln(b_0/f(t)) = \ln b_1 + t \ln b_2$

Punktprognosen lassen sich durch Anpassung von Trendfunktionen und deren Fortschreibung gewinnen. Intervallprognosen können mittels statistischer Prognoseintervalle um die Punktprognose bebildet werden. Alternativ dazu lassen sich heuristische Intervallprognosen bestimmen, indem zwei alternative Trendfunktionen (optimistische und pessimistische Sicht) extrapoliert werden.

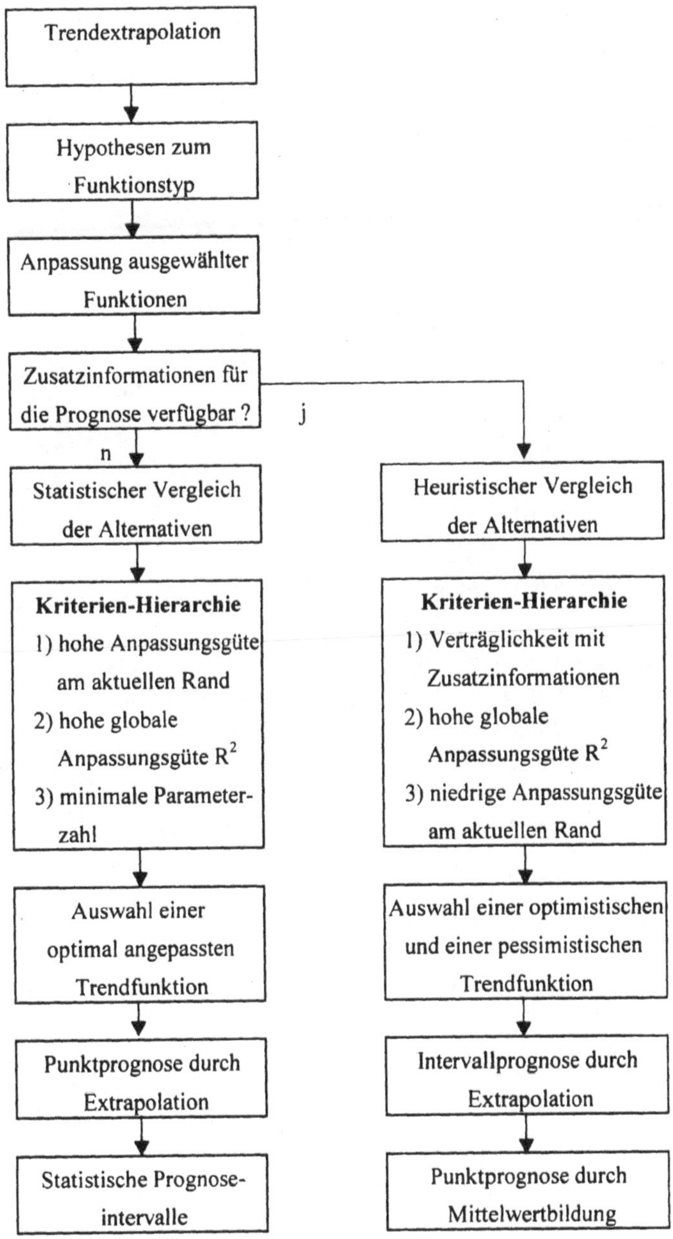

Bild 1.1.6 Struktogramm zur Auswahl einer Trendfunktion

1.1.5 Übungen und Kontrollfragen

Aufgabe 1.1.1 Bestimmen Sie für je eine logistische Funktion (a), eine Gompertz-Funktion (b) und eine Johnson-Funktion (c)

$$\text{(a)}\quad x_T(t) = \frac{15}{1 + e^{-0,2t}}$$

$$\text{(b)}\quad x_T(t) = \frac{100}{e^{2(0,5)^t}}$$

$$\text{(c)}\quad x_T(t) = \frac{1,4}{e^{\frac{2}{t}}}.$$

die Wendepunkte und die Sättigungswerte. Skizzieren Sie die Zeitverläufe und linearisieren Sie die Funktionen.

Aufgabe 1.1.2 Extrapolieren Sie das Trendmodell

$$x_t = 2,4 - 1,2 \cdot t + 0,2 \cdot t^2 + x_R(t)$$

ab t = 20 für 5 Werte und geben Sie gewichtete Prognoseintervalle an. Die Standardabweichung der ersten 20 Schätzfehler beträgt 20,4. Wie lässt sich die Intervallprognose tendenziell beschreiben?

Aufgabe 1.1.3 (PC-Labor) Führen Sie eine Trendanalyse für folgende Zeitreihen (siehe Verzeichnis) mit Hilfe von SPSS durch:

- Steinkohleförderung in Deutschland (Mio. t)
- Einwohnerzahl von China
- Entwicklung der Bauinvestitionen in den „alten" Bundesländer.

Dabei sollen folgende Teilaufgaben gelöst werden:

a) Auswahl, Anpassung und Interpretation von Trendfunktionen für eine optimistische und pessimistische Prognose.

b) Ableitung einer Mehrschritt-Prognose über 5 Jahre.

Aufgabe 1.1.4 (PC-Labor) Führen Sie für die Zeitreihe „ Vom TÜV untersuchte Kraftfahrzeuge und Hänger“ (siehe Verzeichnis) eine Trendanalyse durch. Behandeln Sie dabei den Trendbruch mit zwei verschiedenen linearen Funktionen.

Aufgabe 1.1.5 (PC-Labor) Es sollen die folgenden drei S-Kurven mit einer Rauschfolge von n = 50 und N.V. (0; 0,1) erzeugt

- Gompertz-Funktion mit $a_0 = 1$, $a_1 = 10$ und $a_2 = 0,7$

- Johnson-Funktion mit $a_0 = 1$ $a_1 = 4$ und $a_2 = 0$

- logistische Funktion mit $a_0 =1$ $a_1 = 2,1$ und $a_2 = -0,3$

und die unter a) bis h) beschriebenen Untersuchungen durchgeführt werden:

a) Vergleich der grafischen Darstellungen
b) Markieren der Wendepunkte und des Sättigungsniveaus
c) Schätzung der Parameter mit der Routine nichtlineare Regression
d) Vergleich mit den wahren Parametern
e) Verrauschen der logistischen Funktion mit Varianz 1
f) Erneutes Schätzen und Vergleichen mit den wahren Parametern
g) Prognose von 5 Werten am aktuellen Rand
h) Diskussion der Konfidenzintervalle.

Aufgabe 1.1.6 (PC-Labor) Passen Sie eine S-Kurve an die Zeitreihe „Bodenpreise im Distrikt Tokai“ (siehe Verzeichnis) an und extrapolieren Sie 5 Jahreswerte am aktuellen Rand. Verwenden Sie dazu eine Johnson-Funktion[2] mit den Parametern $b_0 = 1000$, $b_1 = 1$ und $b_2 = 0$.

Überprüfen Sie folgende Aussagen:

1) Die Prognoseintervalle einer Trendextrapolation weiten sich um so mehr, je höher der Grad der Potenzfunktion ist.

2) Je höher das Bestimmtheitsmaß einer Trendfunktion ist, um so besser wird ihre Prognosegüte ausfallen.

[2] $x_t = b_0/(\exp(b_1/(b_2+t)))$

1.2. Glättung von Zeitreihen

Mitunter sind die Saison- und/oder Zufallsschwankungen in einer Zeitreihe so gravierend, dass der Trendtyp erst nach einer Glättung identifiziert werden kann. Je nachdem, ob extreme Werte in den Daten zu erkennen oder zu vermuten sind, werden verschiedene, nachfolgend zu beschreibende Glättungstechniken (robuste oder nicht robuste) angewendet.

1.2.1 Nicht robuste Glättungsverfahren

Ein einfacher Glättungsalgorithmus für Zeitreihen ohne extreme Werte besteht darin, über eine ungerade Anzahl aufeinander folgender Beobachtungen fortschreitend (gleitend) arithmetisch zu mitteln und den sich daraus ergebenden Wert der jeweils mittleren Periode zuzuordnen (Zentrierung). Bei einem gleitenden (zentrierten) Mittel der **Spanne 3**[1] ergibt sich aus je drei Werten x_{t-1}, x_t und x_{t+1} als Wert einer neuen (geglätteten) Reihe

$$\bar{x}_t^{(3)} = \frac{1}{3}\left(x_{t-1} + x_t + x_{t+1}\right).$$

Diese Zeitreihe hat gegenüber dem Original zwei Werte verloren, einen am Anfang und einen am Ende. Für eine Trenddiskussion ist das bei ausreichend vielen Beobachtungen unerheblich. Soll der Trend einer Monatsreihe bestimmt werden, dann ist es sinnvoll die saisonalen Schwankungen durch Glättung der Reihe zu beseitigen. Das gelingt mit Hilfe gleitender Durchschnitte über einen Saisonzyklus. Bei Monatsdaten ist jeweils über 12 aufeinander folgende Beobachtungen zu mitteln. Der gleitende Durchschnitt müsste dann allerdings zeitlich zwischen die Periode des sechsten und siebenten Wertes geschoben werden. Eine sinnvolle Zuordnung zu den Perioden der Ausgangsreihe wird erst möglich, wenn eine weitere Beobachtung in die Berechnung eingeht, wobei der erste und letzte Wert zu halbieren sind.

$$\bar{x}_t^{(12)} = \frac{1}{12}\left(\frac{1}{2}x_{t-6} + x_{t-5} + \ldots + x_t + \ldots + x_{t+5} + \frac{1}{2}x_{t+6}\right)$$

Die Zeitreihe im Beispiel 1.2 weist einen saisonabhängigen Verlauf mit Spitzen im Dezember und Januar auf. Nach einer Glättung der Spanne 3 wird der lineare Trend schon etwas deutlicher angezeigt. An

[1] Die Spanne gibt die Anzahl aufeinander folgender Perioden an, über die gemittelt werden soll.

beiden Enden geht dabei, wie bereits erwähnt, je ein Wert verloren. Durch eine alternative Glättung der **Spanne 12** verschwindet das Saisonmuster aus der Zeitreihe. Die glatte Komponente besteht nun aus einem linearen Trend. Der Werteverlust beträgt insgesamt 12 Daten, schränkt aber die Interpretierbarkeit der glatten Komponente nicht ein.

1.2.2 Robuste Glättungsverfahren

Extreme Werte (Ausreißer) lassen sich durch gleitende Durchschnitte nicht herausglätten, da der betreffende Wert in die Glättungsformel direkt eingeht. Es ist vielmehr mit einer Deformation der Zeitreihe um den Ausreißer herum zu rechnen (Dellenbildung). Dieser Effekt lässt sich vermeiden mit Hilfe **zentrierter gleitender Mediane**

$$x_{med}^{(3)}(t) = \text{Median}(x_{t-1}, x_t, x_{t+1})$$

$$x_{med}^{(5)}(t) = \text{Median}(x_{t-2}, x_{t-1}, x_t, x_{t+1}, x_{t+2}).$$

Die Wertezahl im gleitenden Median heißt ebenfalls Spanne.

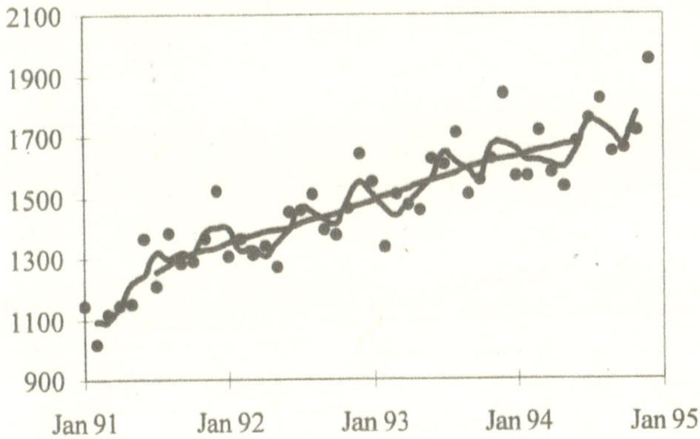

Bild 1.2.1 Glättung der Monatsreihe von Beispiel 1.2 mit gleitenden Durchschnitten der Spanne 3 (wellige Kurve) und der Spanne 12 (glatte Kurve)

Auf diese Weise können allerdings nur **singuläre Ausreißer** heraus geglättet werden. Wenn mit einer Häufung extremer Werte zu rechnen ist, sollten gleitende Mediane mehrstufig eingesetzt werden (siehe Schlittgen/Streitberg [1990]). Ein weit verbreitetes Verfahren geht auf Vellemann zurück und ist im SPSS-Modul *Base* verfügbar. Im Kürzel des **Verfahrens T4253H** verbergen sich zwei gleitende Mediane der geraden Spanne 4 und 2, zwei gleitende Mediane der ungeraden

Spanne 5 und 3, ein gewichtetes arithmetisches Mittel, ein sogenanntes Hamming mit den Gewichten ¼ , ½ und ¼, sowie eine erneute Anwendung dieser Prozedur, genannt Twice, auf die Differenz von Zeitreihe und Erstglättung

$$x_t^{(4253H)} = \bar{x}_w^{(3)}\left(x_{med}^{(3)}\left(x_{med}^{(5)}\left(x_{med}^{(2)}\left(x_{med}^{(4)}(x_t)\right)\right)\right)\right)$$

$$x_t^{(T4253H)} = x_t^{(4253H)} + \left(x_t - x_t^{(4253H)}\right)_t^{(4253H)}.$$

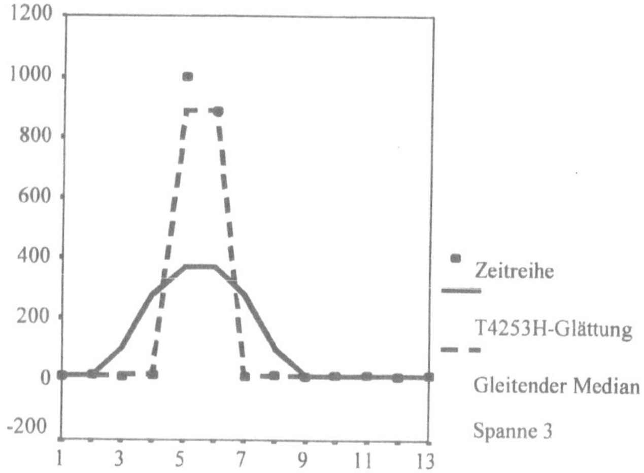

Bild 1.2.2 Glättung singulärer Ausreißer mit gleitenden Mitteln und Medianen der Spanne 3

Treten Ausreißer paarweise auf, so kann eine Dellenbildung allerdings auch mit diesem Verfahren nicht völlig vermieden werden. Im Vergleich zum gleitenden Durchschnitt fällt die Delle aber erheblich flacher aus. Ein Glättungsvergleich mit dem gleitenden Median der Spanne 3 für ein Paar von Ausreißern zeigt die offensichtliche Überlegenheit von T4253H (siehe Bild 1.2.2 und 1.2.3).

1.2.3 Schließen von Lücken in Zeitreihen

Eine weitere Anwendungsmöglichkeit von Glättungsverfahren besteht darin, Lücken in einer Zeitreihe zu schließen. Datenlücken können durch einen Defekt im Erfassungsmechanismus oder durch kalenderbedingte Beobachtungspausen entstanden sein. Die Reaktion von Analyseverfahren auf Fehlstellen ist unterschiedlich. Im SPSS wird die Forderung einer Prozedur nach lückenloser Beobachtungsfolge (z.B.

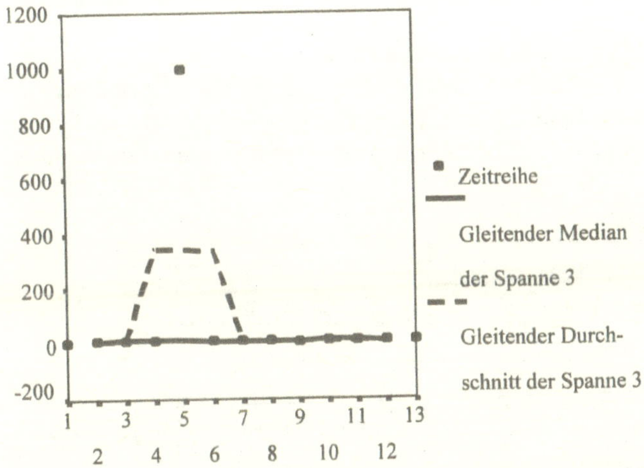

Bild 1.2.3 Glättung paariger Ausreißer mit gleitenden Medianen der Spanne 3 und mit T4253H

beim Periodogramm) protokollarisch mitgeteilt. Zumindest in solchen Fällen muss der Lückenschluss vollzogen werden. Dazu gibt es verschiedene Möglichkeiten: In Jahresreihen lassen sich Lücken sehr einfach durch gleitende Durchschnitte mit gerader Spanne (2 oder 4) schließen. Bei Tagesdaten mit hoher Varianz (z.B. Aktienkursreihen) sind hingegen gleitende Mediane mit gerader Spanne vorzuziehen. Falls bei Saisondaten (Monatsreihen, Quartalsreihen) mehrere Fehlstellen in einem Zyklus hintereinander auftreten, muss der gleitende Durchschnitt über die entsprechenden Werte des vorlaufenden und nachlaufenden Zyklus gebildet werden.
Lücken können auch durch Glättung an den Ränder einer Zeitreihe entstehen. Für den Lückenschluss (Randwertergänzung) sind verschiedene Ansätze denkbar. Meist werden gewichtete arithmetische Mittel gebildet. Bei einer Glättung mit der Spanne 5 können Randwerte z. B. durch folgende Berechnungsvorschrift erzeugt werden

$$\bar{x}_1^{(5)} = \frac{1}{5}\left(3 \cdot x_1 + 2 \cdot x_2 + x_3 - x_4\right)$$

$$\bar{x}_2^{(5)} = \frac{1}{10}\left(4 \cdot x_1 + 3 \cdot x_2 + 2 \cdot x_3 + x_4\right)$$

$$\bar{x}_{n-1}^{(5)} = \frac{1}{10}\left(x_{n-3} + 2 \cdot x_{n-2} + 3 \cdot x_{n-1} + 4 \cdot x_n\right)$$

$$\bar{x}_n^{(5)} = \frac{1}{5}\left(- x_{n-3} + x_{n-2} + 2 \cdot x_{n-1} + 3 \cdot x_n\right).$$

1.2.4 Einsatz von Glättungstechniken zur Trenderkennung

Auch um den Typ einer Trendfunktion besser erkennen zu können, sind Glättungstechniken hilfreich, da sich mit solchen Verfahren extreme Werte, Saisonmuster und Verwerfungen weitgehend entfernen lassen. Zu empfehlen ist dabei eine schrittweise Erhöhung der Spanne.

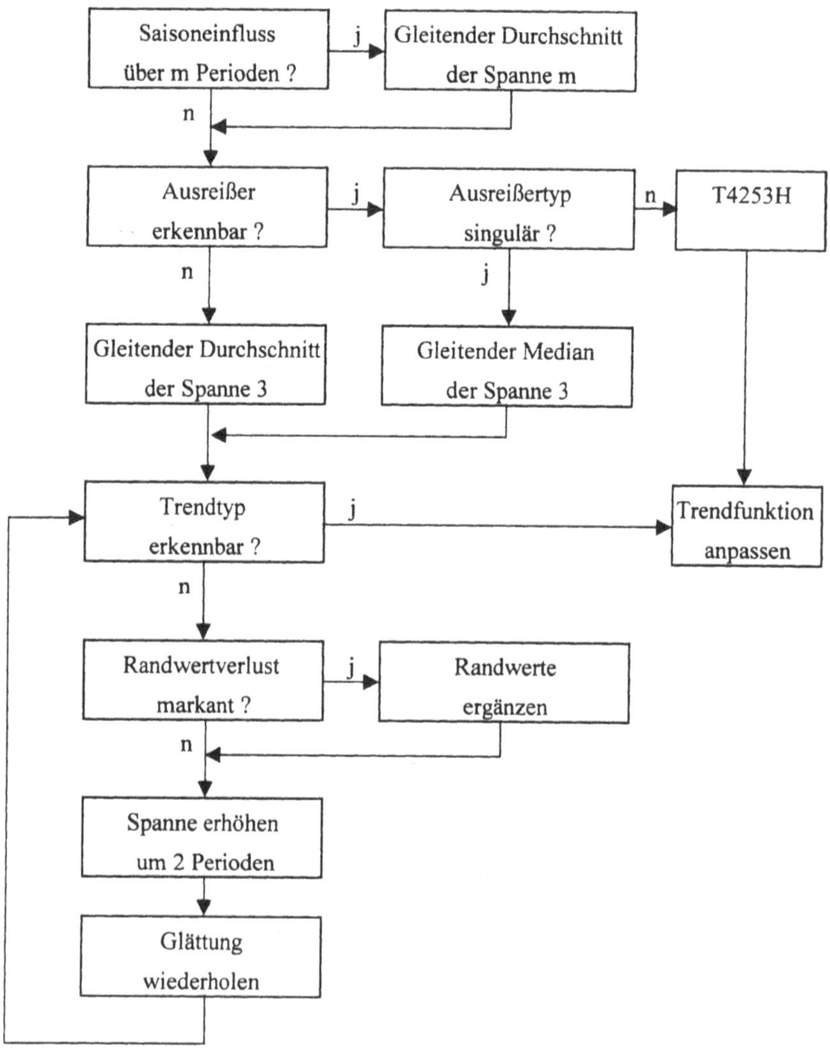

Bild 1.2.4 Struktogramm zur Trend-Identifikation mit Hilfe von Glättungstechniken

1.2.5 Übungen und Kontrollfragen

Aufgabe 1.2.1 Gegeben sei die Zeitreihe $\{x_t\}$

t	1	2	3	4	5	6	7	8	9	10
x_t	1	5	5	4	3	30	4	8	3	4

- Führen Sie eine robuste Glättung 3. Ordnung durch und vergleichen Sie das Resultat mit einem gleitenden Durchschnitt der Ordnung 3.
- Gesetzt den Fall, bei x_7 ist ein Übertragungsfehler unterlaufen. Der tatsächliche Wert beträgt 40. Wie ist dann zu verfahren?

Aufgabe 1.2.2 Gegeben sei die Zeitreihe $\{x_t\}$

t	1	2	3	4	5	6	7	8	9	10
x_t	10	15	18	14	11	12	14	18	17	14

- Berechnen Sie gleitende Durchschnitte der Ordnung 3 und 5. Ergänzen Sie die Randwerte und vergleichen Sie die Glättungseffekte.

Aufgabe 1.2.3 (PC-Labor) Führen Sie eine Glättung unter Berücksichtigung von Ausreißern an der Zeitreihe „Zinsen für Dreimonatsgelder in der Schweiz" (siehe Verzeichnis) durch.

Aufgabe 1.2.4 (PC-Labor) Führen Sie eine robuste Glättung einer Indexreihe „Bierproduktion Frankreich zu Preisen von 1990" durch.

Aufgabe 1.2.5 (PC-Labor) Schließen Sie die Lücke in der Monatszeitreihe „Flugpassagiere des Flughafens London-Heathrow" (siehe Verzeichnis) von April bis September 1990.

Überprüfen Sie folgende Aussagen:

1) Ein gleitender Durchschnitt der Spanne 4 entfernt die Saison aus einer Quartalsreihe und glättet die Zufallsschwankungen.

2) Ein gleitender Median glättet auch dann zuverlässig, wenn Ausreißer paarweise auftreten.

1.3. Saisonanalyse und Prognose

Eine Saisonanalyse soll jahreszeitliche Einflüsse auf das Merkmal X aufdecken und beschreiben. Sie ist dementsprechend nur bei unterjährigen Erfassungsperioden (Halbjahre, Quartale, Monate etc.) erforderlich. Der Saisonzyklus umfaßt die Zeitspanne eines Jahres mit unterschiedlicher Anzahl von Erfassungsperioden m. Ein Saisonzyklus kann aus m = 2 Halbjahren, m = 4 Quartalen, m = 12 Monaten etc. bestehen. Die Verfahren zur Saisonanalyse können formal auch auf überjährige Zyklen (Konjunkturwellen in Jahresreihen) oder unterjährige Zyklen (z. B. Wochenzyklen in Tagesreihen) übertragen werden, die jahreszeitlich nicht erklärbar sind.

Zu den Aufgaben einer Saisonanalyse gehört es,

- einen vermuteten Jahreszyklus zu bestätigen
- nach weiteren versteckten Zyklen zu suchen
- die Länge dieser Zyklen zu ermitteln
- die Saisondynamik zu untersuchen
- ein durchschnittliches Saisonmuster zu bestimmen
- den Saisoneinfluss ggf. aus der Zeitreihe zu eliminieren
- Lücken im Saisonmuster zu schließen
- Saisonprognosen zu erstellen.

In den folgenden Ausführungen sei grundsätzlich vorausgesetzt, dass die Zeitreihe x_t nur aus Saison- und Restkomponente besteht.

$$x_t = x_S(t) + x_R(t).$$

1.3.1 Periodogrammanalyse

Das Verfahren der **Periodogrammanalyse** wurde erstmals von Schuster zur Analyse von Temperaturverläufen am Ende des 19. Jahrhunderts verwendet. Es ist vor allem in den 60-er Jahren durch Arbeiten von Watts und Jenkins wesentlich verfeinert worden. Die Idee des

Verfahrens besteht darin, der Zeitreihe ein Modell, bestehend aus gewichteten Sinus- und Kosinusschwingungen,

$$x_M(t) = \sum_{i=1}^{\frac{n}{2}} a_i \cdot \cos\frac{2\pi i}{n} \cdot t + b_i \cdot \sin\frac{2\pi i}{n} \cdot t$$

mit Hilfe der Methode der kleinsten Quadrate anzupassen. Die Gewichte a_i und b_i sind dabei so zu wählen, dass der mittlere quadratische Fehler zwischen Modellwert und Beobachtung minimal wird. Das Modell enthält Schwingungen aller denkbaren Längen, beginnend mit einem Zyklus von 2 Perioden bis zum Zyklus von n Perioden. Insgesamt sind bei gerader Werteanzahl n/2 verschieden lange Zyklen möglich. Das optimale Modell weist Zyklen, die in der Zeitreihe tatsächlich enthalten sind, mit hohem Gewicht aus. Im Gegensatz dazu werden alle anderen Zyklen mit sehr kleinen Gewichten ausgestattet. Da sich eine Saisonschwankung ganz erheblich im Streuverhalten der Zeitreihenwerte niederschlägt, lassen die Gewichte a_i und b_i einen Schluß auf den Beitrag der jeweiligen Schwingung zur Gesamtvarianz zu. Der Varianzbeitrag wird aus der Periodogramm-Grafik abgelesen.

1.3.1.1 Harmonische Funktionen

Zur Modellierung von Saisonschwankungen werden die trigonometrischen Funktionen sin t und cos t benötigt. Beide Funktionen haben einen Zyklus der Länge 2π, d.h.

$$\sin(t+2\pi) = \sin t \quad \text{und} \quad \cos t = \cos(t+2\pi).$$

Um Zyklen von 2, 3 und mehr Erfassungsperioden einer Zeitreihe mit n Beobachtungen beschreiben zu können, ist das Argument t der trigonometrischen Funktionen mit dem Faktor 2π zu multiplizieren.

$$\sin(2\pi \cdot (t+2)) = \sin(2\pi \cdot t + 4\pi) = \sin(2\pi \cdot t)$$
$$\cos(2\pi \cdot (t+3)) = \cos(2\pi \cdot t + 6\pi) = \cos(2\pi \cdot t).$$

Um alle möglichen Zyklen für n Beobachtungen zu erfassen, ist es sinnvoll die Länge m eines Zyklus als Bruchteil von n aufzufassen. Es sei nachfolgend, um die formelmäßige Darstellung zu vereinfachen, n als geradzahlig vorausgesetzt. Das Verfahren läuft ohne diese vereinfachende Bedingung ganz analog ab.

Durch die Setzung

$$m_i = \frac{n}{i} \quad \text{für} \quad i = 1,2,3,\ldots \frac{n}{2}$$

ergibt sich eine Schar harmonischer Funktionen

$$h_{1i}(t) = \cos\frac{2\pi \cdot i}{n}t \quad \text{und} \quad h_{2i}(t) = \sin\frac{2\pi \cdot i}{n}t \quad \text{für} \quad i = 1,2,\ldots,\frac{n}{2},$$

die alle Zyklen der Länge m_i beschreiben, denn es gilt

$$h_{1i}\left(t+\frac{n}{i}\right) = \cos\frac{2\pi \cdot i}{n}\left(t+\frac{n}{i}\right) = \cos\frac{2\pi \cdot i}{n}t = h_{1i}(t)$$

$$h_{2i}\left(t+\frac{n}{i}\right) = \sin\frac{2\pi \cdot i}{n}\left(t+\frac{n}{i}\right) = \sin\frac{2\pi \cdot i}{n}t = h_{2i}(t).$$

Der Kehrwert der Zyklenlänge m_i heißt Frequenz f_i. Sie gibt an, wie oft sich ein Zyklus in n Erfassungsperioden wiederholt. Die möglichen Frequenzen einer Zeitreihe laufen von minimal 1/n bis maximal 0,5 und werden bei grafischen Darstellungen aus Skalierungsgründen den Zyklen vorgezogen. Die höchstmögliche Frequenz f = 0,5 heißt **Nyquist-Frequenz**. Sie entspricht einem Zyklus von 2 Perioden. Eine Zusammenstellung von Zyklen und Frequenzen enthält Tabelle 1.3.1. Praktisch am häufigsten treten die Frequenzen 1/12 (Monatszyklus) und 1/ 4 (Quartalszyklus) auf.
Aus den harmonischen Funktionen entsteht durch gewichtete Überlagerung (Superposition) eine harmonische Schwingung

$$x_M(t) = \sum_{i=1}^{\frac{n}{2}} \left(a_i \cdot h_{1i}(t) + b_i \cdot h_{2i}(t)\right),$$

die sich zur Modellierung von Saisonschwankungen eignet.

Es seien stellvertretend für alle Komponenten der harmonischen Schwingung zwei von ihnen herausgegriffen. Für die Frequenzen 0,25 und 0,5 ergeben sich als ungewichtete Summanden

$$h_{0,25}(t) = \cos\frac{\pi}{2}t + \sin\frac{\pi}{2}t\,,\; h_{0,5}(t) = \cos(\pi t) + \sin(\pi t) \quad \text{für } t = 1,2,..,n\,.$$

Tabelle 1.3.1 Beispiele für Zyklen im Wirtschaftsleben

Periode der Zeitreihe	Länge des Zyklus	Frequenz	Typ des Zyklus
Jahr	7	1/7	Konjunkturzyklus
Halbjahr	2	1/2	Jahreszyklus
Quartal	4	1/4	Jahreszyklus
Monat	12 6 4	1/12 1/6 1/4	Jahreszyklus Halbjahreszyklus Quartalszyklus
Woche	52	1/52	Jahreszyklus
Tag	7 6 5	1/7 1/6 1/5	Wochenzyklus Verkürzter Wochenzyklus 1 Verkürzter Wochenzyklus 2
Stunde	24 168	1/24 1/168	Tageszyklus Wochenzyklus

Für die Nyquist-Frequenz braucht nur der Kosinus-Bestandteil aufgeführt werden, da der Sinus für die ganzzahligen Argumente t =1,2,.. verschwindet. Die grafische Darstellung zeigt

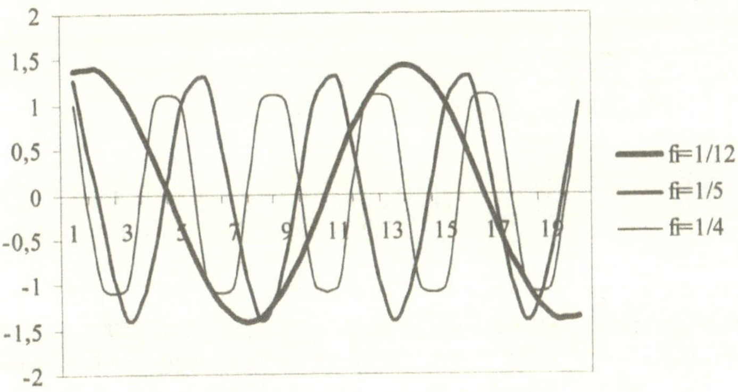

Bild 1.3.1 Harmonische Funktionen für verschiedene Frequenzen f_i

1.3.1.2 Harmonische Analyse

Die Gewichte a_i und b_i einer harmonischen Schwingung können mit Hilfe der Methode der kleinsten Quadrate eindeutig bestimmt werden. In den Ansatz wird zusätzlich eine Niveau-Konstante a_0 aufgenommen um den typischerweise von null verschiedenen Mittelwert der Beobachtungen x_t gesondert zu behandeln.

Die Minimierungsaufgabe für den mittleren quadratischen Fehler lautet dann

$$\sum_{t=1}^{n}\left(x_t - x_M(t)\right)^2 = \sum_{t=1}^{n}\left(x_R(t)\right)^2 \rightarrow \text{Minimum},$$

wobei als Modell für die Saisonkomponente

$$x_M(t) = x_S(t) =$$

$$a_0 + \sum_{i=1}^{\frac{n}{2}-1}\left(a_i \cdot \cos\frac{2\pi \cdot i}{n}t + b_i \cdot \sin\frac{2\pi \cdot i}{n}t\right) + a_{\frac{n}{2}} \cdot \cos(\pi t) \quad \text{für} \quad t = 1,..,n$$

dient und die n Gewichte $a_0 \ldots a_{n/2}$ und $b_1 \ldots b_{(n/2)-1}$ zu bestimmen sind. Die notwendigen Extremalbedingungen (verschwindende partielle Ableitungen nach jedem Parameter) führen auf n lineare Gleichungen mit n Unbekannten (**Normal-Gleichungssystem**). Dessen Lösung hat folgende Struktur

$$a_0 = \bar{x}, \qquad a_{\frac{n}{2}} = \sum_{t=1}^{n}(-1)^t \frac{x_t}{n}$$

$$a_i = \frac{2}{n}\sum_{t=1}^{n} x_t \cdot \cos\frac{2\pi \cdot i}{n}t, \; b_i = \frac{2}{n}\sum_{t=1}^{n} x_t \cdot \sin\frac{2\pi \cdot i}{n}t \quad \text{für } i = 1,\ldots,\frac{n}{2}-1.$$

Zur Auswertung der Gewichte wird eine Beziehung zur Varianz der Zeitreihe hergestellt. Tatsächlich vorhandene Zyklen müssen einen entsprechend hohen Varianzbeitrag leisten und an diesem auch identifizierbar sein. Die sogenannte **Parseval'sche Gleichung** stellt den gewünschten Zusammenhang zwischen Varianz und Gewichten her (siehe Chatfield [1982]):

$$\text{Var}(x_t) = \frac{1}{n}\sum_{t=1}^{n}\left(x_t - \bar{x}\right)^2 = \sum_{i=1}^{\frac{n}{2}-1}\frac{a_i^2 + b_i^2}{2} + a_{\frac{n}{2}}^2 .$$

Zum Nachweis dieser Relation sind einige Hilfssätze über trigonometrische Funktionen erforderlich, die sich durch Verifikation beweisen lassen.

Diese lauten

$$\sum_{t=1}^{n} \cos\left(\frac{2\pi \cdot i}{n} \cdot t\right) = \sum_{t=1}^{n} \sin\left(\frac{2\pi \cdot i}{n} \cdot t\right) = 0 \quad \text{für} \quad i = 1, \ldots, \frac{n}{2}$$

$$\sum_{t=1}^{n} \sin\left(\frac{2\pi \cdot i}{n} \cdot t\right) \cdot \cos\left(\frac{2\pi \cdot i}{n} \cdot t\right) = 0 \quad \text{für} \quad i, j = 1, \ldots, \frac{n}{2}$$

$$\sum_{t=1}^{n} \cos\left(\frac{2\pi \cdot i}{n} \cdot t\right) \cdot \cos\left(\frac{2\pi \cdot i}{n} \cdot t\right) = \begin{cases} 0 & i \neq j \\ n & i = j = \frac{n}{2} \\ \frac{n}{2} & i = j \neq \frac{n}{2} \end{cases}$$

$$\sum_{t=1}^{n} \sin\left(\frac{2\pi \cdot i}{n} \cdot t\right) \cdot \sin\left(\frac{2\pi \cdot i}{n} \cdot t\right) = \begin{cases} 0 & i \neq j \\ n & i = j = \frac{n}{2} \\ \frac{n}{2} & i = j \neq \frac{n}{2} \end{cases} .$$

Aus der Parseval'schen Gleichung ergibt sich, dass der gesuchte Varianzbeitrag der i-ten Harmonischen

$$R_i^2 = \frac{a_i^2 + b_i^2}{2}$$

beträgt. Um diesen Varianzbeitrag über einer Frequenzachse geeignet auftragen zu können wird zunächst eine flächentreue, normierte Histogramm-Darstellung gewählt. Die Größe R_i^2 steht für den Flächeninhalt eines Rechtecks mit der Grundseite 1/n. Jeweils die Hälfte der Grundseite ist links und rechts von der Frequenz i/n abzutragen. Die Höhe des Balkens beträgt jeweils

$$h_i = \frac{a_i^2 + b_i^2}{2} \cdot n \quad \text{für} \quad i = 1, \ldots, \frac{n-1}{2} \quad \text{und} \quad h_{\frac{n}{2}} = 2n \cdot a_{\frac{n}{2}}^2 \quad \text{für} \quad i = \frac{n}{2}.$$

und wird auf einer Varianzachse entsprechend markiert (siehe Bild 1.3.2).

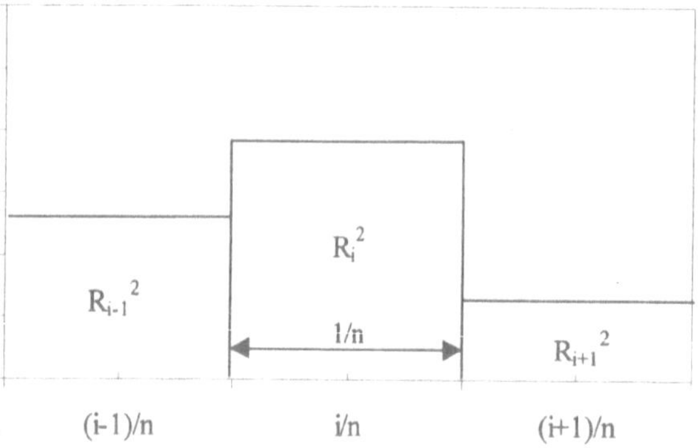

Bild 1.3.2 Flächentreue Darstellung der Varianzzerlegung über Frequenzen i/n

Aufgetragen über den Frequenzen f_i entsteht dann das **Periodogramm $I(f_i)$**

$$I(f_i) = \frac{n}{2}\left(a_i^2 + b_i^2\right) \quad \text{für} \quad f_i = \frac{1}{n}, \frac{2}{n}, \ldots \frac{n-1}{2n} \quad \text{und} \quad I(\frac{1}{2}) = 2n \cdot a_{\frac{n}{2}}^2 .$$

Im folgenden **Beispiel 1.3.1** wird für eine Monatszeitreihe aus der

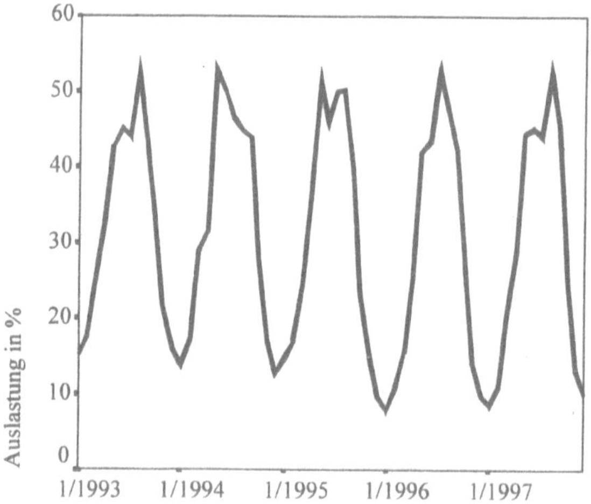

Bild 1.3.3 Monatliche Bettenauslastung in der Hansestadt Stralsund von 1993 bis 1998 (Bsp. 1.3.1)

Tourismusbranche (siehe Bild 1.3.4) das Periodogramm ausgewertet. Die Spitze (auch Peak genannt) liegt bei 0,0833 = 1/12 und kennzeichnet eine saisonabhängige Zimmernachfrage in der Hotellerie.

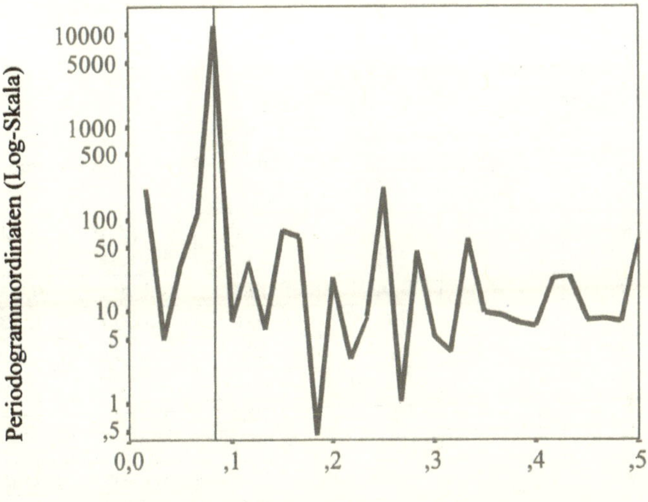

Bild 1.3.4 Periodogramm von Bsp. 1.3.1 mit Peak bei 0,833 (Saisonzyklus m = 12)

Nach Einsetzen für die Gewichte a_i und b_i ergibt sich als Berechnungsformel für das Periodogramm

$$I(f_i) = \frac{2}{n}\left[\left(\sum_{t=1}^{n} x_t \cos\frac{2\pi \cdot i}{n}t\right)^2 + \left(\sum_{t=1}^{n} x_t \sin\frac{2\pi \cdot i}{n}t\right)^2\right] \quad \text{für } i = 1,\ldots,\frac{n}{2}-1$$

$$I(f_{\frac{n}{2}}) = \frac{2}{n}\left(\sum_{t=1}^{n}(-1)^t x_t\right)^2 \quad \text{für} \quad i = \frac{n}{2}.$$

Für eine verschwindend kleine Frequenz $f_i \sim 0$ resultiert wegen

$$I(0) = \frac{2}{n}\left(\sum_{t=1}^{n} x_t\right)^2$$

ein Periodogrammwert, der im Vergleich zu den anderen Ordinaten erheblich größer ausfallen kann. Die Folge wäre ein Skalierungsproblem, das die Interpretation der grafischen Darstellung erschwert. Es empfiehlt sich, die Zeitreihenwerte auf den Mittelwert Null zu zentrieren, d.h.

$$y_t = x_t - \bar{x}.$$

Das Periodogramm startet in diesem Fall bei Null. Die übrigen Werte werden von der Zentrierung nicht beeinträchtigt.

Tabelle 1.3.2 Periodogrammordinaten für die Frequenz 0,25 (zentrierte und nicht zentrierte Daten)

x_t	$y_t = x_{t(zentr)}$.	t	$x_t \cdot \cos(2\cdot\pi\cdot 0{,}25\cdot t)$	$x_t \cdot \sin(2\cdot\pi\cdot 0{,}25\cdot t)$	$y_t \cdot \cos(2\cdot\pi\cdot 0{,}25\cdot t)$	$y_t \cdot \sin(2\cdot\pi\cdot 0{,}25\cdot t)$
3	0	1	0,0001	3,0000	0,0000	0,0000
1	-2	2	-1,0000	0,0001	2,0000	-0,0002
2	-1	3	-0,0003	-2,0000	0,0001	1,0000
7	4	4	7,0000	-0,0013	4,0000	-0,0007
4	1	5	0,0009	4,0000	0,0002	1,0000
2	-1	6	-2,0000	0,0006	1,0000	-0,0003
1	-2	7	-0,0003	-1,0000	0,0006	2,0000
6	3	8	6,0000	-0,0022	3,0000	-0,0011
4	1	9	0,0017	4,0000	0,0004	1,0000
0	-3	10	0,0000	0,0000	3,0000	-0,0014
1	-2	11	-0,0005	-1,0000	0,0010	2,0000
5	2	12	5,0000	-0,0028	2,0000	-0,0011
36	0		15,0016	6,9943	15,0025	6,9952
			18,7541	4,0767	18,7561	4,0777

$f_i = 0{,}25$ $\qquad I(0{,}25) = 45{,}6616$ $\qquad I_{zentr.}(0{,}25)\ 45{,}6677$

Als Funktion der Frequenz ist das Periodogramm stets positiv, gerade und periodisch mit der Länge 1 (siehe Übungsaufgabe 1.3.6). Es gilt

$$I(f_i) \geq 0 \quad , \quad I(f_i) = I(-f_i) \quad , \quad I(f_i + 1) = I(f_i).$$

1.3.1.3 Auswertung des Periodogramms

Die Auswertung der Periodogramm-Grafik besteht in der Suche nach markanten Spitzen (Peaks). Eine Spitze über der Frequenz i/n weist auf einen Zyklus der Länge n/i hin. Bei der Suche nach solchen Peaks können einige methodische Schwierigkeiten auftreten. Augenfällig im Bsp. 1.3.1 sind die sogenannten **Oberschwingungen** oder **Harmonischen,** denn es treten nicht nur Peaks bei 1/12, sondern auch bei allen ganzzahligen Vielfachen der Monatsfrequenz auf, d.h. bei 2/12, 3/12, 4/12, 5/12 und 6/12, ohne dass damit Informationen über weitere Zyklen verbunden sind. Diese Oberschwingungen sind ein Indiz darauf, dass keine reine Sinus- bzw. Kosinus-Schwingungen in der Zeitreihe enthalten sind. Bei Wirtschaftszeitreihen ist fast immer mit O-

berschwingungen zu rechnen. Deshalb empfiehlt es sich, stets den Peak mit der kleinsten Frequenz zu identifizieren.
Augenfällig ist ferner die starke **Zerklüftung** des Periodogramms. Es lässt sich zeigen, dass auch mit wachsender Anzahl n von Beobachtungen keine tendenziell abnehmende Varianz zu erwarten ist (siehe Chatfield [1982]). Es gilt folgender **Satz**:

$$\mathrm{Var}(I(f_i)) \underset{n \to \infty}{\Rightarrow} \frac{\mathrm{Var}(x_t)}{\pi^2}.$$

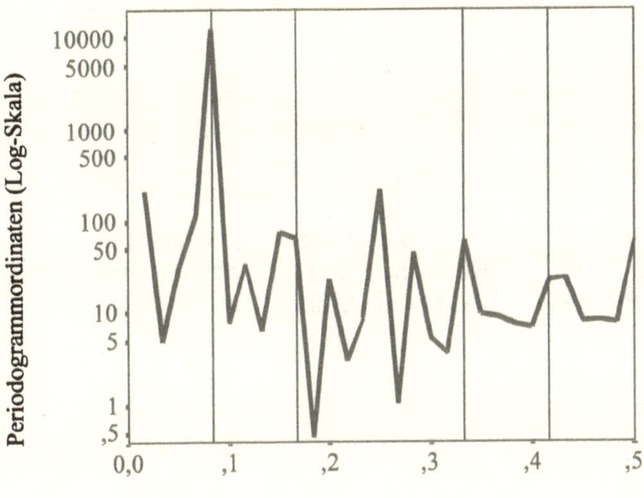

Bild 1.3.5 Periodogramm mit Harmonischen zum Saisonpeak von Bsp. 1.3.1

Durch **Glättung** des Periodogramms kann die Zerklüftung überwunden werden (siehe Bild 1.3.6). Dafür gibt es zahlreiche Ansätze, die im wesentlichen auf gewichtete gleitende Durchschnitte hinauslaufen und auf sogenannte **Spektraldichtefunktionen** führen. Das Ablesen der Frequenz an den oft abgeflachten Peaks kann problematisch werden, so dass dafür dann doch wieder auf das Periodogramm zurückgegriffen werden muss.

Aber auch am Periodogramm kann es ein Ableseproblem im Umfeld der gesuchten Frequenz geben, das als **Durchsickern (Leakage)** einer Schwingung bezeichnet wird. Es tritt hauptsächlich bei sehr großen Datenbeständen (n >1000) mit Frequenzabständen von weniger als

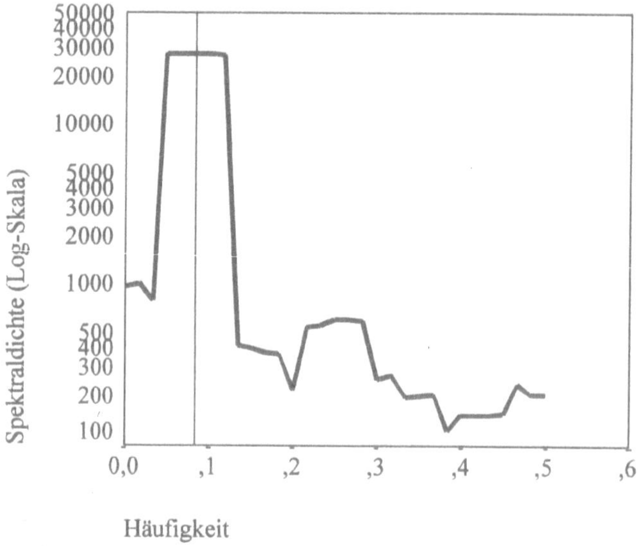

Bild 1.3.6 Glättung des Periodogramms von Bsp. 1.3.1

0,001 auf. Der Peak wird in solchen Fällen breiter und das Ablesen komplizierter. Wirtschaftszeitreihen erreichen allerdings nur selten eine so hohe Beobachtungszahl, so dass Leakage-Effekte eher selten anzutreffen sind. Ein Beispiel gibt die nachfolgende Grafik.

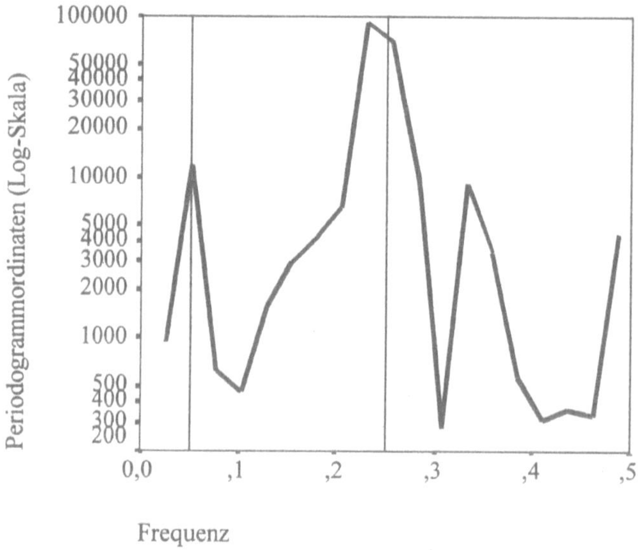

Bild 1.3.7 Zyklenüberlagerung und Leakage-Effekt einer synthetischen Quartalsreihe nach Trendausschluss (Peaks bei 0,05 und 0,25, Leakage bei 0,25)

Methodisch schwieriger als die Untersuchung eines einzigen Saisonzyklus ist die Aufdeckung von sich **überlagernden Zyklen**.
Wenn z. B. ein Monatszyklus zusammen mit einem überjährigen Konjunkturzyklus über 7 Jahre (84 Monate) auftritt, dann müssten sich Peaks bei 1/12 und bei 1/84 identifizieren lassen. Da diese Frequenzen aber dicht beieinander liegen, könnte die simultane Erkennung problematisch werden. Es empfiehlt sich daher schrittweise vorzugehen. Der nahe liegende Monatszyklus wird dabei durch Differenzenbildung aus der Reihe entfernt und der vermutete Konjunkturzyklus am Periodogramm der Differenzenreihe identifiziert.

Etwas komplizierter kann die Zyklenbestimmung werden, wenn die Zeitreihe trendbehaftet (**Trend-Saison-Überlagerung**) ist. Ein Trend lässt sich als Zyklus der Länge n interpretieren. Er erzeugt demnach einen Peak bei 1/n, d.h. am Anfang des Periodogramms. Dieser Peak erklärt meist sehr viel mehr Varianz als eine Saisonkomponente. Er überragt folglich alle Saisonpeaks und überdeckt sehr oft andere lange Zyklen, die ebenfalls am Anfang der Frequenzskala angezeigt werden müssten. In diesem Fall hilft eine Trendausschaltung mit einfachen Differenzen: Der Trend-Peak verschwindet und die Saisonpeaks treten wesentlich deutlicher hervor. Auch ein Monats-Peak wird auf diese Weise wesentlich markanter (siehe Bilder 1.3.8 und 1.3.9).

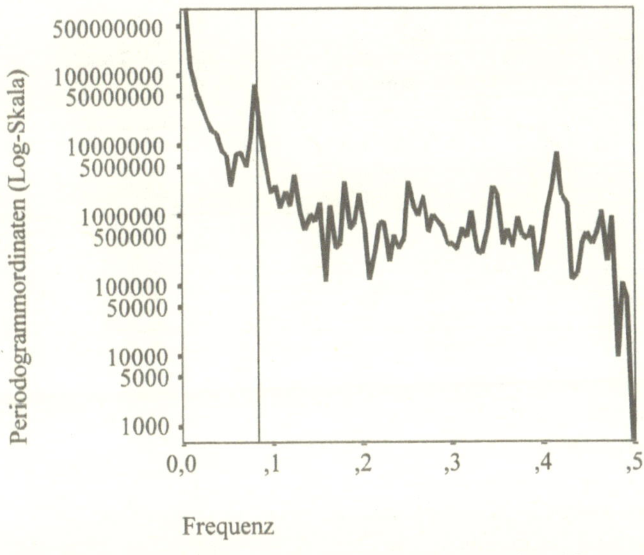

Bild 1.3.8 Saisonpeak vor der Trendausschaltung einer Monatsreihe (Tankbierabsatz einer Brauerei in khl, Bsp. 1.3.3)

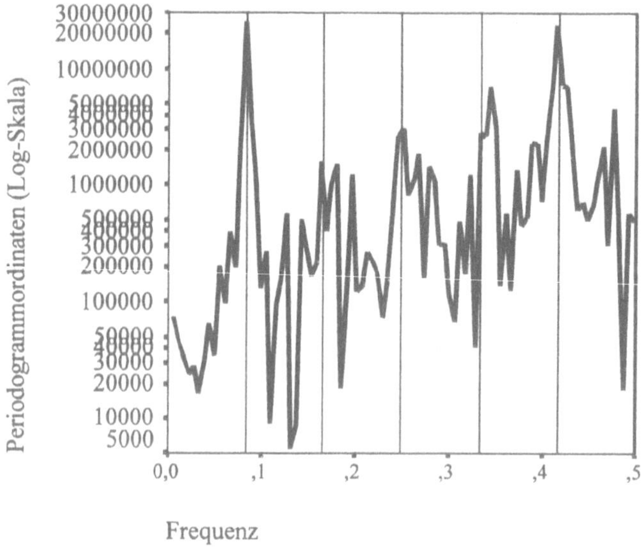

Bild 1.3.9 Saison-Peak und Harmonische von Bsp. 1.3.3 nach der Trendausschaltung

In der folgenden Tabelle sind die Schritte einer Periodogrammanalyse zusammengefasst. Das entsprechende Struktogramm zeigt Bild 1.3.10.

Tabelle 1.3.3 Schrittfolge einer Periodogrammanalyse

Arbeitschritte	Aktionen
1) Sichtprüfung der Zeitreihe	Visuelle Inspektion von Zyklen und Trend-Identifikation
2) Trendausschaltung	Differenzenbildung
3) Periodogrammanalyse	Erkennen des ersten Peaks und seiner Ober-Schwingungen, Glättung bei starker Zerklüftung
4) Suche nach weiteren Zyklen	Entfernen des ersten Zyklus durch Differenzenbildung
5) Erneute Periodogramm-analyse	Siehe oben

1.3.2 Saisonbereinigung

Nachdem die Zyklen-Länge ermittelt worden ist, kann der Saisoneinfluss modelliert werden. Für den praktisch oft vorkommenden Fall einer Trend-Saison-Überlagerung kann die Frage nach Trennung der beiden Komponenten auftreten. Wenn z. B. aus einer Monatszeitreihe auf den tendenziellen Konjunkturverlauf geschlossen werden soll,

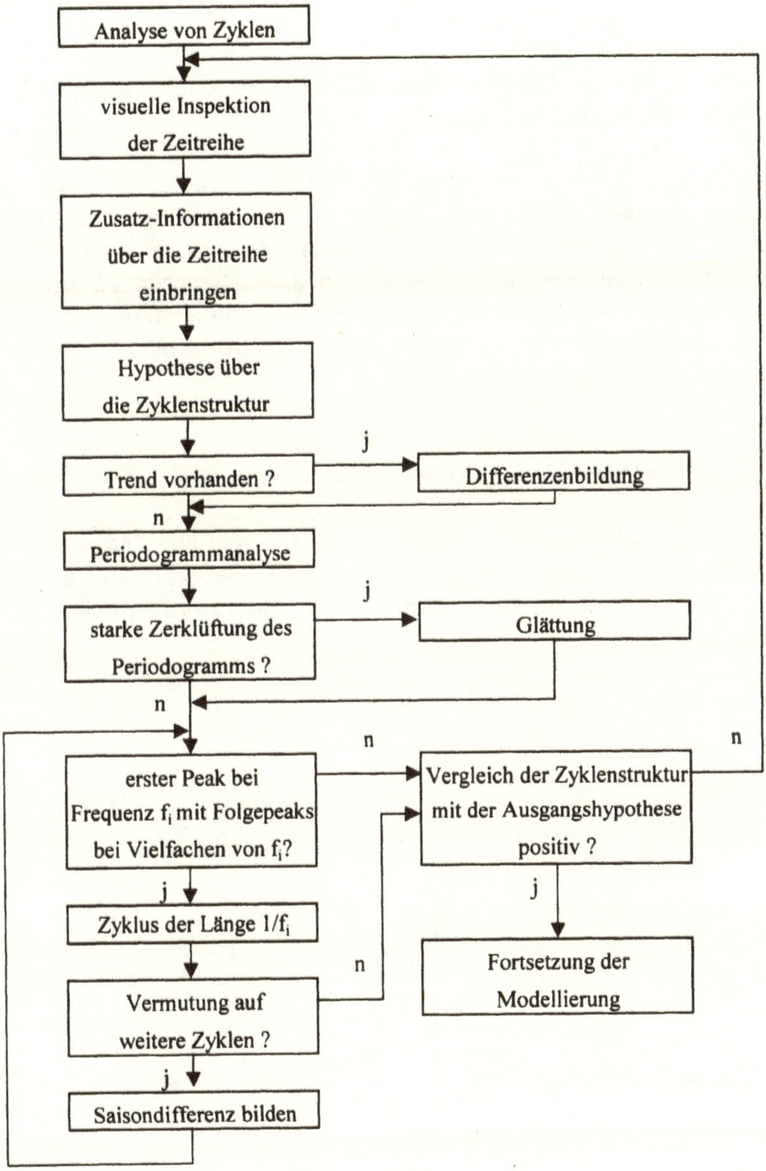

Bild 1.3.10 Struktogramm zur Periodogrammanalyse

dann „stören" die Saisonschwankung meistens. Eine Glättung mit gleitenden Durchschnitten könnte Abhilfe schaffen, würde aber auch die Restkomponenten herausmitteln. Wenn es nur um die Entfernung des Saisoneinflusses geht, spricht man von **Saisonbereinigung**.

Nachfolgend werden zwei einfache Bereinigungsverfahren für **starre** und **variable** Saisonmuster vorgestellt (siehe Bamberg/Baur [1992]). Beide Ansätze sind im SPSS-Modul *Trends* verfügbar. Weiterführende Ansätze und ein Überblick zum Stand der Saisonbereinigung sind bei Edel/Stier [1997] zu finden.

Das Grundproblem einer Saisonbereinigung besteht darin, dass die Saisonkomponente nicht beobachtbar ist. Damit kann nicht entschieden werden, ob ein Bereinigungsverfahren vielleicht zu viel oder zu wenig Saisonschwankung herausgenommen hat. Besonders betroffen ist davon die Restkomponente. Bei der Analyse von Restkomponenten aus saisonbereinigten Zeitreihen ist deshalb höchste Vorsicht geboten (siehe Residuenanalyse Kap. 1.5).

1.3.2.1 Saisonbereinigung für starre Saisonmuster

Mit dem Begriff des starren Saisonmusters wird ein über längere Zeit gleichbleibender Saisoneinfluss bezeichnet. Ein Beispiel dafür ist der monatliche Einzelhandelsumsatz mit seiner markanten Dezemberspitze (siehe Bsp. 1.3.4).

Als Starrheitsbedingung wird für die Saisonausschläge

$$\sum_{i=1}^{m} x_S(t+i) = 0$$

gefordert, wobei m die Zyklenlänge bezeichnet. Die Saisonausschläge sind positive oder negative Zahlen, die sich in jedem Zyklus, aber auch zyklusübergreifend für m aufeinander folgende Ausschläge ausgleichen.

Das Saisonbereinigungsverfahren besteht aus 4 Schritten:
Schritt 1: Trendbereinigung der Zeitreihe
Schritt 2: Bestimmung eines mittleren Saisonzyklus
Schritt 3: Normierung der Saisonausschläge
Schritt 4: Herausrechnen des Saisoneinflusses.

Im **ersten Schritt** wird die Zeitreihe mit einem gleitenden Durchschnitt der Länge m geglättet

$$\bar{x}_t^{(m)} = \frac{1}{m}\left(\frac{1}{2}x_{t-\frac{m}{2}} + x_{t-\frac{m}{2}+1} + \ldots + x_{t+\frac{m}{2}-1} + \frac{1}{2}x_{t+\frac{m}{2}}\right)$$

Der gleitende Durchschnitt wird dann von der Zeitreihe abgezogen

$$h_t = x_t - \bar{x}_t^{(m)}$$

und es entsteht eine Reihe h_t, in der nur noch Saison und Rest enthalten sind.

Im **zweiten Schritt** werden alle zu einer Saisonperiode gehörende Werte von h_t gemittelt. Wenn die Ausgangsreihe k Saisonzyklen enthält, ist folglich jeweils über k Werte von h_t zu mitteln. Die resultierenden m Mittelwerte ergeben das von der Restkomponente bereinigte starre Saisonmuster:

$$\tilde{s}_1 = \frac{1}{k}\left(h_1 + h_{1+m} + .. + h_{1+(k-1)\cdot m}\right),\ \tilde{s}_2 = \frac{1}{k}\left(h_2 + h_{2+m} + .. + h_{2+(k-1)\cdot m}\right).$$

$$\tilde{s}_m = \frac{1}{k}\left(h_m + h_{m+m} + .. + h_{m+(k-1)\cdot m}\right).$$

Im **dritten Schritt** wird die in der Starrheitsbedingung enthaltene Normierung der Saisonausschläge auf die Summe Null durchgeführt:

$$\hat{s}_1 = \tilde{s}_1 - \bar{s} \quad , \quad \hat{s}_2 = \tilde{s}_2 - \bar{s} \quad ,\cdots, \quad \hat{s}_m = \tilde{s}_m - \bar{s}\,.$$

Der **vierte Schritt** führt durch Subtraktion des entsprechenden normierten Saisonausschlags vom Beobachtungswert zur saisonbereinigten Reihe

$$\tilde{x}_t = x_t - \tilde{s}_{t \bmod m}\,.$$

Beispiel 1.3.4 Die Zeitreihe „Monatlicher Einzelhandelsumsatz der Vereinigten Staaten in Mio. Dollar“ lässt ein regelmäßiges Saisonmuster erkennen. Die Umsatzspitzen liegen festtagsbedingt im Monat Dezember.

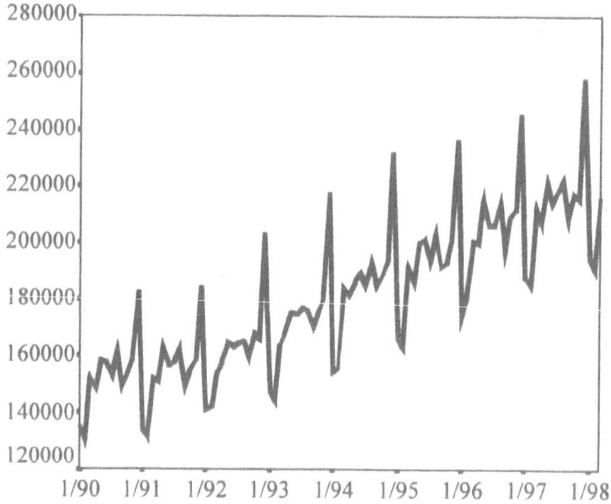

Bild 1.3.11 Monatlicher Einzelhandelsumsatz in den USA in Mio. $ (Bsp. 1.3.4)

Die Saisonausschläge machen das von der Jahreszeit abhängige Kaufverhalten besonders deutlich.

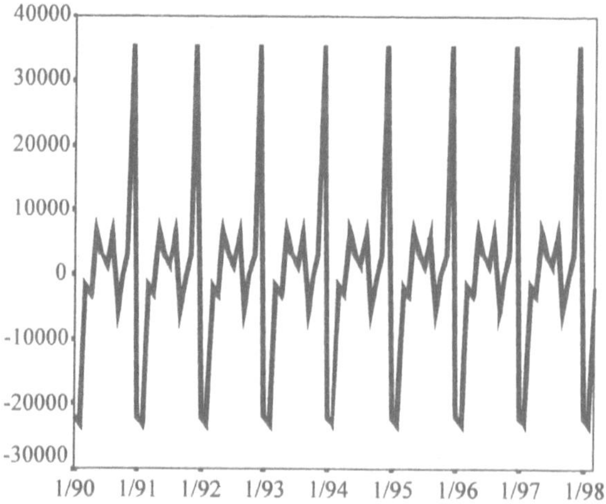

Bild 1.3.12 Saisonausschläge bei additivem Ansatz (Bsp. 1.3.4)

In der saisonbereinigten Reihe (siehe Bild 1.3.13) fällt der lineare Konsumtrend besonders ins Auge. Daneben sind weitere nichtsaisonale Schwankungen zu erkennen, die durch eine weiterführende Analyse der Restkomponente ebenfalls strukturiert werden können.

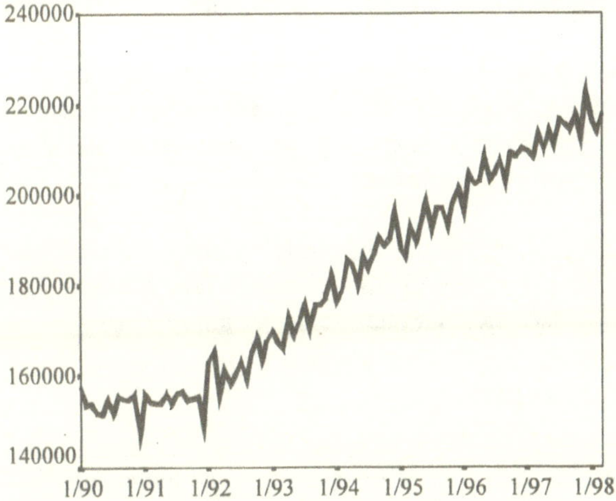

Bild 1.3.13 Saisonbereinigte Zeitreihe (Bsp. 1.3.4)

Die Rechenprozedur der additiven Saisonbereinigung enthält die nachfolgende Tabelle.

Tabelle 1.3.4 Berechnungsschema für eine Quartalsreihe

t	x_t	$x^{(4)}_t$	h_t	s_t nicht normiert	s_t normiert	x_t saison-bereinigt
1	2478				642	1836
2	2073				-128	2201
3	2048	2493,375	-445,38	-376,7	-386	2434
4	2682	2753,375	-71,38	-119,2	-129	2811
5	3863	2933,500	929,50	651,7	642	3221
6	2768	3077,750	-309,75	-118,1	-128	2896
7	2794	3086,750	-292,75		-386	3180
8	3090	3086,000	4,00		-129	3219
9	3527	3090,250	436,75		642	2885
10	3098	2998,500	99,50		-128	3226
11	2498	2985,500	-487,50		-386	2884
12	2652	3024,125	-372,13		-129	2781
13	3861	3066,750	794,25		642	3219
14	3073	3157,375	-84,38		-128	3201
15	2864	3145,125	-281,13		-386	3250
16	3011	3048,125	-37,13		-129	3140
17	3404	2957,625	446,38		642	2762
18	2754	2931,625	-177,63		-128	2882
19	2459				-386	2845
20	3208				-129	3337

1.3.2.2 Saisonbereinigung für variable Saisonmuster

Unter einem variablen Saisonmuster wird ein sich verstärkender oder ein sich abschwächender Saisoneinfluss verstanden. Beispielsweise nimmt der Saisoneinfluss beim Bierkonsum ab, während er bei dem Charterverkehr der Ferienflieger zunimmt.

Methodisch kann eine auf- oder abschwingende Saison über multiplikative Verknüpfung von Trend und Saison modelliert werden. Die Saisonfaktoren $I_{t \bmod m}$ lassen sich als relative Saisonausschläge

$$x_t = x_T(t) \cdot I_{t \bmod m} + x_R(t)$$

deuten. Ihre Werte sind positiv und schwanken um das Niveau 1. Das arithmetische Mittel der Faktoren über m Perioden ist stets gleich 1.

Das Saisonbereinigungsverfahren besteht analog zum Fall der starren Saison aus 4 Schritten:

Schritt 1: Trendausschaltung

Schritt 2: Bestimmung eines mittleren Indexsatzes

Schritt 3: Normierung der Saisonindizes

Schritt 4: Saisonausschaltung .

Im **ersten Schritt** wird der gleitende Durchschnitt der Spanne m gebildet. Die Trendbereinigung ergibt sich mittels Division zu

$$h_t = \frac{x_t}{\bar{x}_t^{(m)}}.$$

Aus der trendbereinigten Reihe h_t lassen sich dann im **zweiten Schritt** durch Mittelung über alle k Saisonperioden die Indizes bestimmen

$$\tilde{I}_1 = \frac{1}{k}\left(h_1 + h_{1+m} + \ldots + h_{1+(k-1)\cdot m}\right),\ \tilde{I}_2 = \frac{1}{k}\left(h_2 + h_{2+m} + \ldots + h_{2+(k-1)\cdot m}\right)\cdots$$

$$\tilde{I}_m = \frac{1}{k}\left(h_m + h_{m+m} + \ldots + h_{m+(k-1)\cdot m}\right).$$

Die Normierung der Saisonindizes auf Durchschnitt 1 schließt sich im **dritten Schritt** an:

$$\hat{I}_1 = \frac{\tilde{I}_1}{\bar{I}} \quad , \quad \hat{I}_2 = \frac{\tilde{I}_2}{\bar{I}} \quad ,\ldots, \quad \hat{I}_m = \frac{\tilde{I}_m}{\bar{I}} \quad \text{und}$$

$$\bar{I} = \frac{1}{k}\left(\tilde{I}_1 + \tilde{I}_2 + \ldots + \tilde{I}_k\right).$$

Bei der Saisonbereinigung werden im **vierten Schritt** die Zeitreihenwerte durch die normierten Saisonfaktoren dividiert:

$$\tilde{x}_t = \frac{x_t}{I_{t \bmod m}}.$$

Beispiel 1.3.5 Die Zeitreihe "Anzahl der durch Alkohol beim Fahrzeugführer verursachten Unfälle mit Personenschaden pro Monat" weist ein abschwingendes Saisonverhalten auf.

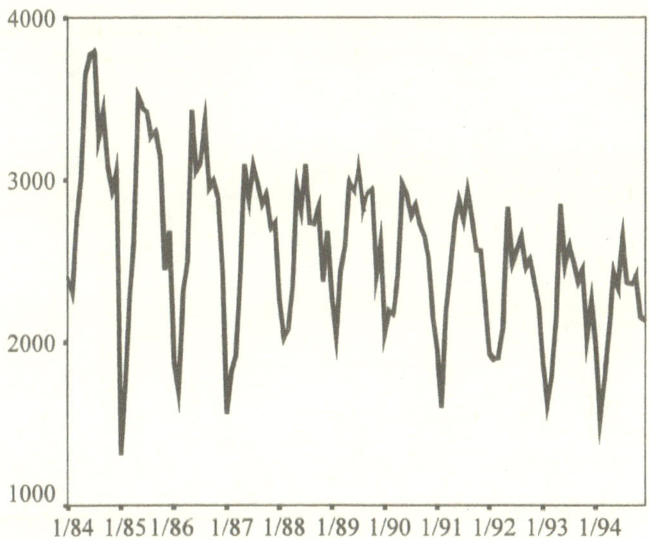

Bild 1.3.14 Zeitreihe mit variabler Saison (Bsp. 1.3.5)

Die Saisonfaktoren weisen auf Unfallspitzen in den Sommermonaten hin. Die multiplikativ saisonbereinigte Reihe weist neben einem Rückgang der Unfälle erhebliche witterungsbedingte Schwankungen aus.

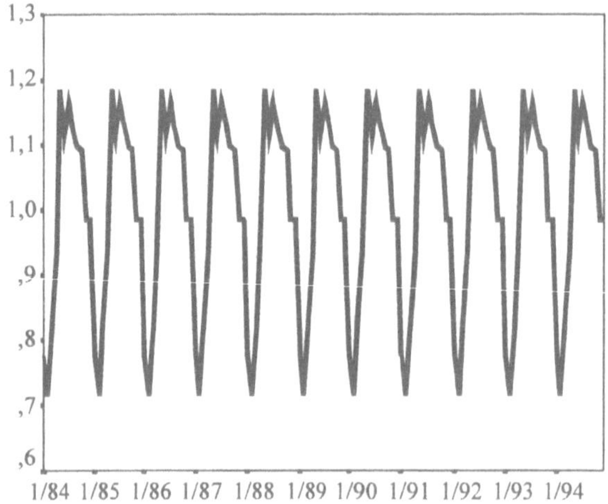

Bild 1.3.15 Saisonfaktoren bei multiplikativem Ansatz (Bsp. 1.3.5)

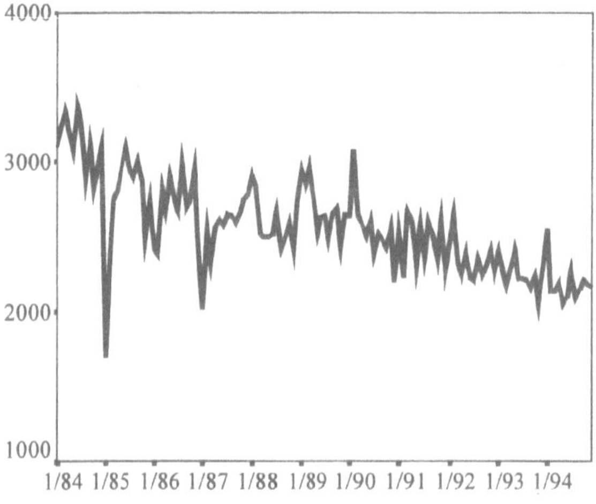

Bild 1.3.16 Saisonbereinigte Zeitreihe (Bsp. 1.3.5)

1.3.3 Saisonprognose

Für eine Saisonprognose (ohne Auswertung der Restkomponente) gibt es verschiedene Ansätze. Bei trendlosen Reihen könnte das mittlere Saisonmuster in den Prognosezeitraum fortgeschrieben werden. Über die Varianz des Prognosefehlers lassen sich dann Intervalle um das Saisonmuster bilden. Bei Überlagerung von Trend und Saison sollte zunächst der Trend extrapoliert und dann je nach Saisontyp (starr oder variabel) das Saisonmuster additiv oder multiplikativ aufgesetzt werden. Die Trendextrapolation ist aus der saisonbereinigten Reihe zu entwickeln.

Für Zeitreihen im Kurzfristbereich (Tage, Wochen) kann die Prognose auch mit exponentieller Glättung erstellt werden. Dabei sind sowohl additive als auch multiplikative Trend- und Saison-Überlagerungen möglich (siehe Kap. 1.6.).

1.3.4 Übungen und Kontrollfragen

Aufgabe 1.3.1 Gegeben sei die Zeitreihe $\{x_t\}$

t	1	2	3	4	5	6	7	8	9	10	11	12
x_t	10	5	5	12	8	4	4	10	9	3	3	10

- Zeichnen Sie die Reihe und leiten Sie eine Vermutung über zyklisches Verhalten ab.

- Berechnen und deuten Sie das Periodogramm für die Frequenz 0,25.

- Wie lässt sich der Wert des Periodogramms für die Frequenz 0,5 interpretieren?

Aufgabe 1.3.2 Berechnen Sie für die Frequenz 0,5 das Periodogramm der Zeitreihe $\{x_t\}$

t	1	2	3	4	5	6	7	8	9	10
x_t	5	1	7	2	6	1	8	2	7	3

- Geben Sie eine geeignete Saisonfunktion $x_S(t)$ an und führen Sie eine Saisonbereinigung der Zeitreihe durch.

Aufgabe 1.3.3 Führen Sie Saisonbereinigungen für folgende Zeitreihen (siehe Verzeichnis) durch:

- Halbjährlicher privater Verbrauch von Haushalten

- Index des Auftragseingangs im Bauhauptgewerbe

Aufgabe 1.3.4 (PC-Labor) Ermitteln Sie die Zyklenlänge von saisonalen und konjunkturellen Schwankungen folgender Zeitreihen (siehe Verzeichnis) mit SPSS:

1) Wertindex des jährlichen Auftragseingangs im Bauhauptgewerbe

2) Halbjährlicher privater Verbrauch von Haushalten

3) Volumenindex des Auftragseingangs im Bauhauptgewerbe je Quartal

4) Monatlicher Elektroenergieverbrauch eines Kühlhauses

5) Täglicher Absatz einer Bäckerei

Gehen Sie bei der Auswertung wie folgt vor:

- Einzeichnen von Referenzlinien am Saisonpeak der Reihe
- Mittelwertbereinigung der Daten
- Differenzenbildung zur Ausschaltung des Trends
- Kennzeichnung des ersten Peaks und der Harmonischen
- Tabellenausgabe des Periodogramms mit der Funktion SAVE
- Saisondifferenzen bilden und auf weitere Zyklen untersuchen
- Glättung des Periodogramms.

Aufgabe 1.3.5 Beweisen Sie die Summenformeln für trigonometrische Funktionen, die für eine harmonische Analyse benötigt werden.

Aufgabe 1.3.6 Beweisen Sie folgende drei Eigenschaften des Periodogramms: Positivität, Symmetrie und Periodizität der Länge 1.

Überprüfen Sie folgende Aussagen:

1) Ein Trend in der Zeitreihe erschwert das Ablesen von Periodogramm-Peaks vor allem für kurze Zyklen.

2) Je mehr Beobachtungen vorliegen, desto weniger zerklüftet fällt das Periodogramm aus.

3) Eine Saisonbereinigung führt zur Abspaltung der Restkomponente.

4) Die multiplikative Saisonbereinigung ist für zeitlich variable Saisonmuster gedacht.

1.4. Weitere Transformationen von Zeitreihen

Um Trend und/oder Saison besser bestimmen zu können und sich darüber hinaus noch die Chance für eine Analyse der Restkomponente zu erhalten, sind gewisse Transformationen (Umformungen) der Zeitreihe angebracht.
Dazu gehören die **Kalenderbereinigung,** die **Box-Cox-Transformation** und die **Differenzenbildung**.

1.4.1 Kalenderbereinigung

Kalenderabhängig sind:

- Die Zahl der einzelnen Wochentage pro Monat (**Wochentagseinfluss**)
- Die Tagesanzahl pro Monat (**Monatslängeneinfluss**)
- Die Tagesanzahl des Februar (**Schaltjahreffekt**).

Das Ziel einer Kalenderbereinigung besteht deshalb darin, entsprechende kalenderbedingte Einflüsse zu ermitteln und aus der Zeitreihe zu entfernen. Zu diesem Zweck wird das Dekompositionsmodell aus Kap. 1 um die Kalenderkomponente $x_K(t)$ erweitert

$$x_t = x_K(t) + x_T(t) + x_S(t) + x_R(t).$$

Insbesondere bei Monatszeitreihen können Kalendereinflüsse auftreten und sich bei der Analyse von Saison- und Restkomponente störend bemerkbar machen.
Für den Modellansatz ist der **Wochentagseinfluss** entscheidend. Die Anzahl der verschiedenen Wochentage (Montag, Dienstag,...Sonntag) im Monat t wird jeweils mit $d_t(j)$, j=1,2,..,7, bezeichnet und als gewichtete Summe

$$k_t = \sum_{j=1}^{7} d_j(t) \cdot \beta_j^* \quad \text{für} \quad t = 1,2,\ldots,n$$

zur vorläufigen Kalenderkomponente k_t zusammengefasst. Die Gewichte β_j* der Wochentage müssen aus den Daten geschätzt werden. Der Monatsumsatz des Einzel- und Großhandels stellt ein Beispiel dar, bei dem bereits erfahrungsgemäß jedem Handelstag ein grobes

Gewicht zugeschrieben werden kann. So wird z. B. am „langen" Donnerstag mehr umgesetzt als am Montag. Der Monatsumsatz hängt folglich davon ab, ob lt. Kalender 4 oder 5 Donnerstage im entsprechenden Monat zu verzeichnen sind.

Um den **Monatslängeneinfluss** (30 oder 31 Tage) d_t

$$d_t = \sum_{j=1}^{7} d_t(j)$$

zu berücksichtigen, wird das Ausgangsmodell mit Hilfe eines Durchschnittsgewichts

$$\overline{\beta}^* = \frac{1}{7}\sum_{j=1}^{7} \beta_j^*$$

modifiziert. Das führt auf

$$\begin{aligned} k_t &= \sum_{j=1}^{7} d_t(j) \cdot \beta_j^* + d_t \cdot \overline{\beta}^* - d_t \cdot \overline{\beta}^* \\ &= \sum_{j=1}^{7} d_t(j) \cdot (\beta_j^* - \overline{\beta}^*) + d_t \cdot \overline{\beta}^* \\ &= \sum_{j=1}^{6} [d_t(j) - d_t(7)] \cdot (\beta_j^* - \overline{\beta}^*) + d_t \cdot \overline{\beta}^*. \end{aligned}$$

Es werden nun die zentrierten Gewichte β_j für die Handelstage Montag bis Sonnabend und das Durchschnittsgewicht β_7 für den handelsfreien Sonntag eingeführt

$$\begin{aligned} \beta_j &= \beta_j^* - \overline{\beta}^* \quad \text{für} \quad j = 1,\ldots,6 \\ \beta_7 &= \overline{\beta}^*, \end{aligned}$$

womit das Modell folgende Gestalt bekommt

$$k_t = \sum_{j=1}^{6} [d_t(j) - d_t(7)] \cdot \beta_j + d_t \cdot \beta_7 .$$

Der **Schaltjahreffekt** lässt sich mit Hilfe einer Dummy-Variablen f_t

$$f_t = \begin{cases} 0{,}75 & \text{t ist Februar im Schaltjahr} \\ -0{,}25 & \text{t ist Februar im Normaljahr} \\ 0 & \text{t ist kein Februar} \end{cases}$$

erfassen. Wird überdies die Tagessumme von 4 Jahren

$$\bar{d} = \frac{365{,}25}{12}$$

eingeführt, dann ergibt sich als Kalendermodell

$$\begin{aligned} k_t &= \sum_{j=1}^{6} [d_t(j) - d_t(7)] \cdot \beta_j + f_t \cdot \beta_7 \\ &+ (d_t - f_t - \bar{d}) \cdot \beta_7 + \bar{d} \cdot \beta_7 . \end{aligned}$$

Der dritte Summand in dieser Formel addiert sich über 12 Monate und 4 Jahre zu Null. Er kann daher der Saisonkomponente zugeschlagen werden. Der vierte Summand lässt sich der Trendkomponente bzw. einer Niveaukonstante zurechen, so dass als eigentliche Kalenderkomponente

$$x_k(t) = \sum_{j=1}^{6} [d_t(j) - d_t(7)] \cdot \beta_j + f_t \cdot \beta_7$$

übrig bleibt (siehe Pauly/Schell [1989]).

Eine weitere Modifikation könnte mit Rücksicht auf kalenderverschiebliche Feste (**Festtagseffekt**) vorgenommen werden. Dazu sind Oster- bzw. Pfingst-Dummys einzuführen (Thury [1986]).

Die zentrierten Tagesgewichte einer Kalenderkomponente können aus den Daten mit Hilfe des multiplen Regressionsmodells

$$x_t = \beta_0 + x_K(t) + x_R(t)$$

geschätzt werden. In Matrizenschreibweise hat dieses Modell folgende Gestalt

$$\begin{pmatrix} x_1 \\ x_2 \\ \cdot \\ \cdot \\ \cdot \\ x_n \end{pmatrix} = \begin{pmatrix} \beta_0 \\ \beta_0 \\ \cdot \\ \cdot \\ \cdot \\ \beta_0 \end{pmatrix} + \begin{pmatrix} d_1(1)-d_1(7) & \dots & d_1(6)-d_1(7) & f_1 \\ d_2(1)-d_2(7) & \dots & d_2(6)-d_2(7) & f_2 \\ \cdot & \dots & \cdot & \cdot \\ \cdot & \dots & \cdot & \cdot \\ \cdot & \dots & \cdot & \cdot \\ d_n(1)-d_n(7) & \dots & d_n(6)-d_n(7) & f_n \end{pmatrix} \cdot \begin{pmatrix} \beta_1 \\ \beta_2 \\ \cdot \\ \cdot \\ \cdot \\ \beta_7 \end{pmatrix} + \begin{pmatrix} x_R(1) \\ x_R(2) \\ \cdot \\ \cdot \\ \cdot \\ x_R(n) \end{pmatrix}$$

bzw. in Kurzform

$$\vec{x} = A \cdot \vec{\beta} + \vec{x}_R ,$$

wobei

A Kalendermatrix vom Typ $(n,7)$

$\vec{x}$ Vektor der Beobachtungen

$\vec{\beta}$ Vektor der zu schätzenden Tagesgewichte

$\vec{x}_R$ Vektor der Residuen

sind. Nach der Methode der kleinsten Quadrate ist dann die Extremwertaufgabe

$$x_R' \cdot x_R \underset{\beta_1 \dots \beta_7}{\rightarrow} \text{Minimum}$$

zu lösen. Das Minimum ist mit dem Vektor

$$\hat{\vec{\beta}} = \left(A' \cdot A\right)^{-1} \cdot A' \cdot \vec{x}$$

eindeutig bestimmt. Mit Hilfe der Tagesgewichte β_j lässt sich die Kalenderkomponente ausrechnen. Die Bereinigung geschieht durch Subtraktion der Kalenderkomponente

$$x_t^* = x_t - x_K(t).$$

Die Schrittfolge der Kalenderbereinigung kann nun folgendermaßen zusammenfasst werden:

1) Aufbau einer Hilfsmatrix vom Typ (n,8) mit den Tagesanzahlwerten $d_1,..,d_7$ und dem Schaltjahresdummy f

2) Berechnung der Kalendermatrix A durch Differenzbildung aus der Hilfsmatrix mit der Tagesanzahl pro Monat

3) Schätzung der normierten Tagesgewichte mittels multipler linearer Regression

4) Auswertung der Schätzung (Sicherheit und Güte)

5) Berechnung und Auswertung der nicht normierten Tagesgewichte

6) Bereinigung durch Subtraktion der Schätzwerte für die Komponente $x_K(t)$ von der Ausgangsreihe.

Beispiel 1.4.1 Der monatliche Umsatzindex des deutschen Einzelhandels, bezogen auf das Basisjahr 1986, ist durch Trend und Saison augenfällig geprägt. Der Kalendereinfluss ist grafisch zunächst nicht erkennbar (siehe Bild 1.4.1) und soll durch eine entsprechende Analyse aufgedeckt werden.

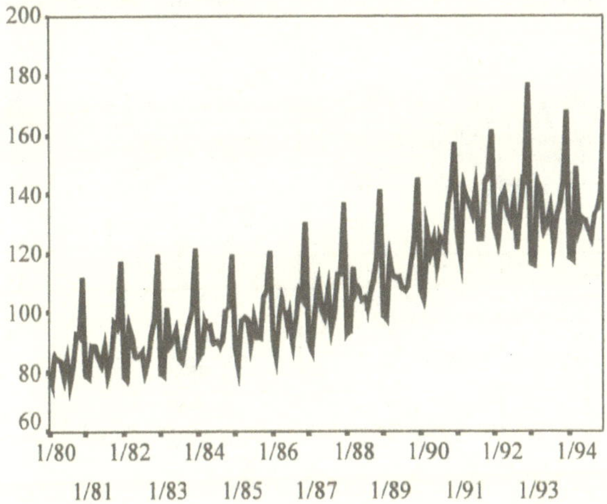

Bild 1.4.1 Monatlicher Umsatzindex des Deutschen Einzelhandels (1986 = 100)

Das beschriebene Verfahren zur Kalenderbereinigung führt auf eine Tagesgewichtung, die in Bild 1.4.2 dargestellt wird.

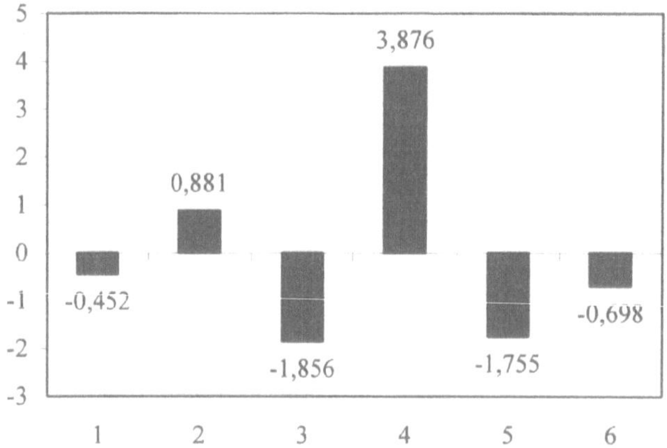

Bild 1.4.2 Wochentagsmuster von Bsp. 1.4.1 mit Tagesgewichten für Montag (1) bis Sonnabend (6)

Die Schätzergebnisse der linearen Regression und die Umrechnung auf die Tagesgewichte sind in der folgenden Tabelle 1.4.1 enthalten. Das multiple Bestimmtheitsmaß des Regressionsmodells beträgt nur 1,8%. Mehr Varianz kann die Kalenderkomponente leider nicht erklären. Aber das ist nicht weiter verwunderlich, da Trend- und Saisonkomponente den weitaus größten Anteil an der Erklärung der Zeitreihenvarianz haben.

Tabelle 1.4.1 Ergebnisse der multiplen linearen Regression von Bsp. 1.4.1

Zentrierte Parameter	Schätzwerte	Wochentags-gewichte	Schätzwerte
β_0	109,469		
β_1	0,125	β_1^*	-0,452
β_2	1,458	β_2^*	0,881
β_3	-1,279	β_3^*	-1,856
β_4	4,453	β_4^*	3,876
β_5	-1,178	β_5^*	-1,755
β_6	-0,121	β_6^*	-0,698
β_7	-0,577	β_7^*	-4,043

Positiv schlagen nur der Dienstag und ganz besonders der „lange" Donnerstag zu Buche, während der Mittwoch aus Sicht des Handels der umsatzschwächste Wochentag ist.

Die Analyse der Zeitreihe verdeutlicht, dass die Kunden ihr Kaufverhalten auf die Ladenöffnungszeiten ausgerichtet haben.

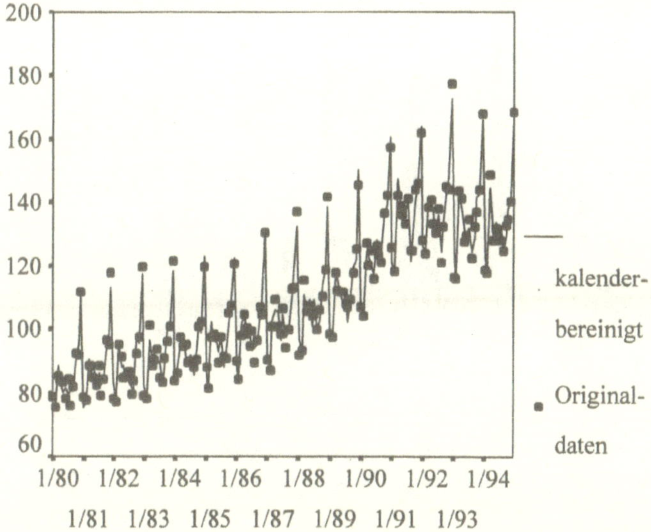

Bild 1.4.3 Auswirkung der Kalenderbereinigung im Bsp. 1.4.1

Wie ein Blick auf die Periodogramme zeigt, ist der Peak für die Originaldaten bei 0,35 (siehe Bild 1.4.4), der einem Zyklus von ca. 3

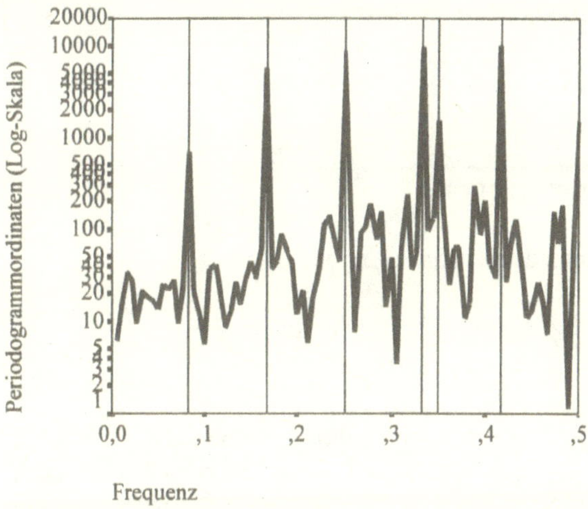

Bild 1.4.4 Periodogramm der Zuwächse von Bsp. 1.4.1 mit Peaks bei 0,0833 und 0,35 (incl. Harmonische)

Monaten entspricht, nach der Kalenderbereinigung verschwunden. In der Grafik sind dann nur noch der Monats-Peak bei der Frequenz 0,0833 und die zugehörigen Harmonischen zu sehen (siehe Bild 1.4.5).

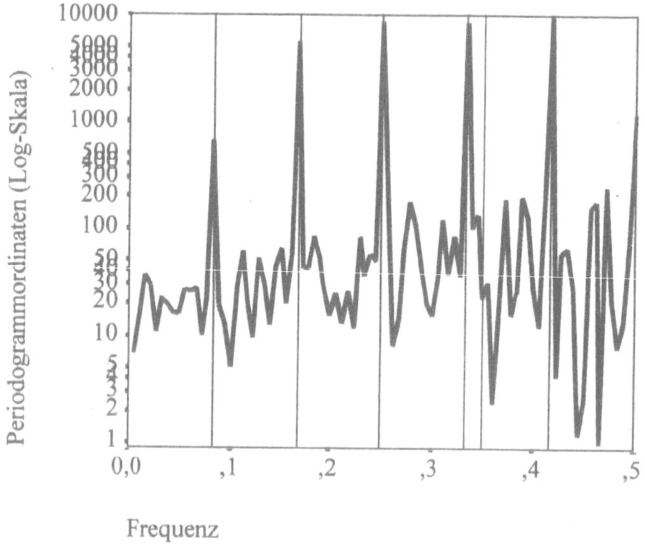

Bild 1.4.5 Periodogramm der kalenderbereinigten Zuwächse von Bsp. 1.4.1 mit Peaks bei 0,0833 incl. Harmonische

1.4.2 Box-Cox-Transformation

Die Modell-Spezifikation wird oft unter Voraussetzungen durchgeführt, die für viele Zeitreihen nicht erfüllt sind.

Dazu gehören die Forderungen nach

- zeitkonstanter Varianz der Beobachtungen, sowie
- symmetrischer Häufigkeitsverteilung oder sogar Normalverteilung).

Die erste Forderung läuft bei saisonbehafteten Reihen auf ein starres Saisonmuster hinaus, das sich wesentlich einfacher modellieren lässt als ein unregelmäßiger Saisonverlauf (siehe Kap. 1.3.3). Die zweite Forderung ist für eine statistische Analyse der Schätzergebnisse und die Konstruktion von Prognoseintervallen bedeutsam.
Um diese Voraussetzungen für die Modellspezifikation herzustellen, ist eine Vorbehandlung der Zeitreihe erforderlich. Beide Bedingungen können sehr oft mit Hilfe einer Familie von Transformationsvorschriften, die sogenannten **Box-Cox-Transformationen**, erfüllt werden. Diese lauten

$$\tilde{x}_t = \begin{cases} \dfrac{(x_t + c)^{\lambda} - 1}{\lambda} & \text{für} \quad \lambda \neq 0 \\ \ln(x_t + c) & \text{für} \quad \lambda = 0. \end{cases}$$

Dabei ist der **Niveau-Parameter** c so zu wählen, dass $x_t + c > 0$ gilt. Der **Typ-Parameter** λ ist für die Funktionswahl entscheidend. Die Potenzfunktionen gehen für λ gegen 0 in die Logarithmusfunktion über, d.h. es gilt folgender **Satz**:

$$\underset{\lambda \to 0.}{\tilde{x}_t(\lambda) \to \ln x_t}$$

Beweis: Nach der Regel von l'Hospital lässt sich der Grenzwert des Quotienten zweier differenzierbarer Funktionen mittels

$$\underset{\lambda \to 0}{\frac{f(\lambda)}{g(\lambda)} \to \frac{f'(0)}{g'(0)}}$$

berechnen und daraus folgt für die Transformationsvorschrift bei $\lambda \neq 0$ tatsächlich

$$\frac{f'(\lambda)}{g'(\lambda)} = \underset{\lambda \to 0}{\frac{x_t^{\lambda} \cdot \ln x_t}{1} \to 1 \cdot \ln x_t}.$$

Zur Bestimmung des Typ-Parameters λ kann man grafische und statistische Hilfsmittel einsetzen. So wird für die grafische Auswertung meist eine Näherungsformel von Box und Cox aus dem Jahr 1964 herangezogen, die auf einer annähernden Proportionalität zwischen der Varianz der transformierten Zeitreihe und der Varianz der Originalzeitreihe beruht (siehe Mohr [1983])

$$\operatorname{Var}(\tilde{x}_t) \approx \left(\frac{d\tilde{x}_t}{dx} \right)^2 \Big|_{x=\bar{x}} \cdot \operatorname{Var}(x_t).$$

Für die Spezialfälle c = 0 und $\lambda = 0$ ist die Logarithmusfunktion nach x abzuleiten. Da die Varianz der transformierten Reihe konstant sein soll

$$\mathrm{Var}(\tilde{x}_t) = k^2,$$

ergibt sich eine aufschlussreiche Beziehung zwischen der Standardabweichung und dem arithmetischen Mittel der Zeitreihe

$$k^2 = \left(\frac{1}{\bar{x}}\right)^2 \cdot s_x^2$$

bzw.

$$s_x = \bar{x} \cdot k.$$

Eine logarithmische Transformation ist demnach angebracht, wenn Standardabweichung und arithmetisches Mittel über den gesamten Beobachtungszeitraum zueinander proportional sind. Um das zu prüfen, werden (gleich lange) Intervalle gebildet, für jedes Intervall Standardabweichung und Mittelwert berechnet und die Wertepaare grafisch dargestellt. Ergibt sich annähernd eine Gerade, so ist logarithmisch zu transformieren. Eine solche Grafik heißt **Mean-Range-Diagramm** (siehe Bild 1.4.6). Verallgemeinert für beliebige λ ergibt sich als Kontrollvorschrift

$$s_x(j) = \bar{x}_j^{1-\lambda} \cdot k,$$

wobei j die Anzahl der Intervalle angibt und k ein Proportionalitätsfaktor ist. Für saisonale Zeitreihen ist die Intervallbildung durch die Saisonzyklen praktisch vorgegeben.
Bei der Auswertung einer Mean-Range-Darstellung sind folgende Verlaufstypen möglich:

Tabelle 1.4.2 Zuordnung von Mean-Range-Funktion und Transformationsparameter λ

Fall-Nummer	Funktionstyp im Diagramm	Parameterbedingung
1	Potenzfunktion	$\lambda < 0$
2	Gerade	$\lambda = 0$
3	Wurzelfunktion	$0 < \lambda < 1$
4	Parallele zur x-Achse	$\lambda = 1$
5	Hyperbel	$\lambda > 1$

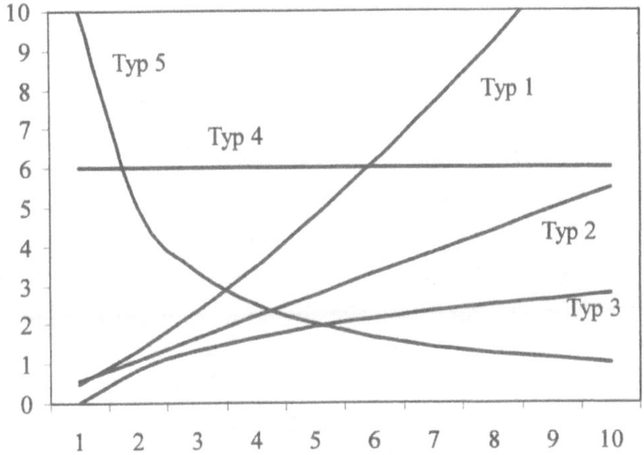

Bild 1.4.6 Zusammenhang zwischen Funktionsverläufen und Transformationstyp im Mean-Range-Diagramm

Beispiel 1.4.2 Die Anzahl abgefertigter Fluggäste auf dem Flughafen Frankfurt/Main (Tausend) weist eine aufschwingende Saison auf.

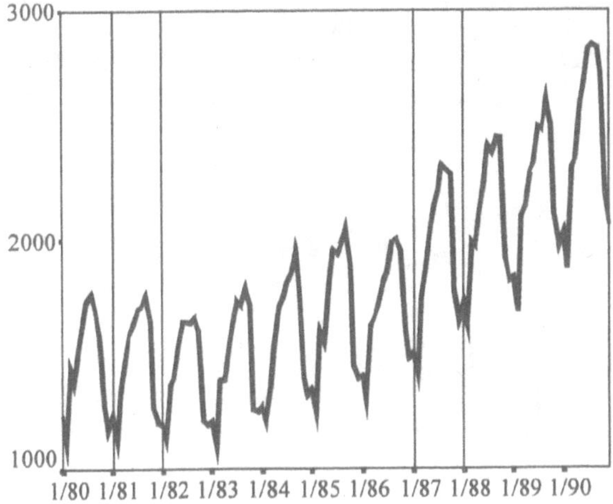

Bild 1.4.7 Monatlich abgefertigte Fluggäste auf dem Flughafen Frankfurt in Tausend Personen (Bsp. 1.4.2)

Es werden die Mittelwerte und Standardabweichungen der einzelnen Jahre berechnet und als Mean-Range-Diagramm aufgetragen.

Tabelle 1.4.3 Standardabweichungen s und arithmetische Mittelwerte $\bar{x}$

Jahr	1980	1981	1982	1983	1984	1985	1986	1987	1988	1989	1990
s	227,6	229,2	209,7	240,4	258,2	283,3	230,8	322,2	291,5	288,1	354,0
$\bar{x}$	1462,9	1471,0	1436,2	1477,2	1581,6	1685,1	1701,8	1937,8	2092,9	2213,9	2447,2

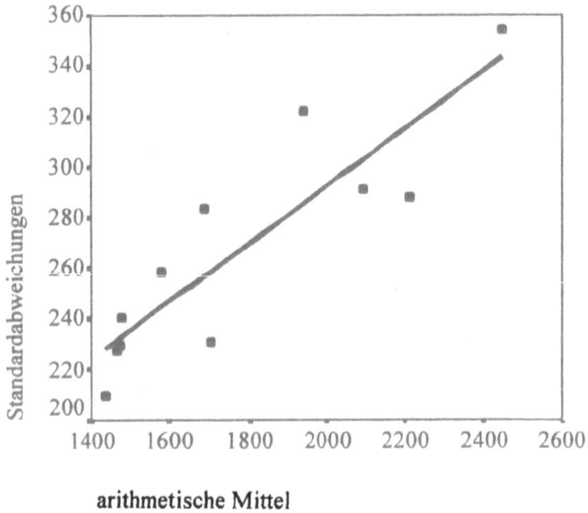

Bild 1.4.8 Mean-Range-Plot von Bsp. 1.4.2

Aus Bild 1.4.8 ist deutlich eine lineare Tendenz erkennbar, die mit einer linearen Regression überprüft wird. Das Bestimmtheitsmaß der Regressionsgeraden beträgt 77,8% und unterstützt die Annahme der Linearität. Demnach ist eine logarithmische Transformation sinnvoll.

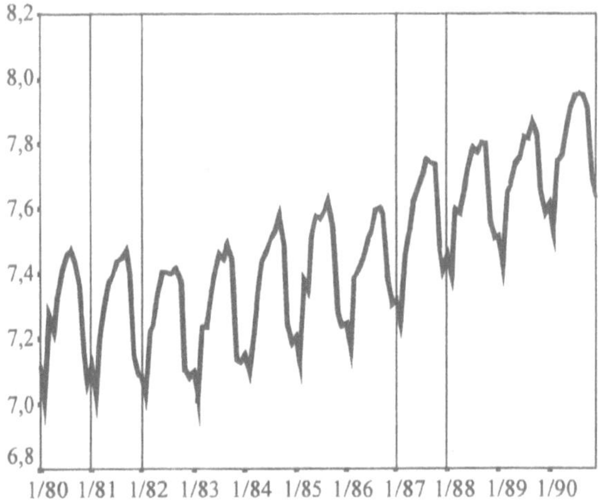

Bild 1.4.9 Zeitreihenmuster von Bsp. 1.4.2 nach einer Box-Cox-Transformation

Zur Überprüfung der Verteilungseigenschaften können **Quantil-Plots** herangezogen werden. Dabei werden die Quantile der empirischen Verteilung (Häufigkeitsverteilung) und die Quantile einer angenommenen Wahrscheinlichkeitsverteilung grafisch dargestellt. Im Fall einer angenommenen Normalverteilung spricht man vom **Q-Q-Plot**.

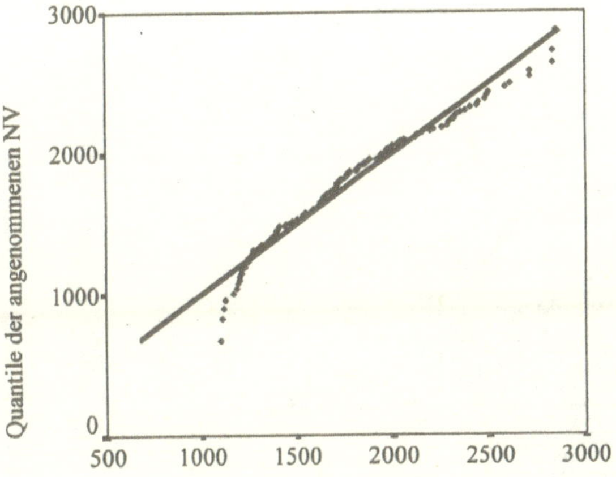

Bild 1.4.10 Quantil-Plot vor der Box-Cox-Transformation (Bsp. 1.4.2)

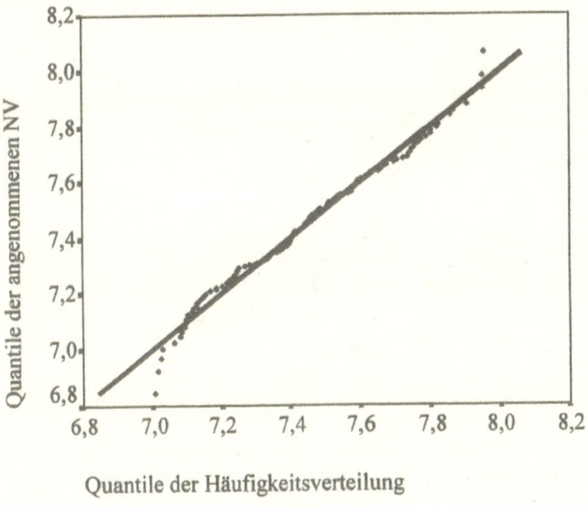

Bild 1.4.11 Quantil-Plot nach der Box-Cox-Transformation (Bsp. 1.4.2)

Der Vergleich der Bilder 1.4.10 und 1.4.11 offenbart ein besseres Anschmiegverhalten der Quantil-Paare an die Maßgerade für die logarithmierten Daten.
Den Symmetriegewinn der logarithmische Transformation unterstreicht ein Vergleich der **Histogramme** (Bilder 1.4.12 und 1.4.13).

Auf Probleme bei der Rücktransformation von Intervallprognosen wird in Kapitel 2.4 eingegangen.

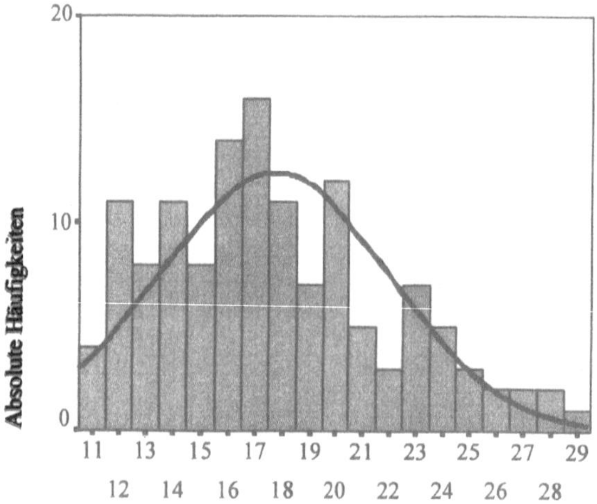

Bild 1.4.12 Histogramm mit Glockenkurve vor der Box-Cox-Transformation (Bsp. 1.4.2)

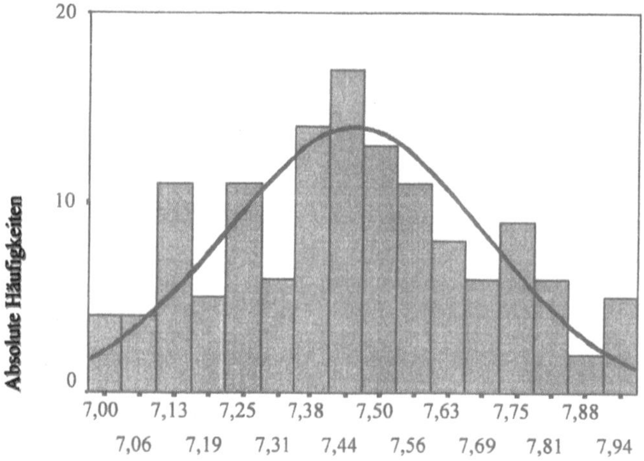

Bild 1.4.13 Histogramm mit Glockenkurve nach der Box-Cox-Transformation (Bsp. 1.4.2)

1.4.3 Differenzenbildung

Die Restkomponente einer Zeitreihe wird meist von Trend- und/oder Saisoneinfluss total überdeckt, weil Trend- und Saisonkomponente den überwiegenden Anteil an der Gesamtvarianz der Reihe ausmachen. Ein visueller Eindruck von der Restkomponente kann daher erst nach Trend- und/oder Saisonbereinigung gewonnen werden. Diese Bereinigung ist auch für eine Modellierung der Restkomponente ange-

raten. Der Trend lässt sich durch gleitende Durchschnitte beseitigen, während die Saison durch spezielle Bereinigungsverfahren ausgeschlossen werden kann. Problematisch wird allerdings die Bereinigung, wenn Trend und Saison gleichzeitig auftreten. Statistisch gesehen ist dann mit einer Korrelation zwischen Trend- und Saisonkomponente zu rechnen, so dass ein sukzessives Schätz- und Bereinigungsverfahren ausscheidet.
Alternativ zu den obigen Verfahren können Differenzen gebildet werden. Enthält die Zeitreihe einen linearen Trend, dann verläuft die Reihe der Zuwächse (**einfache Differenz erster Ordnung**)

$$y_t = x_t - x_{t-1}$$

auf konstantem Niveau. Bei einem starren Saisonmuster der Zyklenlänge m pegelt sich die Reihe der Saisonzuwächse (**Saisondifferenz erster Ordnung**)

$$y_t = x_t - x_{t-m}$$

wegen der Starrheitsbedingung (siehe Kap. 1.3.3) auf konstantem Niveau ein. Leider lassen sich nicht alle denkbaren Trend- und Saisonverläufe mit Hilfe solcher Differenzen ausschalten. Mitunter muss die Differenzenbildung wiederholt oder mit einer geeigneten Transformation gekoppelt werden. Für die Praxis der Zeitreihenanalyse ist eine Zuordnung zwischen typischen Trend- und Saisonmustern und geeigneten Differenzen hilfreich. Die Prozedur der Differenzenbildung wird auch als Filtern bezeichnet. Ein Differenzenfilter hält gewisse Strukturen, wie z. B. den Trend, zurück und lässt dafür andere Komponenten, wie z. B. den Rest, hindurch.

1.4.3.1 Einfache Differenzen zur Trendausschaltung

Die einfache Differenzenbildung eliminiert einen linearen Trend, denn aus

$$x_t = a + b \cdot t$$

folgt

$$y_t = x_t - x_{t-1} = a + b \cdot t - a - b \cdot (t-1) = b.$$

Liegt ein quadratischer Trend vor

$$x_t = a + b \cdot t + c \cdot t^2,$$

dann wird die Bereinigung über eine wiederholte Differenzenbildung erreicht

$$y_t = x_t - x_{t-1} = b - c + 2 \cdot c \cdot t$$
$$y_t - y_{t-1} = 2 \cdot c.$$

Man spricht in diesem Fall von einer einfachen Differenz zweiter Ordnung.

Dieses Verfahren lässt sich auf beliebige polynomiale Trends verallgemeinern. Eine Trendparabel vierten Grades behandelt man mit einfachen Differenzen der Ordnung 4 usw.

Für die formale Darstellung von Differenzen wird der sogenannte **Rückwärtsverschiebe-Operator** B (auch **Backshift-Operator** oder **Lag-Operator** genannt) eingeführt

$$Bx_t = x_{t-1}.$$

Er verschiebt lediglich den Periodenbezug t um eine Einheit rückwärts. Soll um mehr als eine Periode oder im Extremfall überhaupt nicht verschoben werden, so gelten folgende Setzungen

$$B^k x_t = x_{t-k} \quad \text{und} \quad B^0 x_t = x_t.$$

Mit Hilfe der Rechenregeln

$$\left(B^l + B^k\right)x_t = B^l x_t + B^k x_t, \left(c \cdot B^l\right)x_t = c \cdot B^l x_t, B^{l+k} x_t = B^l\left(B^k x_t\right)$$

ist es möglich Verschiebeoperatoren wie Potenzen von reellen Zahlen zu behandeln. Damit lassen sich einfache Differenzen erster und zweiter Ordnung folgendermaßen darstellen

$$(1 - B)x_t = x_t - x_{t-1}$$
$$(1 - B)^2 x_t = (1 - B)(1 - B)x_t = (1 - 2B + B^2)x_t.$$

Bei nichtpolynomialen Trends stößt die Differenzenbildung zunächst auf Grenzen. Für

$$x_t = \ln t$$

ergibt die einfache Differenz

$$Bx_t = \ln t - \ln(t-1)$$

noch keine Zeitreihe mit konstantem Niveau. Wird jedoch eine Exponential-Transformation

$$e^{x_t} = y_t$$

vorgeschaltet, dann leisten die einfachen Differenzen erster Ordnung, angewendet auf y_t die gewünschte Trendausschaltung.

Falls keine Transformation der Zeitreihe auf polynomialen Trend finden gefunden werden kann, dann scheidet die Differenzenbildung als Verfahren zur Trendbereinigung zwangsläufig aus.

1.4.3.2 Differenzen zur Saisonausschaltung

Eine Saisondifferenz der Zyklenlänge m lässt sich mit dem Verschiebeoperatoren folgendermaßen ausdrücken

$$(1-B^m)x_t = x_t - x_{t-m}.$$

Mit der Saisondifferenz erster Ordnung lässt sich ein **starres** Saisonmuster (siehe Bild 1.4.14) aus einer Zeitreihe entfernen.

Für eine Quartalsreihe

$$x_t = \cos\frac{\pi}{2}t$$

mit dem Saisonlag m = 4 ergibt sich mittels Quartalsdifferenz

$$(1-B^4)x_t = \cos\frac{\pi}{2}t - \cos\frac{\pi}{2}(t-4) = \cos\frac{\pi}{2}t - \cos\frac{\pi}{2}t = 0$$

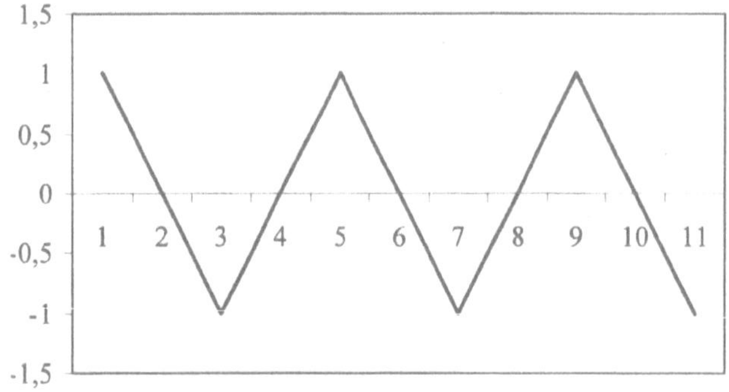

Bild 1.4.14 Muster für eine starre Saison

eine saisonbereinigte Reihe. Man könnte diesen Effekt alternativ auch mit Hilfe von

$$(1+B^2)x_t = \cos\frac{\pi}{2}t + \cos\frac{\pi}{2}(t-2) = \cos\frac{\pi}{2}t - \cos\frac{\pi}{2}t = 0$$

erreichen, was zu weiteren Überlegungen Anlass gibt (siehe Kap. 1.4.3.3).

Neben der starren Saison sind weitere Muster zu behandeln.

Bei der **polynomvariablen** Saison liegt ein auf- oder abschwingendes Muster vor, bei dem die Schwingungen von Polynomen (Parabeln) eingehüllt werden (siehe Bild 1.4.15).
Für die Quartalsreihe

$$x_t = t^2 \cdot \cos\frac{\pi}{2}t$$

ist der Differenzenfilter $1\text{-}B^4$ mehrfach aufzulegen

$$\begin{aligned}(1-B^4)^3 x_t &= (1-B^4)^2\left(t^2 \cdot \cos\frac{\pi}{2}\cdot t - (t-4)^2 \cdot \cos\frac{\pi}{2}\cdot(t-4)\right)\\ &= (1-B^4)^2\left((8t-16)\cdot\cos\frac{\pi}{2}\cdot t\right) = (1-B^4)\left(32\cdot\cos\frac{\pi}{2}\cdot t\right) = 0.\end{aligned}$$

Man spricht von einer Saisondifferenz dritter Ordnung. Für einhüllende Polynome des Grades k muss entsprechend der saisonale Differenzenfilter k+1-mal aufgelegt werden.

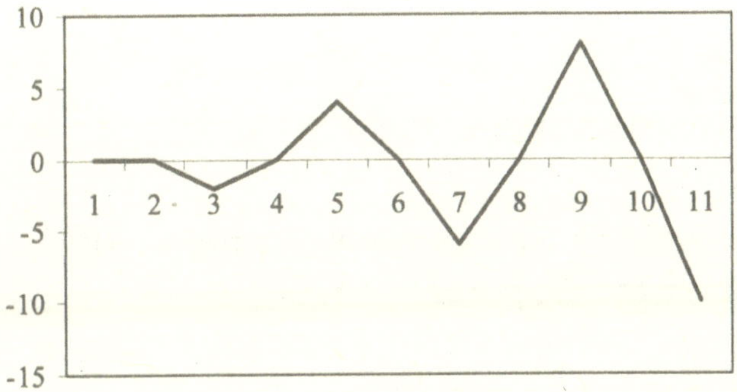

Bild 1.4.15 Muster für eine polynomvariable Saison mit einhüllender Parabel 2. Grades

Wenn die Saisonschwingungen von nichtpolynomialen Funktionen (z.B. Exponentialfunktion)

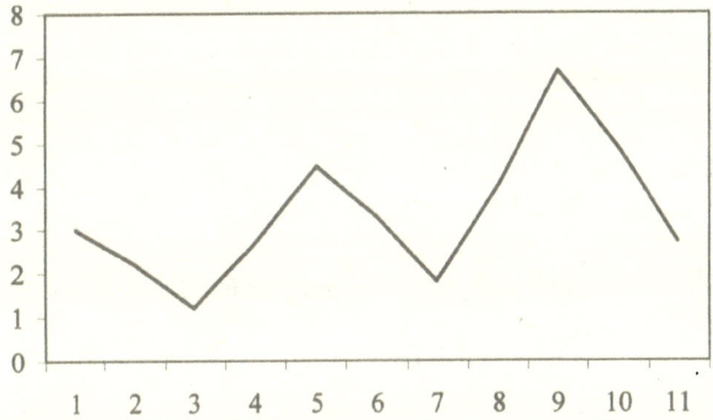

Bild 1.4.16 Muster für eine nichtpolynomvariable Saison mit exponentiellem Faktor

eingehüllt werden, muss der Saisonfilterung eine geeignete Transformation vorausgehen. Auf die **nichtpolynomiale** Saisonfunktion

$$x_t = e^t \cdot (c + \cos\frac{\pi}{2} \cdot t) \quad \text{für} \quad c > 1$$

ist zunächst die Logarithmusfunktion und dann die Saisondifferenz anzuwenden

$$\left(1-B^4\right)\ln x_t = \left(1-B^4\right)\left(t+\ln\left(c+\cos\frac{\pi}{2}\cdot t\right)\right) = 4.$$

1.4.3.3 Strukturuntersuchung von Differenzenfiltern

Die Quartalsdifferenz lässt sich im Gegensatz zur einfachen Differenz in weitere, interpretierbare Strukturbestandteile zerlegen. Wird anstelle des Verschiebeoperators B eine Zahl z gesetzt[1]

$$1-B^4 \Rightarrow 1-z^4,$$

dann ergibt sich ein Polynom vierten Grades. Die Zerlegung dieses Polynoms in Linearfaktoren ermöglicht den Einblick in die innere Struktur der Quartalsdifferenz. Als Nullstellen von $1 - z^4$ kommen offenbar $z = 1$ und $z = -1$ in Betracht. Durch Polynom-Division entsteht

$$\left(1-z^4\right):\left(1-z\right) = 1+z+z^2+z^3$$
$$\left(1+z+z^2+z^3\right):\left(1+z\right) = 1+z^2$$

und damit insgesamt

$$(1-z^4) = (1-z)\cdot(1+z)\cdot\left(1+z^2\right).$$

Übertragen auf die Verschiebeoperatoren bedeutet das

$$(1-B^4) = (1-B)\cdot(1+B)\cdot\left(1+B^2\right).$$

Die Quartalsdifferenz hat somit eine dreifache Wirkung, die sich folgendermaßen deuten lässt:

1) 1-B nimmt einen linearen Trend heraus

2) $1+B^2$ nimmt den Quartalseinfluss heraus

3) 1+B nimmt einen alternierenden Einfluss heraus.

Alternierendes Verhalten kann am Beispiel von $x_t = (-1)^t$ verdeutlicht werden. Die Werte schwingen zwischen –1 und +1 hin und her. Es handelt sich dabei um einen Zyklus über zwei Perioden mit einer Fre-

[1] Diese Setzung wird als sogenannte z-Transformation bezeichnet.

quenz von 0,5. Das Zerlegungsergebnis für m = 4 lässt sich auf beliebige Zyklen verallgemeinern (siehe Schlittgen/Streitberg [1995]).

Es gilt folgender **Satz:**

$$1-B^m = \begin{cases} (1-B)\cdot(1+B)\cdot\prod_{j=1}^{\frac{m}{2}-1}(1-2\cdot\cos\frac{2\pi j}{m}\cdot B+B^2) & \text{m gerade} \\ (1-B)\cdot\prod_{j=1}^{\frac{m-1}{2}}(1-2\cdot\cos\frac{2\pi j}{m}\cdot B+B^2) & \text{m ungerade.} \end{cases}$$

Für einen Monatszyklus mit m = 12 ergeben sich unter dem Produktzeichen 5 Faktoren für j = 1,...,5

$$\begin{aligned}
j=1 \quad & 1-2\cdot\cos\frac{2\pi\cdot 1}{12}\cdot B+B^2 = 1-2\cdot\cos\frac{\pi}{6}\cdot B+B^2 \\
j=2 \quad & 1-2\cdot\cos\frac{2\pi\cdot 2}{12}\cdot B+B^2 = 1-2\cdot\cos\frac{\pi}{3}\cdot B+B^2 \\
j=3 \quad & 1-2\cdot\cos\frac{2\pi\cdot 3}{12}\cdot B+B^2 = 1-2\cdot\cos\frac{\pi}{2}\cdot B+B^2 \\
j=4 \quad & 1-2\cdot\cos\frac{2\pi\cdot 4}{12}\cdot B+B^2 = 1-2\cdot\cos\frac{2\pi}{3}\cdot B+B^2 \\
j=5 \quad & 1-2\cdot\cos\frac{2\pi\cdot 5}{12}\cdot B+B^2 = 1-2\cdot\cos\frac{5\pi}{6}\cdot B+B^2.
\end{aligned}$$

Hinzu kommen die einfache Differenz 1 – B und der alternierende Term 1 + B.

1.4.3.4 Filterung bei Trend-Saison-Überlagerung

Im folgenden sollen anhand von Beispielen für die wichtigsten Kombinationen von Trend und Saison empfehlenswerte Filterkombinationen hergeleitet werden.
Treffen starre Saison und linearer Trend aufeinander, dann reicht die Saisondifferenz aus (siehe Bild 1.4.17).

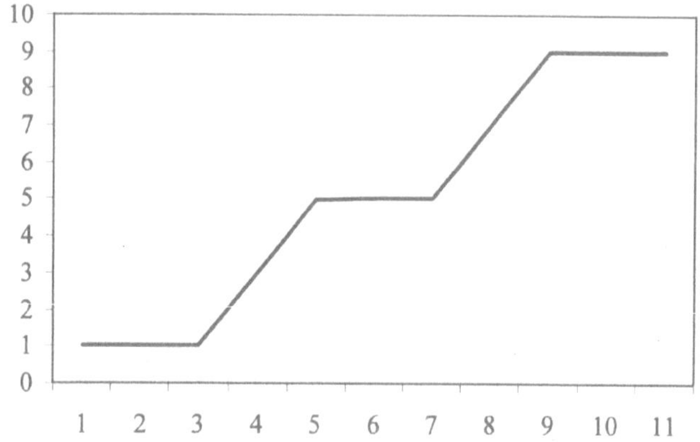

Bild 1.4.17 Muster für einen linearen Trend, additiv überlagert mit einer starren Saison

Hat eine Zeitreihe die Struktur

$$x_t = t + \cos\frac{\pi}{2}t,$$

dann führt die erste Saisondifferenz auf

$$\left(1 - B^4\right)x_t = t + \cos\frac{\pi}{2}t - t + 4 - \cos\frac{\pi}{2}(t-4) = 4.$$

Bei quadratischem Trend und starrer Saison tritt noch ein einfacher Differenzenfilter hinzu.

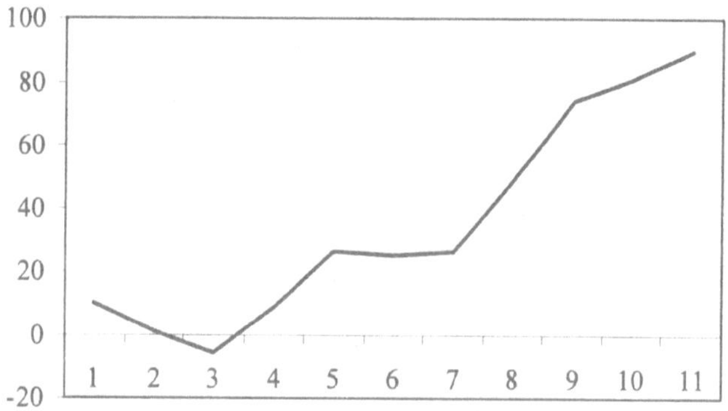

Bild 1.4.18 Muster für einen quadratischen Trend, additiv überlagert mit einer starren Saison

Für eine Zeitreihe wie

$$x_t = t^2 + \cos\frac{\pi}{2}t$$

führt die Kombination von einfacher Differenz mit einer Saisondifferenz auf

$$(1-B)(1-B^4)x_t = (1-B)(8t-16) = 8.$$

Etwas komplizierter ist die Überlagerung der starren Saison mit einem nichtpolynomialen Trend.

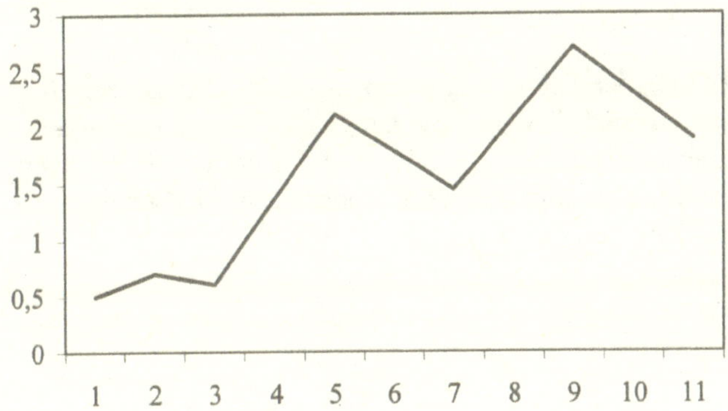

Bild 1.4.19 Muster für einen logarithmischer Trend, additiv überlagert mit einer starren Saison

Bei einer Zeitreihe der Gestalt

$$x_t = \ln t + \cos\frac{\pi}{2}t$$

führt die vorgeschaltete Exponential-Transformation mit anschließenden Saisondifferenzen zum Ziel, denn

$$(1-B^4)^2 e^{x_t} = (1-B^4)^2 \left(t \cdot e^{\cos\frac{\pi}{2}t} \right) = 0.$$

Für den praktisch seltenen Fall, dass variable Saison und nichtpolynomialer Trend zusammentreffen, versagt hingegen die Methode der Differenzenbildung. Optisch ist eine derartige Trend-Saison-Überlagerung vom vorhergehenden Muster schwer zu unterscheiden.

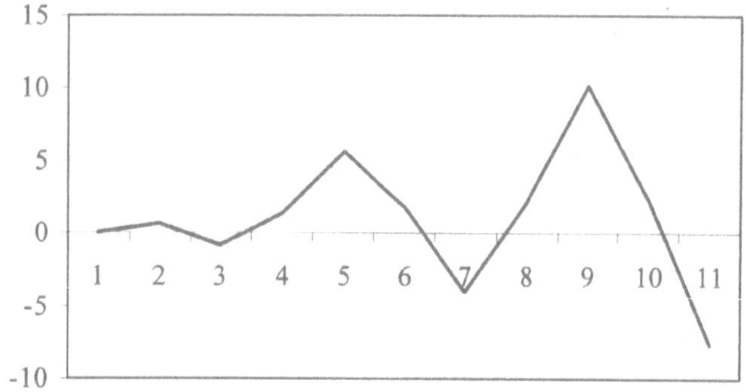

Bild 1.4.20 Muster für einen logarithmischen Trend, additiv überlagert mit einer variablen Saison

Häufig wird deshalb der Fehler begangen zu viele Differenzenfilter aufzulegen. Wenn aus der Sichtprüfung der Zeitreihe nicht hervorgeht, ob der Trend einer saisonalen Reihe linear oder quadratisch ist, dann kann eine Doppelstrategie hilfreich sein. Zunächst wird zweimal einfach gefiltert und dann verglichen.

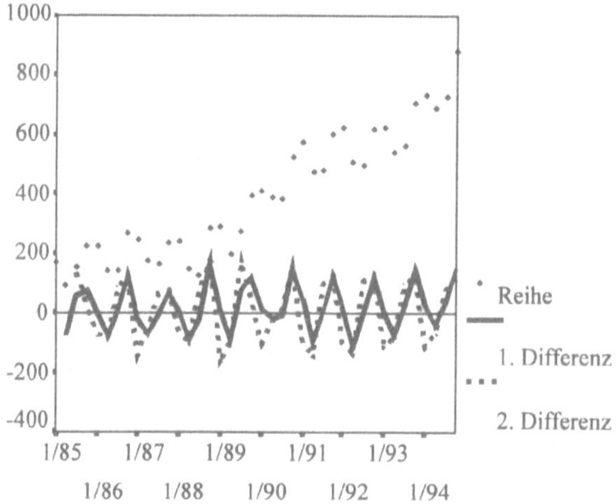

Bild 1.4.21 Einfache Differenzen erster und zweiter Ordnung (Bsp. 1.4.3[2])

Wenn wie im Beispiel 1.4.3 kein Unterschied zwischen den gefilterten Reihen erkennbar ist, dann wird zweimal saisonal gefiltert. Würde ein Saisonfilter ausreichen, dann handelt es sich nur um einen linearen Trend. Ist hingegen ein Saisonfilter der Ordnung 2 angeraten, so deutet das wie im Beispiel 1.4.3 eher auf einen quadratischen Trend hin.

[2] Dem Beispiel 1.4.3 liegt eine synthetische Reihe zugrunde (siehe Verzeichnis).

Eine Faustregel besagt, dass im Zweifelsfall eher weniger Differenzen aufgelegt werden sollen. Das erleichtert auch die anschließende Residuenanalyse (siehe Kap. 1.5).

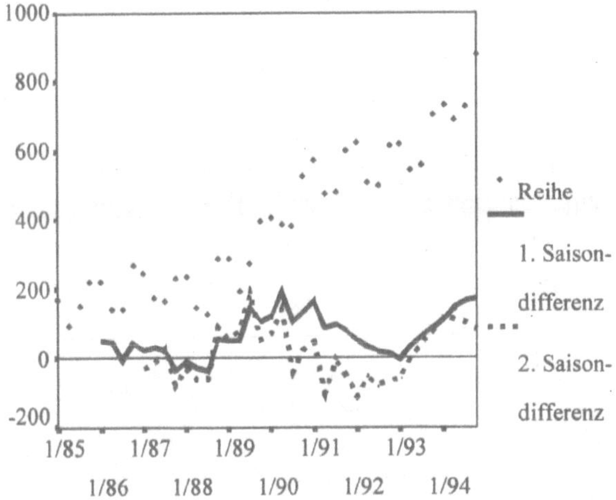

Bild 1.4.22 Saisondifferenzen erster und zweiter Ordnung (Bsp. 1.4.3)

Eine einfache Methode auf **Überdifferenzierung** zu prüfen besteht darin, die Varianzen der Differenzen miteinander zu vergleichen.

Tabelle 1.4.4 Varianz-Vergleich (Bsp. 1.4.3)

Differenzenfilter	B^0	1-B	$(1-B)^2$	$1-B^4$	$(1-B^4)^2$	$(1-B)(1-B^4)$
Varianz	45218	5958	11546	3879	6153	1710

Wird eine Differenz von Original-Daten gebildet, so verringert sich zunächst die Varianz. Doch mit fortgesetztem Filtern steigt sie wieder an. Der **Umkehrpunkt** beim Varianz-Vergleich markiert eine Filterstruktur, die nicht weiter verfeinert werden sollte. Daneben sollte der Zusammenhang zwischen Trend-Saison-Muster und Differenzenfilter beachtet werden.

1.4.3.5 Darstellung gleitender Durchschnitte mit Hilfe von Differenzenfiltern

Ein gleitender Durchschnitt der Ordnung 3 lässt sich mit Hilfe von Verschiebeoperatoren folgendermaßen darstellen

$$\bar{x}_t^{(3)} = \frac{1}{3}\left(B^2 + B + 1\right)x_{t+1}.$$

Das kann auch auf gleitende Durchschnitte mit gerader Spanne aus-

$$\begin{aligned}\overline{x}_t^{(4)} &= \frac{1}{4}\left(\frac{1}{2}x_{t-2} + x_{t-1} + x_t + x_{t+1} + \frac{1}{2}x_{t+2}\right)\\ &= \frac{1}{4}\left(\frac{1}{2}B^4 + B^3 + B^2 + B + \frac{1}{2}\right)x_{t+2}.\end{aligned}$$

Geweitet werden. Besonders einfach lässt sich mit dieser Notation die Hintereinanderschaltung von gleitenden Durchschnitten beschreiben.

$$\overline{\overline{x}}_t^{(3)(4)} = \frac{1}{4}\left(\frac{1}{2}B^4 + B^3 + B^2 + B + \frac{1}{2}\right)\cdot\frac{1}{3}\left(B^2 + B + 1\right)x_{t+3}$$

$$= \frac{1}{12}\left(\frac{1}{2}B^6 + \frac{3}{2}B^5 + \frac{5}{2}B^4 + \frac{6}{2}B^3 + \frac{5}{2}B^2 + \frac{5}{2}B + \frac{1}{2}\right)x_{t+3}.$$

1.4.4 Zusammenfassung zur Vorbehandlung von Zeitreihen

Es gibt einen Zusammenhang zwischen dem Verlaufstyp einer Zeitreihe und den für ihre Modellierung bedeutsamen Instrumenten zur Transformation bzw. Differenzenbildung. Dieser Zusammenhang wird in der nachfolgenden Tabelle dargestellt.

Tabelle 1.4.5 Zusammenfassung der praktisch wichtigsten Differenzenbildungen

Verlaufstyp	Transformation	Differenz	Ordnung
Linearer Trend		1-B	1
Quadratischer Trend		1-B	2
Logarithmischer Trend	Exponentialfunktion	1-B	1
Exponentieller Trend	Logarithmusfunktion	1-B	1
Starre Saison der Länge m		$1\text{-}B^m$	1
Polynomvariable Saison der Ordnung k		$1\text{-}B^m$	k+1
Exponentielle Saison	Logarithmusfunktion	$1\text{-}B^m$	1
Starre Saison und linearer Trend		$1\text{-}B^m$	1
Starre Saison und quadratischer Trend		$(1\text{-}B)(1\text{-}B^m)$	1
Starre Saison und logarithmischer Trend	Exponentialfunktion	$1\text{-}B^m$	2

Der Ablauf aller bisher betrachteten Techniken zur Behandlung einer Zeitreihe vor der eigentlichen Modellbildung, inklusive der Bestimmung und Behandlung von Zyklen, lässt sich in folgendem Struktogramm zusammenfassen.

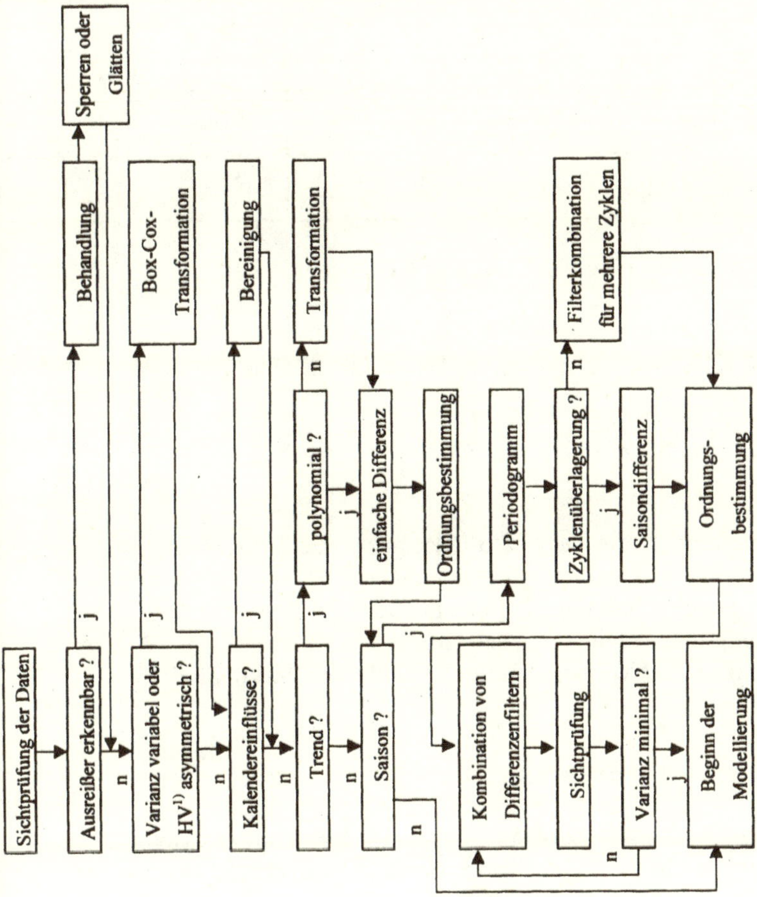

Bild 1.4.23 Struktogramm zur Transformation von Zeitreihen

---

1) Häufigkeitsverteilung

1.4.5 Übungen und Kontrollfragen

Aufgabe 1.4.1 Gegeben seien die Saisonfunktion $\cos\frac{\pi}{6}t$ und verschiedene Trendfunktionen t^k mit k=0,1,2,3. Ermitteln Sie die Differenzenfilter für folgende Trend-Saison-Überlagerungen:

Trendtyp	Differenz	additive Überlagerung	Differenz	multiplikative Überlagerung	Differenz
t^0		$1+\cos\frac{\pi}{6}t$		$1\cdot\cos\frac{\pi}{6}t$	
t^1		$t+\cos\frac{\pi}{6}t$		$t\cdot\cos\frac{\pi}{6}t$	
t^2		$t^2+\cos\frac{\pi}{6}t$		$t^2\cdot\cos\frac{\pi}{6}t$	
t^3		$t^3+\cos\frac{\pi}{6}t$		$t^3\cdot\cos\frac{\pi}{6}t$	

Skizzieren und beschreiben Sie ferner die einzelnen Zeitverläufe.

Aufgabe 1.4.2 Gegeben seien die Trend-Saison-Überlagerungen

$$2^t\cdot\left(1{,}05+\cos(\frac{\pi}{2}t)\right) \quad \text{und} \quad \sqrt{t}\cdot\cos(\pi t).$$

a) Beschreiben Sie die Zeitverläufe der beiden Funktionen.
b) Welche Transformation ist jeweils angeraten?
c) Geben Sie eine Kombination von Differenzenfiltern zur Ausschaltung von Trend und Saison an.
d) Was ändert sich verfahrensseitig bei additiver Verknüpfung?

Aufgabe 1.4.3 (PC-Sitzung):

1) Führen Sie eine Kalenderbereinigung der Zeitreihe „Umsatzindex des Großhandels in Deutschland“ (siehe Verzeichnis) durch. Gehen Sie dabei in folgenden Schritten vor:

- Eingabe der Kalendermatrix
- Ansetzen einer multiplen Regression mit 7 Einflussgrößen
- Kalenderbereinigung der Zeitreihe ohne Niveauverschiebung
- Vergleich der Grafiken
- Vergleich der Periodogramme

2) Führen Sie eine Box-Cox-Transformation der Zeitreihe „Tankbierabsatz eines Brauerei“ (siehe Verzeichnis) in folgenden Schritten durch:

- grafische Darstellung und Diskussion des Saisonverlaufes
- Berechnung und Auswertung des Mean-Range-Diagramms
- Durchführung der Box-Cox-Transformation
- Vergleich der transformierten Daten mit den Originaldaten
- Vergleich der Q-Q-Plots beider Zeitreihen
- Vergleich der Histogramme beider Zeitreihen
- Auswertung von Schiefe und Wölbung in beiden Zeitreihen.

3) Ermitteln Sie geeignete Differenzen zur Trend- und Saisonausschaltung für die beiden unter 1) und 2) betrachteten Zeitreihen. Nutzen Sie bei der Entscheidungsfindung einen Varianzvergleich.

Aufgabe 1.4.4 Stellen Sie die Glättungsprozedur T4253H mit Hilfe von Verschiebeoperatoren dar.

Aufgabe 1.4.5 Zerlegen Sie den Differenzenfilter $1 - B^6$ für eine Tagesreihe mit 6 Liefertagen in seine Strukturbestandteile.

Überprüfen Sie folgende Aussagen:

1) Die Varianz einer Zeitreihe sinkt mit jedem aufgelegten Differenzenfilter.

2) Die einfache Differenz entfernt einen Zyklus der Zeitreihenlänge n.

3) Logarithmischer Trend und variable Saison lassen sich mit Hilfe geeigneter Differenzenfilter ausschalten.

4) Die Box-Cox-Transformation ist eine logarithmische Umrechnungsvorschrift.

5) Kalendereinflüsse werden im Periodogramm von den Saisonpeaks überdeckt.

6) Differenzen glätten eine Zeitreihe.

1.5. Residuenanalyse

Eine Strukturuntersuchung der Restkomponente im Dekompositionsansatz

$$x_t = x_K(t) + x_T(t) + x_S(t) + x_R(t)$$

geht davon aus, dass Trend und Saison keine erschöpfende Erklärung der Gesamtvarianz der Zeitreihe liefern können. Der Grund dafür besteht darin, dass die kurzfristigen Abhängigkeiten zwischen aufeinanderfolgenden Beobachtungen unberücksichtigt bleiben. Es handelt sich dabei um die Fortwirkung von **Schocks** und um die sogenannte Autoregression einer Beobachtung auf ihre Vorgänger. Beide Phänomene können einzeln oder vermischt durch eine Analyse der Restkomponente untersucht werden. Der erklärbare Varianz-Anteil wird dabei von der Gesamtstruktur des Modells beeinflusst. Wenn Trend- und/oder Saisoneinflüsse wirken, ist nur mit 10-15% erklärbarer Varianz zu rechnen. Fehlen hingegen Trend und Saison, wie z.B. bei Aktien- und Wechselkursen, Zinsreihen etc., kann ein wesentlich höheren Anteil an der Gesamtvarianz über die Restkomponente erklärt werden.

Restkomponenten-Modelle erklären einerseits kurzfristige Abhängigkeiten, die durch Sichtprüfung einer Zeitreihe nicht erkennbar sind. Sie sind zum anderen für Kurzfristprognosen hilfreich. Je nach Modellansatz lassen sich typische Prognoseverläufe angeben.
Für die nachfolgenden Abschnitte sei vorausgesetzt, dass die Zeitreihe entweder nur aus der Restkomponente besteht, d. h.

$$x_t = x_R(t)$$

gilt, oder durch Trend- und Saisonausschaltung, in eine solche Form überführt werden kann.

1.5.1 Autokorrelation

Das wichtigste Hilfsmittel zur Untersuchung der Restkomponente ist die Autokorrelationsanalyse. Sie versucht in formaler Anlehnung an die Korrelationsanalyse zweier statistischer Merkmale den Zusammenhang zwischen der Zeitreihe $\{x_t\}$ und der um τ Perioden (**Time-Lag**) verschobenen Zeitreihe $\{x_{t-\tau}\}$ herzustellen. Die **Autokovarianz** zum Lag τ ergibt sich aus

$$\operatorname{cov}(x_t, x_{t-\tau}) = \frac{1}{n} \sum_{t=\tau+1}^{n} (x_t - \bar{x}) \cdot (x_{t-\tau} - \bar{x}).$$

Für die **Autokorrelation** r_τ folgt dann

$$r_\tau = \frac{\operatorname{cov}(x_t, x_{t-\tau})}{\operatorname{var}(x_t)}$$

mit der Varianz für die Zeitreihe x_t

$$\operatorname{var}(x_t) = \frac{1}{n} \sum_{t=1}^{n} (x_t - \bar{x})^2 .$$

Der lineare **Autokorrelationskoeffizient** r_τ lässt sich analog zum Korrelationskoeffizienten von Bravais-Pearson folgendermaßen deuten:

Tabelle 1.5.1 Deutung des Autokorrelationskoeffizienten

Relation	Statistische Interpretation
$r_\tau = 0$	Im Mittel keine Wirkung von $x_{t-\tau}$ auf x_t
$r_\tau > 0$	Im Mittel eine positiv gerichtete Wirkung von $x_{t-\tau}$ auf x_t (Auftrieb)
$r_\tau < 0$	Im Mittel eine negativ gerichtete Wirkung von $x_{t-\tau}$ auf x_t (Abtrieb)

Die grafische Darstellung der Autokorrelationen in Abhängigkeit von der Zeitverschiebung τ heißt **Korrelogramm**.
Trend und Saison schlagen sich im Korrelogramm einer Zeitreihe prägnant nieder, was sich an einer simulierten (erzeugten) Zeitreihe besonders prägnant zeigen lässt.

Beispiel 1.5.1 Sei x_t aus den Komponenten $x_T(t) = 100 + 5 \cdot t + 0{,}3 \cdot t^2$, $x_Z(t) = 100 \cdot \sin(2\pi t/20)$ und $x_S(t) = 100 \cdot \sin(2\pi t/4) + 100 \cdot \cos(2\pi t/4)$ zusammengesetzt und die Restkomponente aus normalverteilten Zufallszahlen $x_R(t) \sim$ N.V.(0,1) erzeugt.

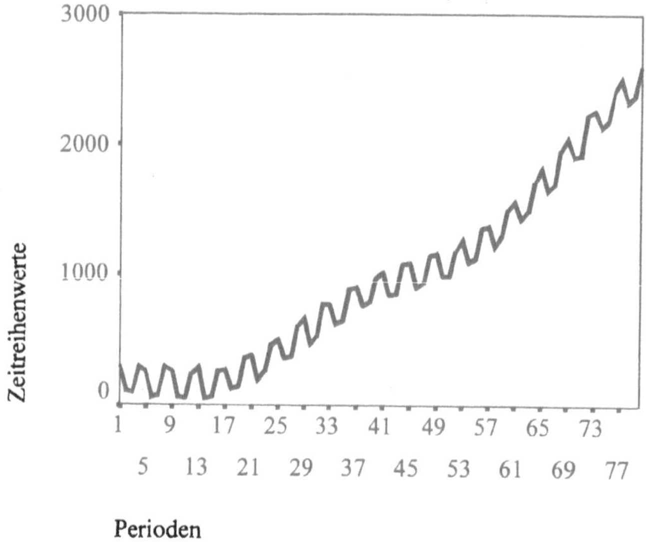

Bild 1.5.1 Synthetische Zeitreihe mit Trend, Saison, Zyklus und Rest

Die Korrelogramme der einzelnen Komponenten unterscheiden sich ganz erheblich.

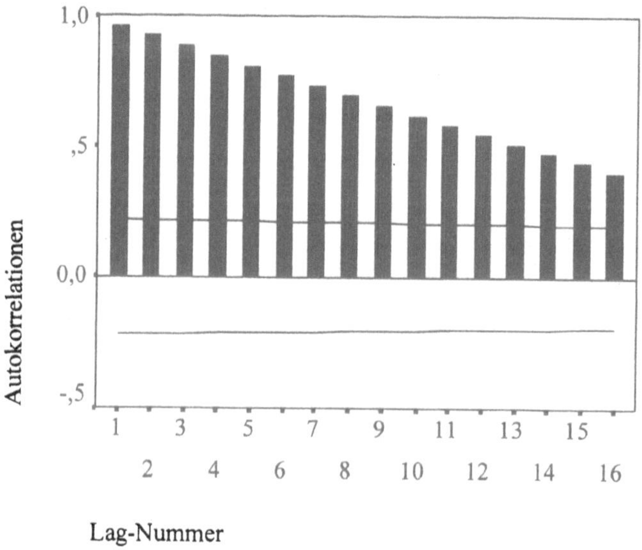

Bild 1.5.2 Korrelogramm der Trendkomponente

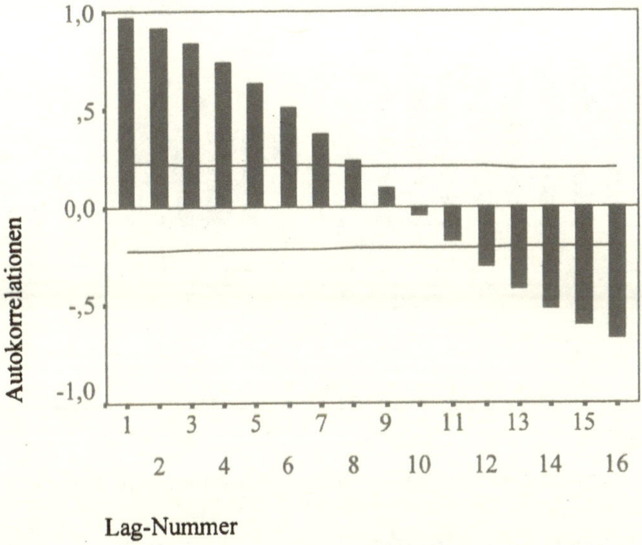

Bild 1.5.3 Korrelogramm der zyklischen Komponente

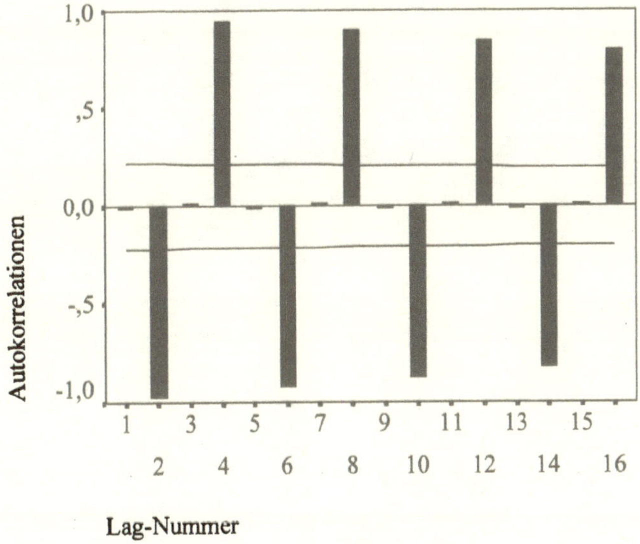

Bild 1.5.4 Korrelogramm der Saison-Komponente

Die optische Dominanz von Trend und Saison schlägt sich auch in den Korrelogrammen der vermischten Komponenten nieder:

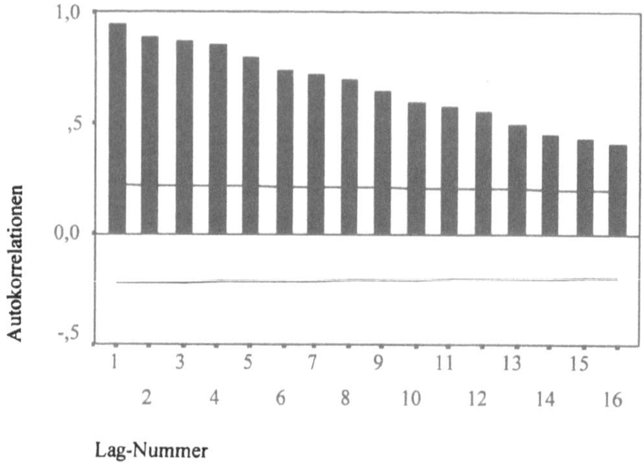

Bild 1.5.5 Korrelogramm der Überlagerung von Trend- und Saisonkomponente

Strukturinformationen für die Restkomponente lassen sich aus dem Korrelogramm erst nach Trend- und Saisonauschaltung gewinnen.

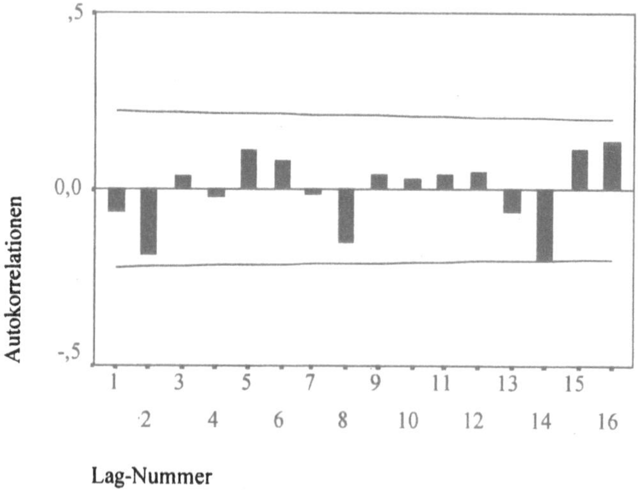

Bild 1.5.6 Korrelogramm der Restkomponente

1.5.2 Weißes Rauschen

Die Varianz der Restkomponente wird nicht vollständig durch ein Modell erklärbar sein. Der nicht erklärbare, nicht strukturierbare Anteil bedarf einer wohl definierten Abgrenzung. In Anlehnung an die historischen Quellen der Zeitreihenmodellierung wird hierfür der Begriff des „Weißen Rauschens" eingeführt.

Eine Zeitreihe $\{a_t\}$ mit folgenden Eigenschaften

$$\bar{a}_t = \text{const.} = \bar{a}$$
$$\text{var}(a_t) = \text{const.} = \sigma_a^2$$
$$\text{cov}(a_t, a_{t-\tau}) = 0 \quad \tau > 0$$

heißt „Weißes Rauschen" oder Schockfolge.

Die Eigenschaft 1 (**Konstanz im Mittel**) bedeutet, dass weder Trend noch Saison enthalten sind.
Die Eigenschaft 2 (**konstante Variation**) sichert, dass die Folge a_t nicht ausbrechen kann. Standardmäßig werden der Mittelwert auf 0 und die Varianz auf 1 gesetzt.
Die für die Residuenanalyse entscheidende Eigenschaft 3 (**Unkorreliertheit**) lässt sich so interpretieren, dass kein Informationstransport von einem Schock a_t auf die Folgeschocks $a_{t+\tau}$ möglich ist. Schocks können nur zeitlich vorwärts gerichtet auf Beobachtungen wirken, d.h.

$$\text{cov}(a_t, x_{t-\tau}) = 0 \quad \text{für} \quad \tau \geq 1$$
$$\text{cov}(a_t, x_{t+\tau}) \neq 0 \quad \text{für} \quad \tau \geq 0.$$

Beispiel 1.5.2 Rauschfolgen aus normalverteilten Zufallszahlen mit Mittelwert 0 und Standardabweichung 1 bzw. 0,5

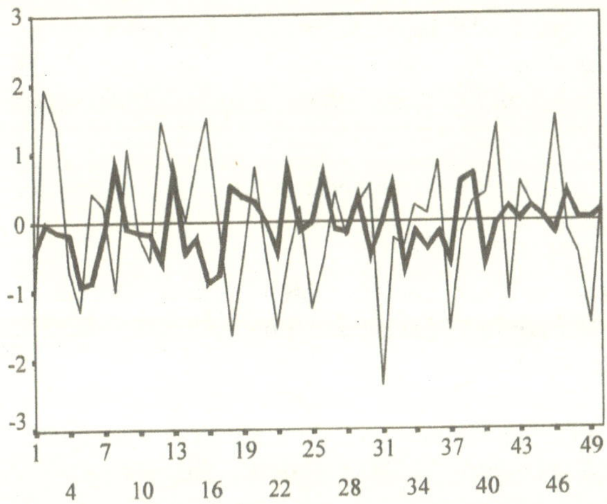

Bild 1.5.7 Normalverteiltes Rauschen mit Mittelwert 0 und Varianz 0,5 bzw. 1

Besonders wünschenswert sind mit Blick auf eine **statistische Analyse** spezielle Verteilungseigenschaften der Schockfolge. Oft wird beispielsweise eine Normalverteilung mit den Parametern 0 und 1, d.h.

$$a_t \sim N.V.(0,1),$$

unterstellt. Bei der Strukturuntersuchung von fiktiven Zeitreihen (Modellsimulation) werden meist normalverteilte Zufallszahlen gezogen. Die Folge a_t erzeugt über das jeweilige Modell eine Reihe x_t , deren Eigenschaften sich im Korrelogramm niederschlagen.

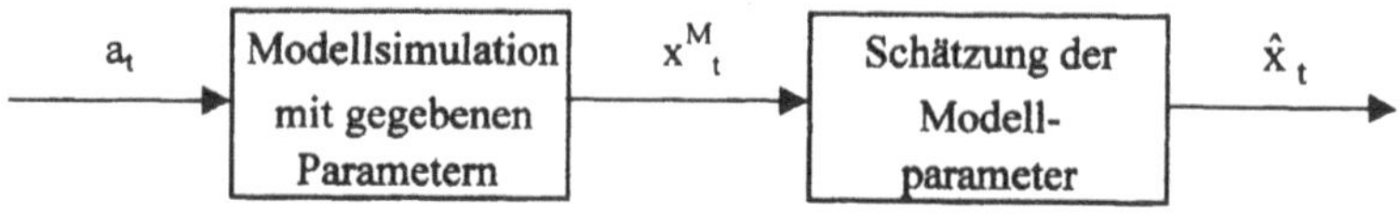

Bild 1.5.8 Input-Output-Diagramm der Simulation eines Zeitreihen-Modells

Bei realen Zeitreihen ergibt sich die Schockfolge aus der Differenz von Beobachtungswert und Schätzwert (**Residuum**).

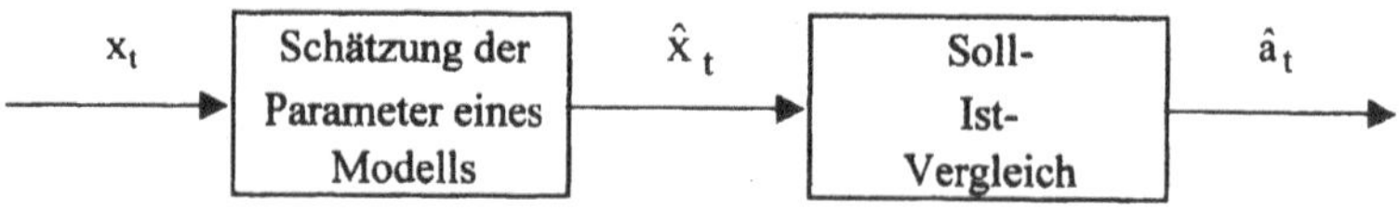

Bild 1.5.9 Input-Output-Diagramm der Modellierung einer Zeitreihe

Ist ein Modell korrekt spezifiziert (adäquat angepasst), dann wird die Folge der Residuen aus dem Soll-Ist-Vergleich die Eigenschaften des „Weißen Rauschens" besitzen. Andernfalls muss das Modell korrigiert werden.

Für eine Modellierung der Restkomponente sind drei Muster der **Schockfortwirkung** interessant:

1) Schocks wirken **kurzfristig** und verlieren ihren Einfluss schon nach einigen wenigen Perioden (z.B. spekulationsbedingte Wechselkurs-Schwankungen)

2) Schocks wirken **langfristig** und verlieren ihren Einfluss auch nach vielen Perioden nicht vollständig (z.B. Sparquoten, Arbeitslosenraten)

3) Schocks wirken sowohl kurz- als auch langfristig.

1.5.3 Modellierung der kurzfristigen Schockfortwirkung

Wenn Schocks typischerweise nur über eine Periode fortwirken, kann ein Modell der Form

$$x_t = a_t + c_1 \cdot a_{t-1} \quad \text{für} \quad |c_1| < 1$$

angesetzt werden. Die Schockwirkung a_t schwächt sich dann wegen der Einschränkung für das Gewicht c_1 ab.

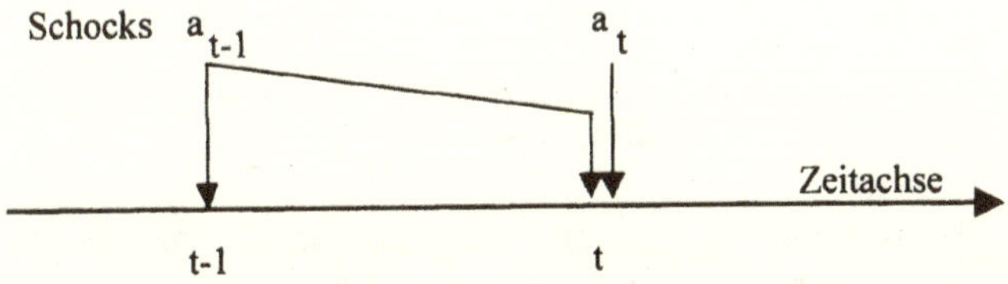

Bild 1.5.10 Schockfortwirkung im MA(1)-Modell

Falls eine **Schockfortwirkung** über durchschnittlich 2 Perioden unterstellt wird, ergibt sich mit

$$x_t = a_t + c_1 \cdot a_{t-1} + c_2 \cdot a_{t-2}$$

ein modifiziertes Modell. Hierbei kommt es zu einer Überlagerung von Schockwirkungen.

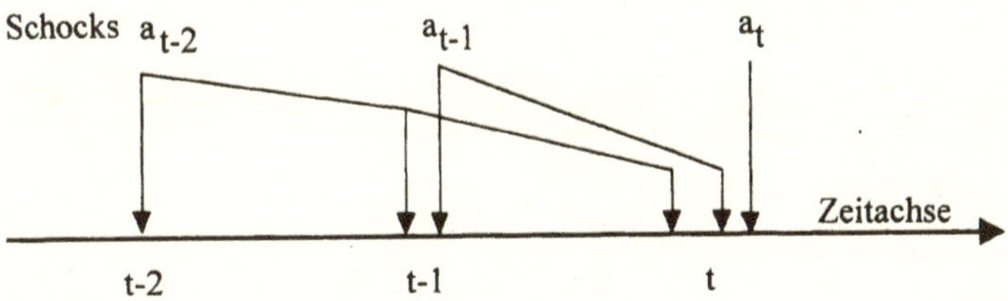

Bild 1.5.11 Schockfortwirkung im MA(2)-Modell

Wegen der gleitenden (gewichteten) Durchschnittsbildung hat sich für diese Modellklasse die Bezeichnung **Moving-Average-Modell** (Gleitmittel-Modell) durchgesetzt. Die maximale Zeitverschiebung in der Modellgleichung heißt **Ordnung q**. In Kurzform wird von MA(q)-Modellen gesprochen (siehe Bild 1.5.10 und 1.5.11).
Jedes **Gleitmittel-Modell** besitzt einen spezifischen Verlauf der Autokorrelationen. Wegen der Linearitätseigenschaften der Kovarianz

$$\operatorname{cov}(x_t + y_t, z_t) = \operatorname{cov}(x_t, z_t) + \operatorname{cov}(y_t, z_t)$$
$$\operatorname{cov}(a + b \cdot x_t, z_t) = b \cdot \operatorname{cov}(x_t, z_t)$$

ergibt sich für die Zeitreihe eines MA(1)-Modells

$$\operatorname{cov}(x_t, x_{t-1}) = c_1 \cdot \sigma_a^2.$$
$$\operatorname{var}(x_t) = (1 + c_1^2) \cdot \sigma_a^2.$$

Daraus folgt für die Autokorrelation r_1 zum Lag 1

$$r_1 = \frac{c_1}{1 + c_1^2}.$$

Alle weiteren Autokorrelationen verschwinden. Für ein gegebenes Gewicht c_1 lassen sich alle Autokorrelationen berechnen.

Beispiel 1.5.3 Für ein MA(1)-Modell mit $c_1 = 0{,}5$ ergibt sich

$$r_1 = \frac{0{,}5}{1 + 0{,}5^2} = \frac{2}{5} \quad \text{und} \quad r_2 = r_3 = \ldots = 0.$$

Die Umkehrung dieses Sachverhaltes ist an eine Bedingung geknüpft: c_1 muss betragsmäßig kleiner 1 sein. Das ergibt sich aus der quadratische Gleichung zur Bestimmung von c_1 für gegebenes r_1

$$c_1^2 - \frac{1}{r_1} \cdot c_1 + 1 = 0.$$

Beispiel 1.5.3 (Fortsetzung) Gegeben sei ein MA(1)-Modell mit der Autokorrelation $r_1 = 0{,}4$. Die beiden Lösungen der quadratischen Gleichung sind

$$c_{1/2} = \frac{5}{4} \pm \sqrt{\frac{25}{16} - \frac{16}{16}} = \frac{5}{4} \pm \frac{3}{4} = \begin{cases} 0{,}5 \\ 2 \end{cases}.$$

Die Gleichung lässt sich eindeutig lösen, wenn man den Modellparameter c_1 auf Werte betragsmäßig kleiner als 1 beschränkt. Solche MA-Modelle heißen **invertibel**. Sie lassen sich eindeutig aus den Autokorrelationen bestimmen.

Übertragen auf das Korrelogramm ergibt sich aus dieser Eigenschaft eine nachlassende Schockfortwirkung.
Es lässt sich jedoch nicht für jedes r_1 ein MA(1)-Modell bestimmen, da die quadratische Gleichung für c_1 nur bei r_1 kleiner als 0,5 lösbar ist. Fällt hingegen r_1 größer als 0,5 aus, dann wäre zu prüfen, ob vielleicht ein MA(2)-Modell in Betracht kommt.
Für MA(2)-Modelle ergibt sich folgender Zusammenhang zwischen den Autokorrelationen und den Modellgewichten c_1 und c_2:

$$r_1 = \frac{c_1 + c_2 \cdot c_1}{1 + c_1^2 + c_2^2}$$

$$r_2 = \frac{c_2}{1 + c_1^2 + c_2^2}$$

$$r_3 = r_4 = \ldots = 0.$$

Beispiel 1.5.4 Gegeben seien $r_1 = 0{,}8$ und $r_2 = 0{,}3$ und $\sigma^2_x/\sigma^2_a = 1{,}5$. Für die Parameter eines MA(2)- Modells ergeben sich aus

$$0{,}8 = \frac{c_1 + c_2 \cdot c_1}{1{,}5} \quad \text{und} \quad 0{,}3 = \frac{c_2}{1{,}5}$$

die beiden Lösungen $c_1 = 0{,}83$ und $c_2 = 0{,}45$. Verallgemeinert auf eine beliebige Zeitverschiebung q nimmt das **MA(q)**- Modell folgende Gestalt an

$$x_t = a_t + c_1 \cdot a_{t-1} + c_2 \cdot a_{t-2} + \ldots + c_q \cdot a_{t-q}.$$

Für die Autokorrelationen dieses Modells ergibt sich der Formelsatz

$$r_1 = \frac{c_1 + c_1 \cdot c_2 + \ldots + c_{q-1} \cdot c_q}{1 + c_1^2 + c_2^2 + \ldots + c_q^2}$$

$$r_2 = \frac{c_2 + c_1 \cdot c_3 + \ldots + c_{q-2} \cdot c_q}{1 + c_1^2 + c_2^2 + \ldots + c_q^2}$$

$$r_3 = \frac{c_3 + c_1 \cdot c_4 + \ldots + c_{q-3} \cdot c_q}{1 + c_1^2 + c_2^2 + \ldots + c_q^2}$$

.

$$r_q = \frac{c_q}{1 + c_1^2 + c_2^2 + \ldots + c_q^2}$$

mit der Kurzform

$$r_j = \begin{cases} \dfrac{\sum\limits_{k=0}^{q-j} c_k \cdot c_{j+k}}{\sum\limits_{i=0}^{q} c_i^2} & \text{für} \quad j \leq q \\ 0 & \text{für} \quad j > q \end{cases}$$

und der Hilfsgröße c_0 gleich 1. Die Gewichte c_j werden mit wachsendem Lag **tendenziell** kleiner.
Wenn die Zeitreihe als Restkomponente gegeben ist, können die Autokorrelationen geschätzt und das Korrelogramm erstellt werden. Die grafische Darstellung der geschätzten Autokorrelationen wird allerdings nicht den idealen Verlauf eines MA(q)-Modells erreichen, dessen Autokorrelationen vom Lag q an exakt gleich Null sind. Der Grund hierfür besteht darin, dass sich die Restkomponente mit einem Gleitmittel-Modell nur näherungsweise beschreiben lässt und ihre Dynamik nicht ausschließlich durch Autokorrelation erklärbar ist. Hinzu kommt, dass die Berechnungsformeln zur Schätzung der r_j sehr empfindlich auf starke Schwankungen (Ausreißer) reagieren.

Als grobe Orientierung gilt: Ein Abbruch der Autokorrelationen nach dem Lag 1 (Cut) deutet auf eine MA(1)-Struktur hin. Dagegen legt ein Abbruch nach Lag 2 eher eine MA(2)-Struktur nahe.

Etwas feiner lässt sich die Bestimmung der Modell-Ordnung q durchführen, wenn eine spezielle Wahrscheinlichkeitsverteilung für die Beobachtungen unterstellt werden kann. Wenn z.B. nach einer **Box-Cox-Transformation** näherungsweise normalverteilte Daten vorliegen, so wirkt sich das auf die Schätzung der Autokorrelationen aus. Es lassen sich dann 2σ-Intervalle bestimmen, innerhalb welcher jeder Schätzwert für ein r_j mit einer Irrtumswahrscheinlichkeit von 5% als nur zufällig von Null verschieden angesehen werden kann.

Das Korrelogramm lässt sich unter dieser Bedingung folgendermaßen auswerten: Zu bestimmen ist das **Eintauch-Lag (Cut-Lag)** der Autokorrelationen in das 2σ-Intervall. Aus der Verminderung dieses Lags um 1 ergibt sich ein möglicher Ansatz für die Modellordnung (vgl. Kap. 2.2). Die folgenden Bilder 1.5.12 und 1.5.13 zeigen Korrelogramme von simulierten MA-Modellen, deren Autokorrelationen nach dem ersten bzw. zweiten Lag ins 2σ-Intervall eintauchen.

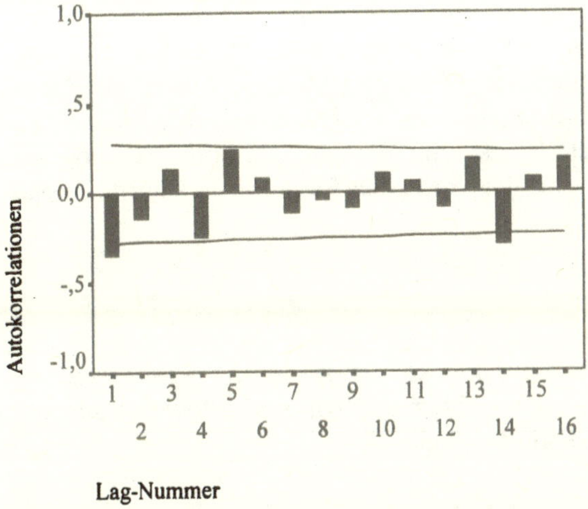

Bild 1.5.12 Korrelogramm eines simulierten Modells für Bsp. 1.5.3 mit Abbruch nach Lag 1

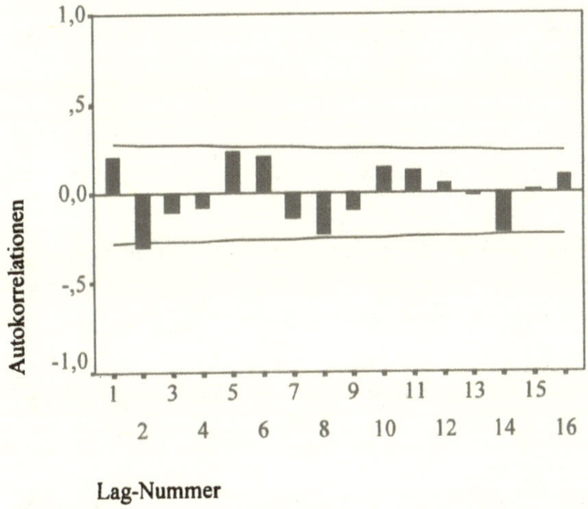

Bild 1.5.13 Korrelogramm eines simulierten Modells für Bsp. 1.5.4 mit Abbruch nach Lag 2

Abschießend sei bemerkt, dass der **Anwendungsbereich** von MA-Modellen vor allem niedrig aggregierte Zeitreihen der Finanz- und Warenmärkte mit einer Erfassungsperiode von höchstens einem Quartal, typischerweise von Tagen und Wochen umfasst.

1.5.4 Modellierung von Autoregression

Wenn der Beobachtungswert einer Periode unmittelbar auf Beobachtungswerte nachfolgender Perioden fortwirkt, spricht man von Autoregression. In einem **autoregressiven** Modell erster Ordnung, in Zeichen AR(1), ergibt sich der aktuelle Wert für die laufende Periode t aus dem gewichteten Wert der vorletzten Periode t-1, additiv überlagert mit einem Schock

$$x_t = d_1 \cdot x_{t-1} + a_t .$$

Das Gewicht d_1 ist betragsmäßig kleiner als 1. Ein autoregressives Modell zweiter Ordnung bezieht zusätzlich noch den gewichteten Wert der vorvorletzten Periode t-2 ein

$$x_t = d_1 \cdot x_{t-1} + d_2 \cdot x_2 + a_t ,$$

wobei die Gewichte d_k tendenziell abnehmen.

Verallgemeinert auf eine Zeitverschiebung p hat das sogenannte **AR(p)-Modell** folgende Struktur:

$$x_t = d_1 \cdot x_{t-1} + d_2 \cdot x_{t-2} + \ldots + d_p \cdot x_{t-p} + a_t .$$

In die Regression des AR(p)-Modells ist die Fortwirkung von Schocks aus vergangenen Perioden eingebunden. Im Gegensatz zum MA-Modell hört diese mittelbare Schockfortwirkung aber nie völlig auf.

Als bevorzugter Anwendungsgegenstand von AR-Modellen gelten demnach hoch aggregierte Zeitreihen aus der Wirtschaftsstatistik.

Analog zum MA-Ansatz lässt sich ein Zusammenhang zwischen den Autokorrelationen r_j und den Modellgewichten d_k herleiten. Beim AR(1)-Modell ergibt sich für die Kovarianz zum Lag 1

$$\operatorname{cov}(x_t, x_{t-1}) = d_1 \cdot \sigma_x^2 ,$$

d.h. für die erste Autokorrelation folgt

$$r_1 = d_{1.}$$

Für die Kovarianz zum Lag 2 gilt

$$\operatorname{cov}(x_t, x_{t-2}) = d_1 \cdot \operatorname{cov}(x_t, x_{t-1})$$

und für die zweite Autokorrelation

$$r_2 = d_1 \cdot r_1.$$

Allgemein folgt für das AR(1)-Modell

$$r_k = d_1 \cdot r_{k-1} = d_1^k.$$

Für ein Gewicht d_1, dass betragsmäßig kleiner als 1 ist, schwingt die Folge der Autokorrelationen ab. Ein Abbruch wie beim MA-Modell tritt dagegen nicht ein.

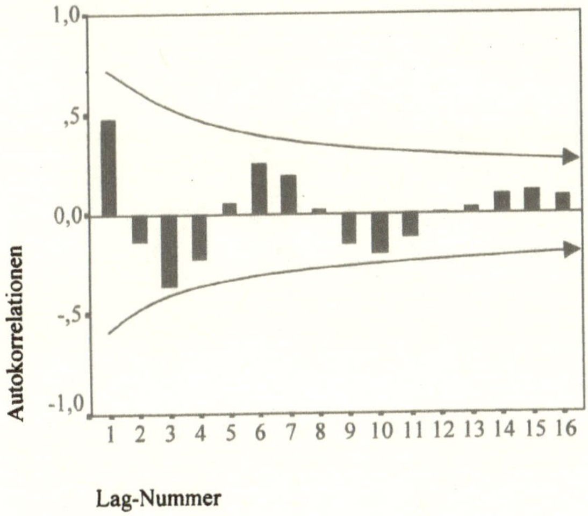

Bild 1.5.14 Abschwingende Korrelationen bei einer Autoregression zweiter Ordnung

Damit ist die Autokorrelations-Folge nicht geeignet, das maximale Lag p zu ermitteln. Aus diesem Grund wurde eine alternative Folge sogenannter **partieller Autokorrelationen** entwickelt.

Die dem zugrunde liegende Idee ist sehr einfach: Es werden aus den Daten nacheinander autoregressive Modelle AR(k) beginnend mit der Ordnung 1 geschätzt und dabei die **ordnungsführenden** Koeffizienten p_k aufgelistet

$$x_t = d_1^{(1)} \cdot x_{t-1} + a_t \qquad \Rightarrow d_1^{(1)} = p_1$$
$$x_t = d_1^{(2)} \cdot x_{t-1} + d_2^{(2)} \cdot x_{t-2} + a_t \qquad \Rightarrow d_2^{(2)} = p_2$$
$$x_t = d_1^{(3)} \cdot x_{t-1} + d_2^{(3)} \cdot x_{t-2} + d_3^{(3)} \cdot x_{t-3} + a_t \qquad \Rightarrow d_3^{(3)} = p_3$$
$$\vdots$$
$$x_t = d_1^{(k)} \cdot x_{t-1} + d_2^{(k)} \cdot x_{t-2} + \ldots + d_k^{(k)} \cdot x_{t-k} + a_t \qquad \Rightarrow d_k^{(k)} = p_k.$$

Trägt man diese partiellen Autokorrelationen p_k über dem jeweiligen Lag auf, so ergibt sich eine Grafik, die einen Abbruch nach dem jeweiligen Modell-Lag p anzeigt. Für ein AR(1)-Modell wird p_2 gegenüber p_1 vergleichsweise klein ausfallen.

Beispiel 1.5.5 Für das simulierte MA(1)-Modell $x_t = 0{,}6 \cdot x_{t-1} + a_t$ nehmen die partiellen Autokorrelationen in der grafischen Darstellung folgende Gestalt an:

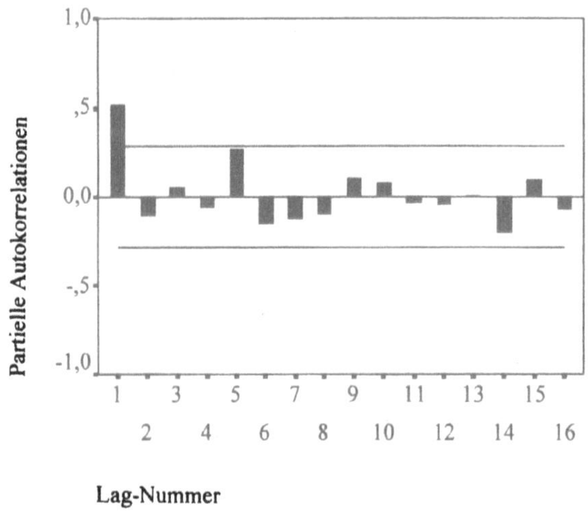

Bild 1.5.15 Partielles Korrelogramm eines simulierten Modells für Bsp. 1.5.5 mit Abbruch nach Lag 1

Bei AR(2)-Modellen wird der Abbruch der partiellen Autokorrelationen erst nach p_2 einsetzen.

Beispiel 1.5.6 Für das simulierte MA(2)-Modell $x_t = 0{,}7 \cdot x_{t-1} - 0{,}3 \cdot x_{t-2} + a_t$ ergibt wird das Verlaufsmuster der partiellen Autokorrelationen durch einen Cut nach dem Lag 2 gekennzeichnet (siehe Bild 1.5.16).

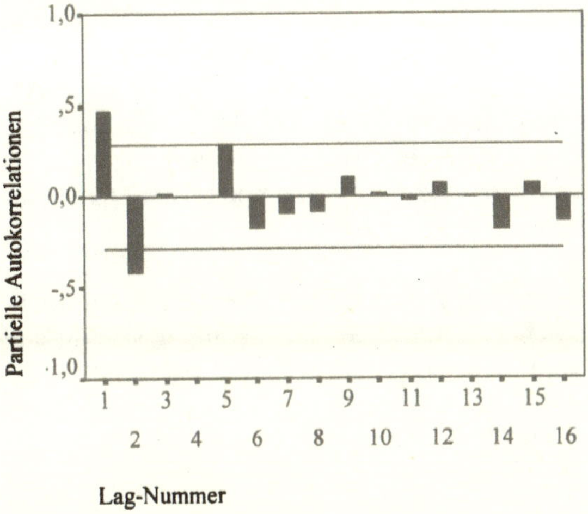

Bild 1.5.16 Partielles Korrelogramm eines simulierten Modells für Bsp. 1.5.6 mit Abbruch nach Lag 2

Die Schätzung der partiellen Autokorrelationen p_k geschieht mit Hilfe der Methode der kleinsten Quadrate. Die Schätzwerte der partiellen Autokorrelationen weisen ein Abbruchverhalten nur innerhalb der 2σ-Grenzen auf.

Die Schockfortwirkung kann durch fortgesetztes Einsetzen der Modellgleichung in sich erklärt werden:

$$\begin{aligned} x_t &= d_1 \cdot x_{t-1} + a_t \\ &= d_1 \cdot (d_1 \cdot x_{t-2} + a_{t-1}) + a_t \\ &= d_1^2 \cdot (d_1 \cdot x_{t-3} + a_{t-2}) + d_1 \cdot a_{t-1} + a_t \\ &= d_1^3 \cdot x_{t-3} + \underset{\substack{\uparrow \\ r_2}}{d_1^2} \cdot a_{t-2} + \underset{\substack{\uparrow \\ r_1}}{d_1} \cdot a_{t-1} + \underset{\substack{\uparrow \\ r_0}}{1} \cdot a_t . \end{aligned}$$

Die Schocks lassen in ihrer Wirkung nur nach, wenn d_1 betragsmäßig kleiner als 1 ausfällt. Man spricht in diesem Fall von einem **stationären Verhalten** des Modells. Mathematisch lässt sich Stationarität mit Hilfe der Grenzwertbetrachtung

$$\lim_{j \to \infty} r_j \to 0$$

definieren. Aus der Beziehung

$$d_1^k = r_k$$

wird klar, dass die Autokorrelationen eines AR(1)-Modells auch bei stationärem Verhalten nie gänzlich verschwinden können.
Stationäres Verhalten ist typisch für die Restkomponenten aggregierter wirtschaftlicher Zeitreihen.

Ist der Wert von d_1 betragsmäßig größer als 1, so liegt ein **instationäres Verhalten** vor. Die Schocks schaukeln sich dann gegenseitig auf und führen das System zum Kollaps.

Für ein Modell des Typs AR(2)

$$x_t = d_1 \cdot x_{t-1} + d_2 \cdot x_{t-2} + a_t$$

ergeben sich über die Kovarianzen folgende Beziehungen:

$$\begin{aligned} r_1 &= d_1 + d_2 \cdot r_1 \\ r_2 &= d_1 \cdot r_1 + d_2 \cdot 1 \\ &\cdot \\ &\cdot \\ r_j &= d_1 \cdot r_{j-1} + d_2 \cdot r_{j-2}. \end{aligned}$$

In allgemeiner Darstellung für **AR(p)** entstehen die sogenannten **Yule-Walker-Gleichungen**

$$r_j = d_1 \cdot r_{j-1} + \ldots + d_p \cdot r_{j-p} \quad \text{mit} \quad r_{-k} = r_k \quad \text{und} \quad r_0 = 1.$$

Interessant ist der Zusammenhang zwischen den Gewichten d_1 und d_2 und dem stationären Systemverhalten. Wird die zweite Yule-Walker-Gleichung durch einen Potenz-Ansatz für die Autokorrelationen

$$r_1 = \alpha \quad , \quad r_2 = \alpha^2 \quad , \quad r_3 = \alpha^3$$

transformiert, dann ergeben sich eine Gleichung dritten Grades bzw. für $\alpha \neq 0$ eine quadratische Gleichung mit

$$\alpha^3 = d_1 \cdot \alpha^2 + d_2 \cdot \alpha \quad \text{bzw.}$$

$$\alpha^2 = d_1 \cdot \alpha + d_2 \qquad \text{für} \quad \alpha \neq 0.$$

Stationäres Verhalten verlangt, dass die Nullstellen α betragsmäßig kleiner als 1 sein müssen. Dann ist aber auch das Produkt beider Nullstellen betragsmäßig kleiner als 1 und nach dem Wurzelsatz von Vieta gilt

$$|d_2| = |\alpha_1 \cdot \alpha_2| < 1.$$

Aus der ersten Yule-Walker-Gleichung folgen wegen

$$|\alpha| = \left| \frac{d_1}{1 - d_2} \right|$$

zwei weitere Relationen

$$d_2 + d_1 < 1$$

$$d_2 - d_1 < 1.$$

Daraus lässt sich ein dreieckförmiger Stationaritätsbereich ableiten.

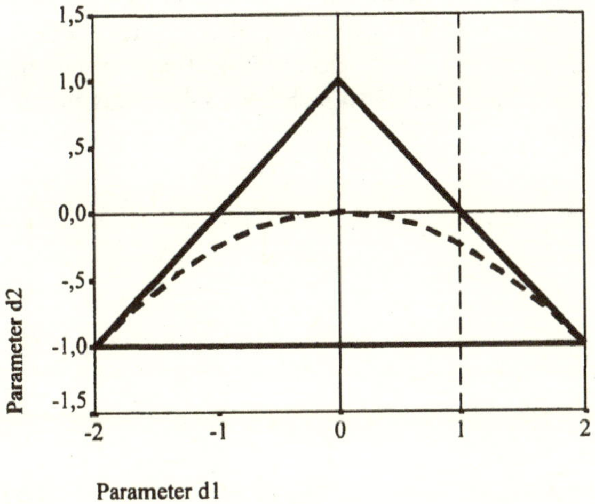

Bild 1.5.17 Stationaritätsdreieck eines AR(2)-Modells

Die gestrichelte Kurve in Bild 1.5.17 trennt die Bereiche mit reellen Nullstellen von solchen mit komplexen Nullstellen. Diese Trennung ergibt sich aus der Diskriminanten-Bedingung

$$\frac{d_1^2}{4} + d_2 \geq 0 \quad \text{für reelle Nullst.}$$

$$\frac{d_1^2}{4} + d_2 < 0 \quad \text{für komplexe Nullst..}$$

Tabelle 1.5.2 Verschiedene AR(2)-Modelle im Vergleich

d_1	d_2	Nullstellen	Stationarität
1	-0,125	reell	ja
1	-0,5	komplex	ja
1	-1	reell	nein

Für Restkomponenten-Modelle des Typs AR(p) gilt folgender **Satz**:

Stationäres Verhalten liegt genau dann vor, wenn die Lösungen der charakteristischen Gleichung

$$\alpha^p = d_1 \cdot \alpha^{p-1} + d_2 \cdot \alpha^{p-2} \ldots + d_p \cdot \alpha^0$$

betragsmäßig alle kleiner als 1 sind, d.h. $|\alpha| < 1$.

Analog zum MA-Modell lassen sich unter gewissen Voraussetzungen die Parameter d_j aus den Autokorrelationen r_j eindeutig bestimmen. Dazu muss das lineare Gleichungssystem der Yule-Walker-Gleichungen eindeutig lösbar sein. Für AR(1)- Modelle stimmen d_1 und r_1 überein. Im Fall von AR(2) ergeben sich zwei Gleichungen mit zwei Unbekannten d_1 und d_2

$$r_1 = d_1 + d_2 \cdot r_1$$

$$r_2 = d_1 \cdot r_1 + d_2$$

mit den Lösungen

$$d_1 = r_1 \cdot \frac{1 - r_2}{1 - r_1^2}$$

$$d_2 = \frac{r_2 - r_1^2}{1 - r_1^2} \quad \text{mit} \quad \left|1 - r_1^2\right| \neq 0 \quad \text{und} \quad \left|1 - r_2\right| \neq 0.$$

Falls die Autokorrelationen dem Betrage nach kleiner als 1 sind, lassen sich die Parameter d_1 und d_2 eindeutig bestimmen. Allgemein gilt folgender **Satz**:

> Verhält sich ein AR(p)-Modell stationär, dann sind seine Modellparameter d_j eindeutig durch die Autokorrelationsfolge r_j bestimmt.

Die Stationarität ist demnach das Kriterium für die eindeutige Lösbarkeit der Yule-Walker-Gleichungen (siehe Box/Jenkins [1970]).

Beispiel 1.5.7 Gegeben sei ein AR (3)-Modell, das die Bedingung für stationäres Verhalten mit den beiden Nullstellen 0,5 und 0,25 erfüllt.

$$x_t = 0{,}75 \cdot x_{t-1} - 0{,}5 \cdot x_{t-2} + 0{,}0625 \cdot x_{t-3} + a_t$$

$$\alpha^3 - 0{,}75 \cdot \alpha^2 + 0{,}5 \cdot \alpha^1 - 0{,}0625 = (\alpha - 0{,}5)^2 \cdot (\alpha - 0{,}25) = 0.$$

Aus den Yule-Walker-Gleichungen ergeben sich dann Autokorrelationen mit abschwingender Tendenz:

$$\begin{aligned} r_1 &= 0{,}75 - 0{,}5 \cdot r_1 + 0{,}0625 \cdot r_2 \\ r_2 &= 0{,}75 \cdot r_1 - 0{,}5 + 0{,}0625 \cdot r_1 \\ r_3 &= 0{,}75 \cdot r_2 - 0{,}5 \cdot r_1 + 0{,}0625 \end{aligned}$$

$$r_1 = 0{,}5 \quad , \quad r_2 = -0{,}094 \quad , \quad r_3 = -0{,}258.$$

Es gilt ganz allgemein, dass für autoregressive Modelle mit stationärem Verhalten die Folge der Autokorrelationen abschwingt, während im Gegensatz dazu die Folge der partiellen Autokorrelationen abbricht.
Für invertible Gleitmittel-Modelle bricht im Unterschied dazu die Folge der Autokorrelationen ab, während die Folge der partiellen Autokorrelationen abschwingt. Man sprich von **dualem Verhalten**.

Ein Hinweis auf diese Dualität gibt bereits die sogenannte **AR-Darstellung**, die durch rekursives Einsetzen in die Modellgleichung entsteht. Die AR-Darstellung eines MA(1)-Modells ergibt sich wie folgt:

$$
\begin{aligned}
x_t &= a_t + c_1 \cdot a_{t-1} \\
&= a_t + c_1 \cdot (x_{t-1} - c_1 \cdot a_{t-2}) \\
&= a_t + c_1 \cdot x_{t-1} - c_1^2 \cdot (x_{t-2} - c_1 \cdot a_{t-3}) \\
&= a_t + c_1 \cdot x_{t-1} - c_1^2 \cdot x_{t-2} + c_1^3 \cdot a_{t-3} \\
&= a_t + c_1 \cdot x_{t-1} - c_1^2 \cdot x_{t-2} + c_1^3 \cdot x_{t-3} - c_1^4 \cdot a_{t-3}
\end{aligned}
$$

usw.

Die Gewichte $(-1)^{k-1}.c_1^k$ tendieren für ein invertibles MA(1)-Modell mit $|c_1| < 1$ gegen 0. Die Werte der partiellen Autokorrelationen sind betragsmäßig noch etwas kleiner als die Gewichte der AR-Darstellung und tendieren demzufolge ebenfalls gegen 0. Sie lassen sich mit Hilfe der Yule-Walker-Gleichungen berechnen.
Für den AR(1)-Ansatz $x_t = d_1^{(1)} \cdot x_{t-1} + a_t$ ergibt sich aus der Yule-Walker-Gleichung zum Lag 1 unmittelbar $r_1 = d_1^{(1)} = c_1/(1+c_1^2)$.

Beim AR(2)-Ansatz $x_t = d_1^{(2)} \cdot x_{t-1} + d_2^{(2)} \cdot x_{t-2} + a_t$ sind zwei Yule-Walker-Gleichungen zum Lag 1 und zum Lag 2

$$r_1 = d_1^{(2)} \cdot + d_2^{(2)} \cdot r_1 \qquad r_2 = d_1^{(2)} \cdot r_1 + d_2^{(2)} = 0 .$$

auszuwerten. Als Lösung ergeben sich zunächst $d_2^{(2)} = r_1^2/(1-r_1^2)$ und umgerechnet auf den Parameter c_1

$$p_2 = \frac{c_1^2}{1 + c_1^2 + c_1^{2 \cdot 2}}.$$

Die Verallgemeinerung auf beliebige Lags k lautet für das MA(1)-Modell

$$p_k = \frac{c_1^k}{1 + c_1^2 + c_1^{2 \cdot 2} + \ldots + c_1^{2 \cdot k}}$$

(siehe Schlittgen/Streitberg [1995]). Das Abschwingverhalten der partiellen Autokorrelationen gilt ganz allgemein für invertible MA-Modelle. Darüber hinaus ist ein stationäres Verhalten bei diesen Strukturen stets zu verzeichnen.
Zusammenfassend lassen sich für MA- und AR-Strukturen folgende Verlaufsmuster für Autokorrelationen und partielle Autokorrelationen angeben:

Tabelle 1.5.3 Verlaufsmuster von Korrelogrammen

Kennfunktion	Stationäre AR(p)-Struktur	Invertible MA(q)-Struktur
Autokorrelation	Abschwingen	Abbruch nach Lag q
Partielle Autokorrelation	Abbruch nach Lag p	Abschwingen

1.5.5 Gemischte Modelle von Typ ARMA

Wenn Kurzzeit-Schocks wirken und darüber hinaus eine Regression von Beobachtungen auf zeitliche Vorläufer vorliegt, werden gemischte Modelle des Typs **ARMA(p,q)** in Betracht gezogen. Praktisch tritt diese Kombination nicht so häufig auf, wie dies bei den „reinen“ Modellen des Typs AR oder MA der Fall ist. Anwendungen für ARMA-Modelle ergeben sich häufig bei niedrig aggregierten saisonalen Reihen (z. B. für die Umsatzentwicklung von Unternehmen). Der einfachste Typvertreter ist das ARMA(1,1)-Modell

$$x_t = d_1 \cdot x_{t-1} + a_t + c_1 \cdot a_{t-1} .$$

Als Varianz- und Kovarianz-Formeln ergeben sich

$$\begin{aligned}
&\operatorname{var}(x_t) = d_1^2 \cdot \sigma_x^2 + \left(1 + c_1^2 + 2 \cdot d_1 \cdot c_1\right)\sigma_a^2 \\
&\operatorname{cov}(x_t, x_{t-1}) = d_1 \cdot \sigma_x^2 + c_1 \cdot \sigma_a^2 \\
&\operatorname{cov}(x_t, x_{t-2}) = d_1 \cdot \operatorname{cov}(x_t, x_{t-1}) \\
&\operatorname{cov}(x_t, x_{t-3}) = d_1 \cdot \operatorname{cov}(x_t, x_{t-2}) \\
&\text{usw.}
\end{aligned}$$

Für die Autokorrelationen folgt daraus die Darstellung

$$r_1 = \frac{(c_1 + d_1) \cdot (1 + c_1 \cdot d_1)}{c_1^2 + 2 \cdot c_1 \cdot d_1 + 1}$$

$$r_j = d_1^{j-1} \cdot r_1 \quad \text{für} \quad j > 1.$$

Für Werte von d_1 , die betragsmäßig kleiner als 1 sind, schwingen die Autokorrelationen ab (stationäres Verhalten). Wird der MA-Teil durch rekursives Einsetzen in eine AR-Darstellung umgeformt

$$x_t = (d_1 + c_1) \cdot x_{t-1} - c_1 \cdot (d_1 + c_1) \cdot x_{t-2} + c_1^2 \cdot (d_1 + c_1) \cdot x_{t-3} - .. + a_t,$$

so ergeben sich folgende Formeln für die partiellen Autokorrelationen

$$p_k = (-1)^{k-1} \cdot (d_1 + c_1) \cdot c_1^{k-1} \quad \text{für} \quad k \geq 1.$$

Die Folge p_k schwingt für Werte von c_1 , die betragsmäßig kleiner als 1 sind, ab. Sowohl bei diesem einfachen Modell als auch bei ARMA-Modellen höherer Ordnung fehlen die zur Lag-Bestimmung so hilfreichen Abbruchmuster. Das gilt für beide Korrelationsfolgen gleichermaßen und erschwert die Bestimmung von maximalen Lags in beiden Strukturbestandteilen des Modells ganz erheblich. Man kann daraus lediglich schließen, dass wenn weder das Korrelogramm noch das partielle Korrelogramm einen Abbruch aufweisen, die gemischte ARMA-Struktur infrage kommt. Pragmatisch wird dann mit dem einfachsten Modell vom Typ ARMA(1,1) begonnen und je nach Schätz- und Erklärungsgüte schrittweise aufgerüstet. Liegen normalverteilte Daten vor, können darüber hinaus wie im Fall von AR- und MA-Ansätzen die Eintauch-Lags in die 2σ-Grenzen zur Bestimmung der Modellordnung verwendet werden.

Beispiel 1.5.8 Das simulierte ARMA(1,1)-Modell $x_t = 0{,}4 \cdot x_{t-1} + a_t + 0{,}3 \cdot a_{t-1}$ führt auf Grafiken, in denen die Korrelationsfolgen jeweils nach dem Lag 1 im 2σ-Schlauch verschwinden.

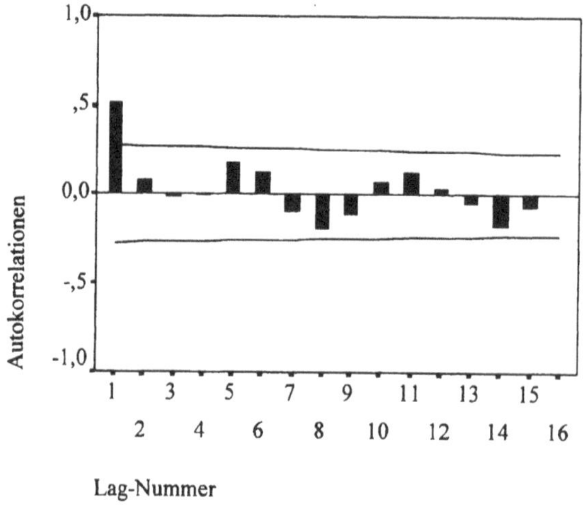

Bild 1.5.18 Korrelogramm zum simulierten Modell von Bsp. 1.5.8

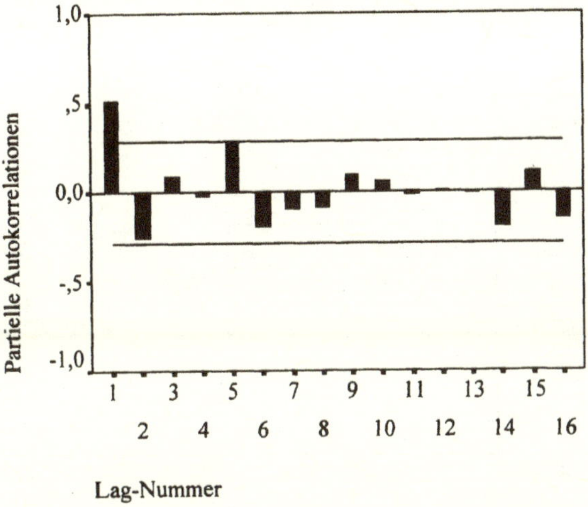

Bild 1.5.19 Partielles Korrelogramm zum simulierten Modell von Bsp. 1.5.8

Etwas eleganter lassen sich ARMA-Strukturen mit Hilfe einer zweidimensionalen Korrelationsfunktion (**Vektorkorrelationsfunktion**) beschreiben (siehe Schlittgen/Streitberg [1995]). Dabei werden zeitverschobene Gruppen von jeweils aufeinander folgenden Beobachtungen verglichen. Neben dem Lag q tritt die Periodenzahl p der Gruppe als zweiter Parameter auf. Die grafische Darstellung der Korrelationstabelle weist für ARMA(p,q)-Modelle eine Verwerfung ab p+1 und q+1 auf. Die Vektorkorrelationsfunktion ist in den marktüblichen Softwarepaketen wie SPSS allerdings nicht implementiert.

Der Ablauf einer Residuenanalyse lässt sich mit Hilfe des in Übersicht 1.5.20 dargestellten Struktogramms skizzieren. Wesentlich dabei ist, dass Hypothesen über die Struktur des Modells mit den Informationen aus den beiden Korrelogrammen verglichen werden. Ein solches Vorgehen erleichtert die Auswertung der Grafiken. Im Zweifelsfall sollten die ordnungsführenden Lags eher kleiner angesetzt werden.

Im Rahmen der Schätzprozedur gibt es weitere Möglichkeiten allzu üppige Strukturen auszulichten, sofern eine Normalverteilung unterstellt werden kann. Dazu ist jedoch ein statistischer Zugang für die Modellbildung erforderlich (siehe Kap. 2.2).

Eine Zusammenfassung der bisher besprochenen instrumentellen Hilfsmittel zur Residuenanalyse enthält Tabelle 1.5.4.

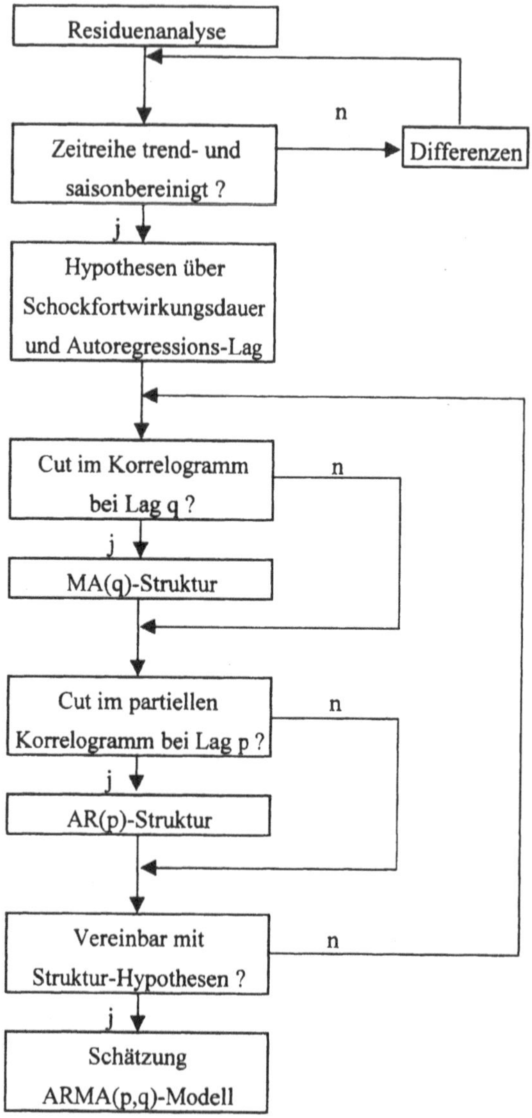

Bild 1.5.20 Struktogramm zur Residuenanalyse

Tabelle 1.5.4 Modellübersicht zur Residuenanalyse

Vergleichsmerkmal	MA-Modell	AR-Modell
Modellierungsziel	Kurzfristige Schockfortwirkung	Erklärung durch Autoregression
Anwendung	Niedrig aggregierte Daten, z.B. Einzelrenditen Einzelzins Artikelabsatz	Hoch aggregierte Daten, z.B. Mischrenditen Mischzinsen Absatz von Artikelgruppen Indizes
Identifikation der Ordnung	Abbruch der Autokorrelationsfunktion (acf) nach Lag q führt zum MA(q)-Modell. Aufschwingen am Saisonlag deutet auf multiplikativen Term hin.	Abbruch der partiellen Autokorrelationsfunktion (pacf) nach Lag p führt zum AR(p)-Modell. Aufschwingen am Saisonlag deutet auf multiplikativen Term hin.
Visuelles Hilfsmittel	Eintauchen der acf in die 2σ-Grenzen	Eintauchen der pacf in die 2σ-Grenzen
Stationäres Verhalten	Stets gegeben	Nur unter besonderen Voraussetzungen an die Modellparameter (Nullstellen der charakteristischen Gleichung müssen betragsmäßig kleiner als 1 sein.)
Berechenbarkeit der Modellparameter aus den Autokorrelationen	Unter Zusatzbedingung (Invertibilität) eindeutig möglich	Im stationären Fall eindeutig möglich
Erscheinungsbild anderer Kennfunktionen	Pacf schwingt ab	Acf schwingt bei stationärem Verhalten ab
Alternative Darstellung	Sehr lange AR-Darstellung	Sehr lange MA-Darstellung
Mischung von AR- und MA-Struktur	Überlagerung im ARMA(p,q)-Modell	
Stationäres Verhalten	Falls AR-Teil stationär	
Berechenbarkeit der Modellparameter aus der acf	Falls AR-Teil stationär und MA-Teil invertibel	

1.5.6 Übungen und Kontrollfragen

Aufgabe 1.5.1 Berechnen Sie manuell die Autokorrelationskoeffizienten zum Lag 1 und 2 für die Reihe

1	2	3	4	5
0,62	0,92	-0,27	0,66	0,24
6	7	8	9	10
0,53	0,11	1,19	0,81	-0,26

und vergleichen Sie diese Werte mit den partiellen Autokorrelationen zum Lag 1 und 2 . Welche Strukturvermutung liegt nahe?

Aufgabe 1.5.2 Gegeben sei ein AR(2)-Modell mit $d_1 = 0{,}5$. Wie müsste d_2 gewählt werden, um ein stationäres Verhalten zu sichern? Wie ändert sich diese Bedingung für $d_1 = -0{,}5$?

Aufgabe 1.5.3 Ein MA(2)-Modell mit $c_1 = 1$ wird auf Invertibilität untersucht. Wie groß darf c_2 höchstens sein, damit die gewünschte Eigenschaft zutrifft?

Aufgabe1.5.4 Bestimmen Sie für ein MA(1)-Modell mit Hilfe der Yule-Walker-Gleichungen die partielle Autokorrelation zum Lag 3.

Aufgabe 1.5.5 (PC-Labor) Bestimmen Sie die Autokorrelationen und partielle Autokorrelationen der Reihe „Durchschnittszins für Tagesgeld in Deutschland“ (siehe Verzeichnis). Werten Sie die Muster aus.

Setzen Sie sich mit folgenden Aussagen auseinander:

1) MA-Modelle verhalten sich stets stationär.

2) Autoregression bedeutet Schockfortwirkung über einige wenige Perioden.

3) Die partiellen Autokorrelationen eines MA-Modells tendieren stets gegen 0.

1.6 Deskriptive Prognoserechnung

1.6.1 Grundbegriffe

Die Extrapolation einer Zeitreihe $\{x_t\}$ vom Beobachtungszeitraum in den Prognosezeitraum hinein setzt sich aus verschiedenen Elementen zusammen, die hier unter dem Begriff **Prognose-Algorithmus** zusammengefasst werden sollen. Dazu gehören folgende Definitionen.

- das Zeitintervall l für eine Beobachtung **(Periode)**
- die Anzahl n der verfügbaren Beobachtungen **(Beobachtungszeitraum)**
- die Anzahl h der Perioden des Prognosezeitraums **(Prognose-Horizont)**
- die Zeitdauer l-h des Prognose-Horizonts,
- die jüngste Beobachtung t vor Beginn der Prognose **(Prognose-Ursprung)**
- die Anzahl v der problemrelevanten Prognosewerte **(Prognose-Wertesatz)**
- der Periodenabstand r zwischen zwei Prognosen **(Prognose-Rhythmus)**
- die Vorschrift zur Berechnung der Prognose **(Prognose-Modell M)**

Je nach Aufgabenstellung ist zwischen wiederholten **Einschritt-**, einmaligen **Mehrschritt-** und **gemischten Prognosen** zu unterscheiden.

Tabelle 1.6.1 Prognosetypen und ihre Merkmale

Prognose-Typ	Horizont	Ursprung	Rhythmus	Wertesatz	Charakteristik (h,v,r)
Einschritt	1	Wechsel von t auf t+1	1	1	(1,1,1)
Mehrschritt	h	fest	0	$v \leq h$	(h,v,0)
gemischt	h	Wechsel von t auf t+r	$r > 1$	$v \leq h$	(h,v,r)

Der Zusammenhang zwischen Ursprung, Horizont und Wertesatz ist in Bild 1.6.1 grafisch veranschaulicht.

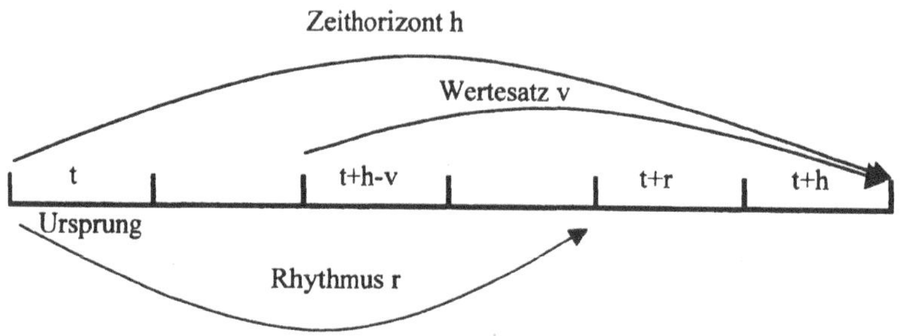

Bild 1.6.1 Elemente einer Prognoserechnung

Der Prognosewert einer Zeitreihe $\{x_t\}$ im Ursprung t für die Periode t+h wird mit

$$\hat{x}_t(h)$$

bezeichnet. Man spricht von einer **Punkt-Prognose**.

Beispiele für typische Prognoseaufgaben sind:

1) **Wochen-Prognose** für den Umsatz eines Autoverleihers mit unvollständiger Information in der Planungswoche

Gegeben sind die Umsatzzahlen $x_1,..,x_t$. Gesucht ist eine Prognose für die kommende Woche t+2:

$$x_1,...,x_t \underset{M}{\rightarrow} \hat{x}_t(2).$$

2) **Wochentages-Prognose** für den Absatz einer Großbäckerei mit unvollständiger Information in der Planungswoche

Es liegen die Tagesdaten bis zum Donnerstag (Ursprung t) vor, gefragt ist eine Prognose für Montag bis Freitag der Folgewoche:

$$x_1,...,x_t \underset{M}{\rightarrow} \hat{x}_t(3),...,\hat{x}_t(7).$$

3) **Jahres-Prognose** des monatlichen Absatzes einer Brauerei mit unvollständiger Information im 4. Quartal

Gegeben sind die Monatsdaten bis einschließlich September, gesucht ist eine Vorschau auf Januar bis Dezember des Folgejahres.

$$x_1,\ldots,x_t \underset{M}{\rightarrow} \hat{x}_t(4),\ldots,\hat{x}_t(16).$$

Da Punkt-Prognosen nur selten eintreffen, werden typischerweise sogenannte **Intervall-Prognosen** erstellt

$$uW(t+h) \le \hat{x}_t(h) \le oW(t+h).$$

Das Prognose-Intervall [uW,oW] ist eine Von-Bis-Spanne, die heuristisch oder statistisch konstruiert werden kann.

Die **heuristische Konstruktion** besteht aus einer pessimistisch und einer optimistisch generierten Punktprognose (siehe Kap. 1.1).

$$\hat{x}_t^{pes}(h) \le \hat{x}_t(h) \le \hat{x}_t^{opt}.$$

Die **statistische Konstruktion** baut ein Vertrauensintervall um eine Punktprognose auf, in dem der tatsächliche Wert mit hoher Wahrscheinlichkeit liegen wird. Voraussetzung dafür ist die Kenntnis der Wahrscheinlichkeitsverteilung der Beobachtungen. Handelt es sich beispielsweise um eine Normalverteilung, kann ein symmetrisch um die Punktprognose gezogenes 2σ-Intervall gebildet werden

$$\mu - 1{,}96 \cdot \sigma \le \hat{x}_t(h) \le \mu + 1{,}96 \cdot \sigma$$
$$\hat{x}_t(h) \sim N.V.(\mu, \sigma).$$

Mit einer Wahrscheinlichkeit von 95% befindet sich dann der zukünftige Wert in diesem Intervall. Ist die Verteilung der Beobachtungen nicht symmetrisch ist, kann diese Art der Intervall-Bildung jedoch problematisch werden (siehe Kap. 2.4).

Die sogenannte **kombinierte Prognose** stellt eine Verbindung zwischen heuristischer Intervall- und Punktprognose her. Die Punktprognose ergibt sich als gewichtetes Mittel von Einzelprognosen mit alternativen Modellen $M_1,..,M_k$:

$$\hat{x}_t(h) = w_1 \cdot \hat{x}_t^1(h) + \ldots + w_k \cdot \hat{x}_t^k(h) \quad \text{, wobei}$$

$$\sum_{j=1}^{k} w_j = 1.$$

Alternative Punktprognosen können z. B. aus einer Trendextrapolation über die Zeit, einer Regression auf verschiedene andere Einflussgrößen oder aus einer Expertenschätzung gewonnen werden. Eine Intervallprognose ergibt sich aus der kleinsten und größten Einzelprognose.

Je nach **Zeithorizont** wird unterschieden zwischen

- einer Kurzfrist-Prognose
- einer Mittelfrist-Prognose
- einer Langfrist-Prognose.

Kurzfrist-Prognosen zeichnen sich durch eine Erfassungsperiode von höchstens einem Monat aus. Sie sind hinsichtlich der Vorgehensweise typischerweise Einschritt-Prognosen. Bei saisonalen Reihen werden vereinzelt Mehrschritt-Prognosen erstellt, deren Horizont durch einen Zyklus begrenzt ist. Typische Beispiele liefern Prognosen für Aktien- und Wechselkurse, für Konjunkturindikatoren, für den Energieverbrauch, für die Temperaturentwicklung oder für die Niederschlagsneigung.

Mittelfrist-Prognosen sind an eine Datenperiodisierung von mindestens einem Monat und höchstens einem Jahr gebunden. Es werden meist Mehrschritt- oder gemischte Prognosen erstellt. Der Prognose-Horizont für saisonale Reihen umfasst oft nur einen Zyklus. Typische Anwendungsbeispiele sind Umsatz- oder Absatz-Prognosen von Unternehmen oder Branchen.

Langfrist-Prognosen werden mit Hilfe von Jahresreihen erstellt. Der Horizont reicht über 5 und mehr Jahre. Die Prognosen gelten z. B. der Tendenz im Verbrauch von Lebensmitteln und Energie, der Umweltbelastung, der Ressourcen-Verknappung und den Veränderungen im Sozialverhalten.

Ausgehend von der jeweiligen Prognose-Aufgabe wird schrittweise ein geeignetes Modell erstellt. Die **Klasse zulässiger Modelle**, z. B. Trendfunktionen für eine Langfrist-Prognose, ist mit Hilfe von Güte-Kriterien (Bestimmtheitsmaße, Schätzsicherheit) sukzessiv einzuschränken.

Unter den verbleibenden **alternativen Modellen** muss entsprechend der Prognose-Güte am aktuellen Rand weiter selektiert werden.

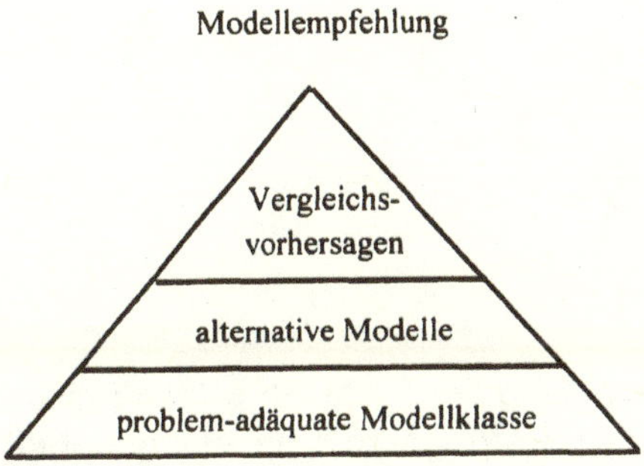

Bild 1.6.2 Modellauswahl-Pyramide

Um **Prognose-Experimente** durchführen zu können, werden die jüngsten Beobachtungen vor der Modellanpassung ausgespart. Jedes alternative Modell wird hinsichtlich seiner prognostischen Eigenschaften auf einer "Teststrecke" mittels Vergleichsvorhersage geprüft. Dieses Verfahren heißt **vorhersageorientierte Modellwahl.**

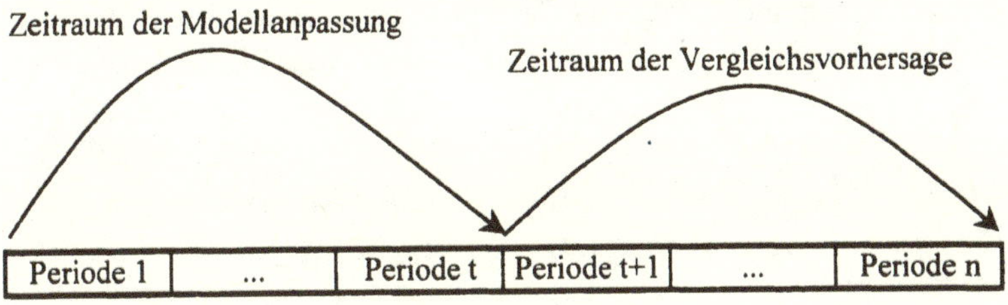

Bild 1.6.3 Datensplitting einer Vergleichsvorhersage

Die gebräuchlichsten Maßzahlen zur Bewertung von Vergleichsvorhersagen sind die Wurzel aus dem **mittleren quadratischen Prognosefehler** (RMSE) und die entsprechende **Relativzahl** (RMSE%):

$$\mathrm{RMSE} = \sqrt{\frac{1}{h}\sum_{j=1}^{h}\left(x_{t+j} - \hat{x}_t(j)\right)^2}$$

$$\mathrm{RMSE\%} = \frac{\mathrm{RMSE}}{\frac{1}{h}\sum_{j=1}^{h} x_{t+j}} \cdot 100.$$

Auch der **absolute** bzw. **relative Maximalfehler** ist ein wichtiges Gütemaß

$$\mathrm{MAX} = \max_j \left| x_{t+j} - \hat{x}_t(j) \right|$$

$$\mathrm{RMAX\%} = \frac{\mathrm{MAX}}{\frac{1}{h}\sum_{j=1}^{h} x_{t+j}} \cdot 100.$$

Mit Hilfe von **Trefferquoten** kann die Richtung einer Prognose beurteilt werden. Bei der Einschritt-Prognose liegt ein **gewöhnlicher Treffer** vor, wenn sowohl die Vorhersage als auch der Ist-Wert größer oder kleiner als der Basiswert sind:

$$\mathrm{GT}(i) = \begin{cases} 1 & \text{für} \quad \hat{x}_{t+i-1}(1) > x_{t+i-1} \wedge x_{t+i} > x_{t+i-1} \\ 1 & \text{für} \quad \hat{x}_{t+i-1}(1) < x_{t+i-1} \wedge x_{t+i} < x_{t+i-1} \\ 0 & \qquad\qquad \text{sonst} \end{cases}$$

Die Mehrschritt-Prognose erzielt einen **Tendenz-Treffer**, wenn sowohl zwei aufeinander folgende Vorhersagewerte als auch die entsprechenden Ist-Werte jeweils in einer Größer- oder Kleiner-Relation stehen:

$$\mathrm{TT}(i) = \begin{cases} 1 & \text{für} \quad \hat{x}_t(i) > \hat{x}_t(i-1) \wedge x_{t+i} > x_{t+i-1} \\ 1 & \text{für} \quad \hat{x}_t(i) < x_t(i-1) \wedge x_{t+i} < x_{t+i-1} \\ 0 & \qquad\qquad \text{sonst} \end{cases}$$

Die Summe der Treffer wird meist relativ zum Prognose-Horizont h in Prozent ausgewiesen. Trefferquoten gehören zu den **heuristischen Güte-Kriterien**. Sie lassen sich inhaltlich leicht interpretieren.

Das ausgewählte Modell ist über den Vergleichszeitraum hinweg fortzuschreiben, um die Startwerte für die „heiße" Phase der Prognoserechnung zu erhalten. Eine erneute Modell-Überprüfung wird sich am Ende einer ersten Arbeitsphase (meist ein bis zwei Zyklen) anschließen. Die Prognose-Güte für diesen Zeitraum ist auszuwerten und eine Entscheidung über die Form des **Modell-Updating** zu treffen. Im einfachsten Fall sind nur die Parameter des Modells (Prognosegewichte) zu aktualisieren. Wenn sich die Erwartungen jedoch nicht erfüllt haben, dann muss die Struktur erneut überprüft werden.

Beispiel 6.1 Fortführung der Absatzprognose für alkoholfreie Getränke (AfG) von Bsp. 1.1.1

Das Zeitintervall zur Modellschätzung umfasst die Jahre von 1973-1986. Die logarithmische Modellfunktion

$$x^M(t) = 486{,}112 + 289{,}324 \cdot \ln t$$

liefert für den Vergleichszeitraum 1987-88 mit 1269,6 khl und 1288,3 khl zwei Schätzwerte, denen die Ist-Werte 1270 khl und 1282 khl gegenüber stehen (siehe Tabelle 1.6.2). Bei der Modellfortschreibung

$$x^M(t) = 486{,}785 + 288{,}781 \cdot \ln t$$

bis 1988 ändern sich die Modellparameter nur geringfügig.

Tabelle 1.6.2 Fehler einer Vergleichsprognose für Bsp. 1.1.1

RMSE	RMSE%	MAX	RMAX	GT%	TT%
4,46 Thl	0,35%	6,3 Thl	0,49%	100%	100%

1.6.2 Prognose mittels exponentieller Glättung nach Winters

Zur Prognose von Monatsdaten, die neben den Saisonschwankungen auch von Zufallsschocks beeinflusst sein können, gibt es zahlreiche Ansätze. Weit verbreitet und einfach zu handhaben ist das heuristische Verfahren der **exponentiellen Glättung** (siehe Everett [1985]). Es setzt lediglich voraus, dass Zufallseinflüsse noch relevant und nicht durch Mittelung oder Gruppenbildung bereits verschwunden sind. Typische Anwendungen für dieses Prognoseverfahren sind die Nachfrage nach einzelnen Produkten und Leistungen.
Der **Glättungsansatz von Winters** ist dreistufig angelegt. Geglättet werden das Niveau, der Trend und die Saison (Länge m Perioden) jeweils mit speziellen Gewichten (Parametern) α, β und γ:

- Niveau-Glätter

$$u_t = \alpha \cdot (x_t - sk_{t-m}) + (1-\alpha) \cdot (u_{t-1} + w_{t-1})$$

- Trend-Glätter

$$w_t = \beta \cdot (u_t - u_{t-1}) + (1-\beta) \cdot w_{t-1}$$

- Saisonglätter für m Saisonperioden

$$sk_t = \gamma \cdot (x_t - u_t) + (1-\gamma) \cdot sk_{t-m}$$

Die **Prognoseformel** für die Periode t+h mit x_t als letztem Beobachtungswert lautet

$$\hat{x}_t(h) = u_t + hw_t + sk_{t-m+h}.$$

Bei einem recht stabilen Absatzverlauf könnten alle Glättungsparameter jeweils auf 0,1 gesetzt werden. Schlagen hingegen Zufallsschwankungen stärker durch, sollte zumindest der Niveauglätter α auf 0,2 oder 0,3 erhöht werden.

Die **Glättungswirkung** auf vereinzelte Ausreißer und Strukturbrüche ist entgegengesetzt. Ein Wert α = 0,1 sorgt dafür, dass das Prognosemodell über den Ausreißer unbeirrt hinweg geht, sich aber nur allmählich auf einen Bruch einstellt. Ein Wert α = 0,5 hingegen bewirkt, dass sich das Prognosemodell von einem singulären Ausreißer verunsichern lässt, dafür aber eine recht zügige Anpassung an einen Bruch vornimmt.

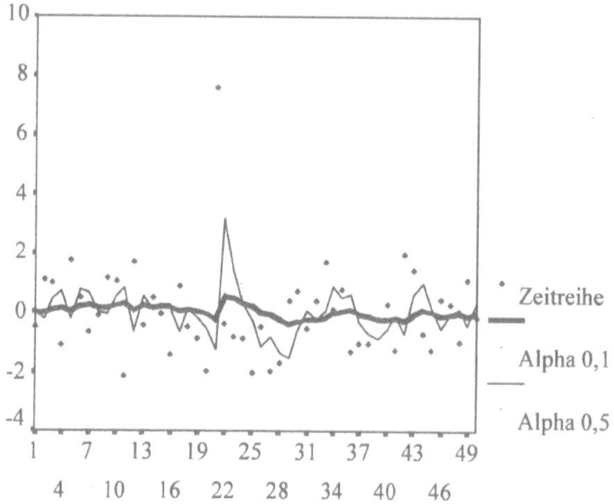

Bild 1.6.4 Glättungseffekt bei einem Ausreißer mit verschiedenen Parametern Alpha

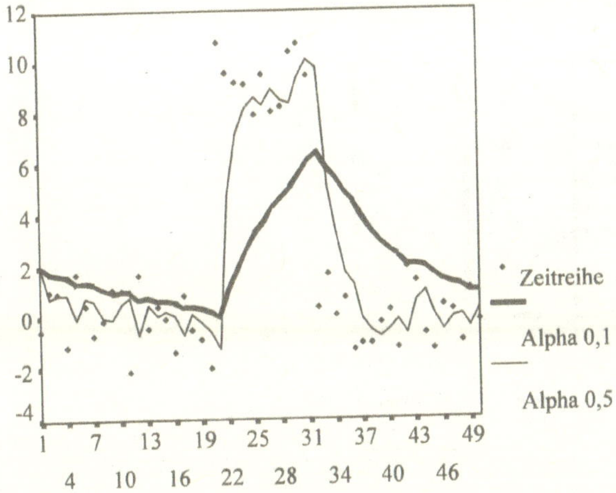

Bild 1.6.5 Glättungseffekt bei einem Strukturbruch mit verschiedenen Parametern Alpha

Anstelle von Standardwerten für die Glättungsparameter können auch systematisch verschiedene Werte-Kombinationen aus dem Intervall zwischen 0 und 1 angesetzt und hinsichtlich des mittleren quadratischen Ein-Schritt-Prognose-Fehlers verglichen werden. Der Parametersatz mit dem kleinsten Fehler bezogen auf n Beobachtungen verspricht dann eine optimale Prognosegüte.

Besonders zeitsparend sucht das sogenannte **Gitterpunkt-Verfahren** nach einer optimalen Parameterkombination (siehe Meinlschmidt/ Meyer [1988]). Es lässt sich am Beispiel von zwei zu bestimmenden Parametern, etwa α und β, sehr anschaulich demonstrieren.

Das Suchgebiet in der Kreuz-Menge $[0,1]\times[0,1]$ wird auf die Eckpunkte eines Gitternetzes beschränkt, mit dem das Quadrat in vier gleich große quadratische Teilflächen zerlegt wird. Unter den neun Eckpunkten wird der mit der minimalen Fehler-Quadrat-Summe gesucht. Um diesen Punkt wird erneut ein Netz mit einer reduzierten Kantenlänge, etwa 0,5 , gelegt. Falls der Optimalpunkt am Rand liegt, wird das neue Netz entsprechend abgeschnitten. Das Suchverfahren beginnt dann von vorne. Bei diesem Vorgehen zieht sich das Netz durch schrittweise Seitenkürzen zusammen. Das Suchverfahren wird abgebrochen, wenn entweder eine vorgegebene maximale Schrittzahl oder alternativ eine vorgegebene minimale Seitenlänge erreicht ist.

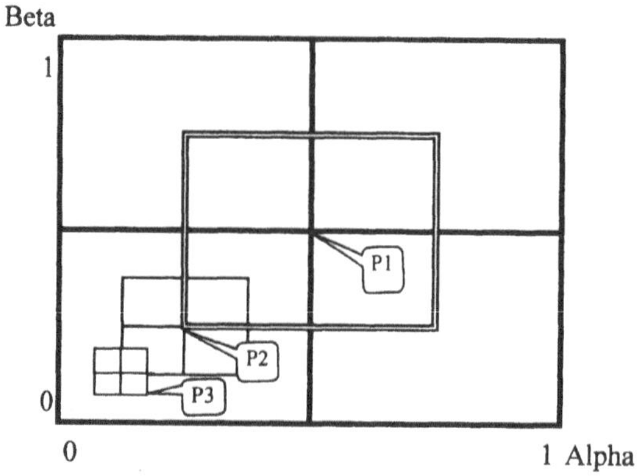

Bild 1.6.6 Gitterpunktverfahren nach drei Schritten

Als **Startwert** für das Niveau u und den Trendzuwachs w kann im nichtsaisonalen Fall der Wert 0 gesetzt werden.
Die m **Saison-Startwerte** lassen sich nach folgender Prozedur bestimmen: Die Zeitreihe wird mit einem gleitenden Durchschnitt der Spanne m geglättet und die (glatte) Durchschnittsreihe von der Ausgangsreihe x_t abgezogen. Der Komponentenzerlegung nach ist damit der Übergang von

$$x_t = x_T(t) + x_S(t) + x_R(t)$$

zur trendbereinigten Reihe

$$y_t = x_S(t) + x_R(t)$$

vollzogen. Die ersten m Werte von y_t können als Startwerte für die Saisonglättung verwendet werden. Eine Verfeinerung ist möglich, wenn durch Mittelbildung über die ersten beiden Saisonzyklen

$$sk_t = \frac{1}{2}(y_t + y_{t+m}) \quad \text{für} \quad t = 1,\dots,m$$

die Reste $x_R(t)$ verkleinert werden. In manchen Statistik-Programmen wird sogar über vier Saisonzyklen gemittelt (siehe SPSS-Modul *Trends*).
Wenn zwei oder mehr Zyklen für die Saisonstartwerte abgetrennt werden, ist auch eine entsprechende Berechnung für die Startpunkte von Niveau und Trend möglich. Als Niveau- und Trendstartwert bie-

ten sich das Absolutglied und der Anstieg einer linearen Zeitregression über die abgespaltenen Zyklen an.

Für Beispiel 1.2 (Fluggäste des Airports Singapore-Changi) ergibt sich als rekursives Prognosemodell mit dem kleinsten mittleren quadratischen Schätzfehler eine Trendglättung mit dem Parameter $\beta = 0{,}2$

$$u_t = x_t - sk_{t-m}$$
$$w_t = 0{,}2 \cdot (u_t - u_{t-1}) + 0{,}8 \cdot w_{t-1}$$
$$sk_t = sk_{t-m}$$

und den Monatskoeffizienten sk_t in Tabelle 1.6.3.

Tabelle 1.6.3 Saisonausschläge der additiven Holt-Winters Glättung (Bsp. 1.2)

Jan	Feb	Mar	Apr	Mai	Jun
-14	-84	-5	-62	-116	39
Jul	Aug	Sep	Okt	Nov	Dez
26	110	-45	-52	14	187

Die **Prognoserechnung** für das erste Quartal 1995 ist Tabelle 1.6.4 zusammengefasst. Als Startwert für den Trendzuwachs w_{48} wird der Anstieg aus einer linearen Regression gewählt.

Tabelle 1.6.4 Quartalsprognose für Beispiel 1.2

Datum	t	h	x_t	u_t	w_t	sk_t	$\hat{x}_{48}(h)$
Nov 94	47		1718	1704	8	14	
Dez 94	48		1950	1763	18	187	
Jan 95	49	1				-14	1767
Feb 95	50	2				-84	1715
Mar 95	51	3				-5	1812

Die so erhaltene Punktprognose kann in eine **Intervallprognose** überführt werden, wenn der mittlere quadratische Fehler über alle Beobachtungen als grober Schätzwert für die Varianz des Prognosefehlers in der Zukunft verwendet wird. Im Beispiel 1.2 ergibt sich als Gesamtfehler $s_R^2 = 1870$. Aus der Wurzel s_R, multipliziert mit 2, entsteht ein Toleranzwert von 86, der zur Prognose $\hat{x}_{48}(h)$ addiert bzw. von ihr abgezogen wird.

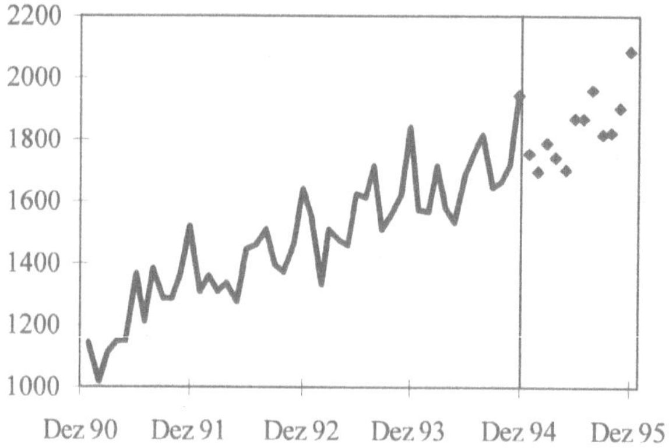

Bild 1.6.7 Punktprognose für Bsp. 1.2 (Fluggäste des Airports Singapore-Changi)

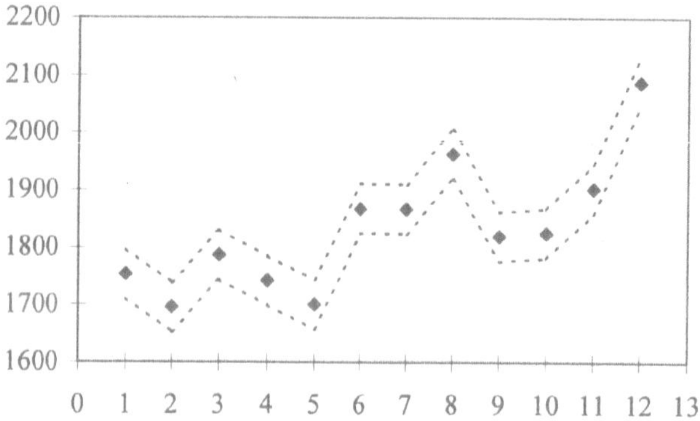

Bild 1.6.8 Prognoseschlauch für Bsp. 1.2 (Fluggäste des Airports Singapore-Changi)

1.6.3 Prognose mittels Autoregression

Wenn hochaggregierte Daten wie Wechselkurse, Börsenindizes, Sparquoten, Arbeitslosenquoten usw. analysiert und prognostiziert werden sollen, sind **autoregressive Modelle** zu empfehlen. Im einfachsten Fall ergibt sich der Schätzwert einer Kenngröße für die Folgeperiode t+1 aus dem gewichteten Ist-Wert der aktuellen Periode t mittels

$$\hat{x}_t(1) = \hat{a}_0 + \hat{a}_1 x_t \qquad \text{für} \quad t \geq 1.$$

Mit der Methode der kleinsten Quadrate lassen sich für die Parameter folgende Berechnungsformeln herleiten

$$\hat{a}_0 = \bar{x}(1-\hat{a}_1) \quad \text{und} \quad \hat{a}_1 = r_1 = \frac{\frac{1}{n}\sum_{t=1}^{n-1}(x_t - \bar{x})(x_{t+1} - \bar{x})}{s_x^2}.$$

Die Größe r_1 heißt **Autokorrelationskoeffizient erster Ordnung.**

Beispiel 1.6.1 Es soll die Jahreszeitreihe der durchschnittlichen Sparquote [in %] der Bundesrepublik Deutschland, (ab 1991 inklusive der neuen Bundesländer) auf Autoregression untersucht werden (siehe Bild 1.6.9). Aus dem Schema von Tabelle 1.6.5 lassen sich folgende Größen bestimmen

$$\bar{x} = \frac{182{,}5}{15} = 12{,}167 \quad , \qquad \overline{x^2} = \frac{2229{,}4}{15} = 148{,}627$$

$$s_x^2 = 148{,}627 - (12{,}167)^2 = 0{,}6 \quad , \qquad \text{cov}(x_t, x_{t+1}) = \frac{4{,}462}{15} = 0{,}297$$

$$\hat{a}_1 = \frac{0{,}297}{0{,}6} = 0{,}496 \quad , \qquad \hat{a}_0 = 12{,}167 \cdot (1 - 0{,}496) = 6{,}13.$$

Das autoregressive Einschritt-Prognose-Modell hat die Gestalt

$$\hat{x}_t(1) = 6{,}13 + 0{,}496 \cdot x_t.$$

Tabelle 1.6.5 Daten und Rechentableau für eine Autoregression (Bsp. 1.6.1)

Jahr	t	x_t	x_t^2	$(x_t - \bar{x})(x_{t+1} - \bar{x})$	$\hat{x}_{t-1}(1)$
1982	1	12,7	161,29	-0,676	
1983	2	10,9	118,81	0,971	12,43
1984	3	11,4	129,96	0,588	11,54
1985	4	11,4	129,96	-0,102	11,78
1986	5	12,3	151,29	0,058	11,78
1987	6	12,6	158,76	0,274	12,23
1988	7	12,8	163,84	0,148	12,38
1989	8	12,4	153,76	0,381	12,48
1990	9	13,8	190,44	1,198	12,28
1991	10	12,9	166,41	0,464	12,97
1992	11	12,8	163,84	0,021	12,53
1993	12	12,2	148,84	-0,019	12,48
1994	13	11,6	134,56	0,491	12,18
1995	14	11,3	127,69	0,664	11,88
1996	15	11,4	129,96	0,000	11,73
1997	16				11,78

Eine Erweiterung dieses Modells auf **Mehrschrittprognosen** wird möglich, wenn an die Stelle des letzten Beobachtungswertes x_t jeweils der Prognosewert $\hat{x}_{t-1}(1)$ rückt. Die Prognoseintervalle lassen sich mit Hilfe der Varianz des Einschritt-Prognosefehlers s_R^2 sowie geeigneter Gewichte bestimmen.

Die Grafik in Bild 1.6.9 zeigt, dass sich der Anstieg der Sparquote von 1995 auf 1996 fortsetzen könnte, aber innerhalb des Prognoseschlauches je nach wirtschaftlicher und politischer Entwicklung auch andere Verläufe möglich sind. Eine Reduktion der Intervallbreite und damit des Risikos ist aber möglich, wenn erkennbare Tendenzen (Steuerpolitik, Rentenpolitik) berücksichtigt werden.

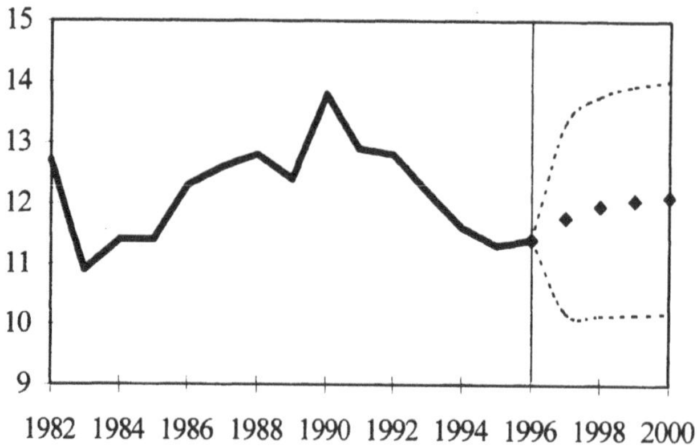

Bild 1.6.9 Intervallprognose für die Jahre 1997-2000 (Bsp. 1.6.1)

1.6.4 Zusammenfassung

Die Güte von Punkt- und Intervall-Prognosen hängt von der Güte des verwendeten Prognose-Modells ab. Sie ist an statistische und heuristische Fehler-Kriterien gebunden.
Modellbildung und Prognose sind mehrstufige Entscheidungsprozesse, die auf unterschiedlichen Pfaden verlaufen können.
Mit der Methode einer vorhersageorientierten Modellauswahl ist es möglich, eine gewisse Zuordnung zwischen Problemklassen und Modellstrukturen vorzunehmen.
Für jährige Zeitreihen sind Methoden der Trendextrapolation, für unterjährige Zeitreihen Methoden der Komponentenzerlegung und Extrapolation geeignet.

Für hoch aggregierte Daten ist ein autoregressiver Ansatz, für niedrig aggregierte Daten eher eine Glättungstechnik angeraten.

Nachfolgendes Struktogramm fasst die wesentlichen Gedanken zur deskriptiven Prognosemethodik zusammen.

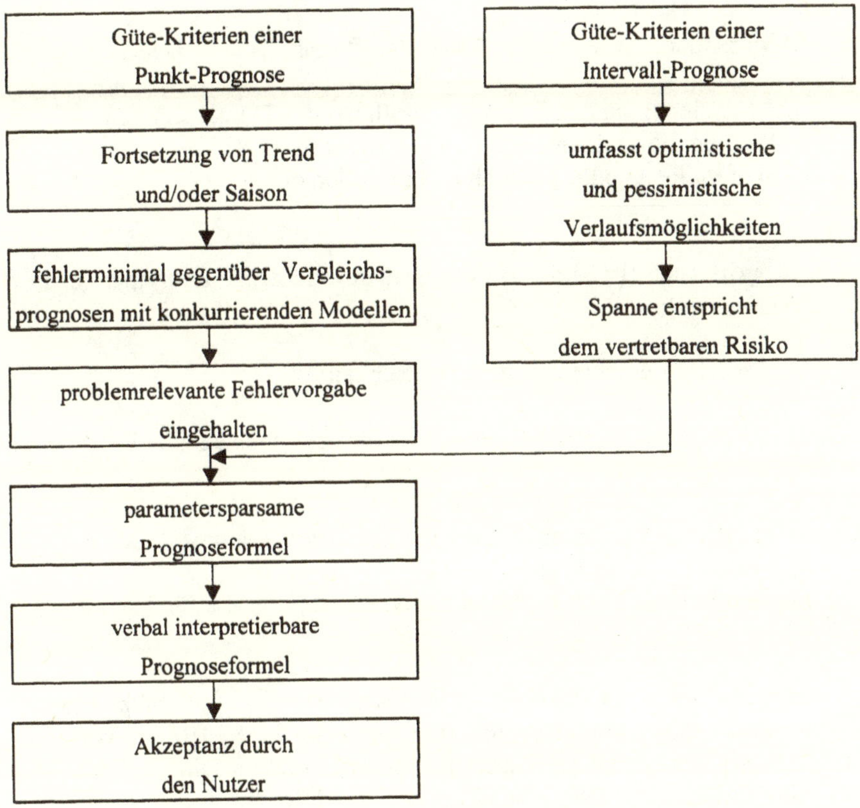

Bild 1.6.10 Struktogramm zur deskriptiven Prognosetechnik

1.6.5 Übungen und Kontrollfragen

Aufgabe 1.6.1 (PC-Labor) Führen Sie eine Prognose der folgenden Zeitreihen (siehe Verzeichnis) mit exponentieller Glättung durch:

1) Wöchentlicher Absatz von Margarine und Backfett

2) Monatliche Unfälle unter Alkoholeinfluss in Deutschland.

a) Analysieren Sie den Trendtyp mit gleitenden Durchschnitten.
b) Wählen Sie geeignete Glättungsparametern
c) Führen Sie eine Prognose über 3 Perioden durch.

Aufgabe 1.6.2 (PC-Labor) Gegeben sind folgende Zeitreihen (siehe Verzeichnis):

1) Jährliche Verkehrsunfälle in Deutschland

2) Jahresdurchschnittlicher Zinssatzes für Dreimonatsgelder in Deutschland.

a) Bestimmen Sie das autoregressive Einschritt-Prognose-Modell.
b) Werten Sie seine Schätzgüte aus.
c) Interpretieren Sie die erhaltene Mehrschrittprognose für 3 Jahre

Aufgabe 1.6.3 (PC-Labor) Entwickeln Sie eine Intervallprognose für das Berliner Flugpassagieraufkommens im Jahr 2010 und vergleichen Sie diese mit einer Expertenschätzung aus dem Jahr 1993 von 44 Mio. Flugpassagieren. Gehen Sie dabei wie folgt vor:

1)Vergleichen Sie die Jahreszeitreihen (siehe Verzeichnis) bis Dez 1992 für

- Berlin (3 Flughäfen)
- Deutschland gesamt
- Berlin, Frankfurt, London-Heathrow.

2) Führen Sie eine Trendanalyse und Extrapolation wie folgt durch:

- Glättung mit gleitenden Durchschnitten
- Bildung einfacher Differenzen

- Anpassen von Trendfunktionen (linear, quadratisch) und visuelle Auswertung
- Funktionsauswahl
- Bestimmung der Parameter, Gütediskussion der Regressionsfunktion
- Hochrechnung bis 2010
- Erstellen einer geteilten Grafik mit Zeitreihe und Trendfunktion.

3) Diskutieren Sie die Ausgaben deutscher Touristen im Ausland (siehe Verzeichnis) in folgenden Schritten:

- Trendbestimmung der Zeitreihe und Ausgabenprognose für 2010
- Scatterplot Ausgaben und Flugpassagiere Berlin
- Regression mit geeigneter Transformation der Ausgaben
- Prognose der Flugpassagiere für 2010.

4) Diskutieren und extrapolieren Sie die Saisonmuster von Berlin und London (siehe Verzeichnis):

- Visuelle Inspektion beider Reihen
- Bestimmung der glatten Komponente für Berlin
- Anpassen einer Trendfunktion an die glatte Komponente
- Hochrechnung auf 2010
- Diskussion der Lücke in der Zeitreihe für London-Heathrow
- Anpassen einer Trendfunktion an die Zeitreihe London-Heathrow
- Vergleich der beiden Trendfunktionen.

Überprüfen Sie folgende Aussagen:

1) Die Mehrschrittprognose der einfachen exponentiellen Glättung (ohne Trend und Saison) ist zeitlich konstant.

2) Autoregression der Ordnung 1 bedeutet, dass die Abhängigkeit von Beobachtungswerten, die mehr als eine Periode auseinander liegen, vernachlässigt werden kann.

3) Je höher die Anpassungsgüte eines Modells ist, desto zuverlässiger werden seine Prognosen sein.

1.7 Zeitreihenanalyse und Prognose mit SPSS

Eines der am meisten angewendeten Programmpakete für statistische Auswertungen ist das **SPSS.** Es enthält alle in diesem Buch behandelten Verfahren zum Business Forecasting. Bei seiner Anwendung sind bestimmte Voraussetzungen und Eigenschaften zu beachten, auf die in diesem Abschnitt kurz eingegangen werden soll.
Das SPSS verlangt als erstes einen klar definierten Aufbau des Datenmassivs:

- Die Zeitreihen sind spaltenweise abzuspeichern.
- Jede Zeitreihe wird bezeichnet und kann gesondert formatiert und kommentiert werden. Die Kommentare enthalten wichtige Informationen über die Dimension, den Erfassungsmodus, die Quelle etc.
- Die Periodisierung der Datenerfassung wird in einer Datumsspalte festgehalten, mit der auch die Saisonlänge m festgelegt ist.
- Die Beobachtungen für eine Periode über alle Zeitreihen hinweg bilden eine Zeile des Tableaus. Eventuell fehlende Beobachtungen werden durch ein Komma ausgewiesen.

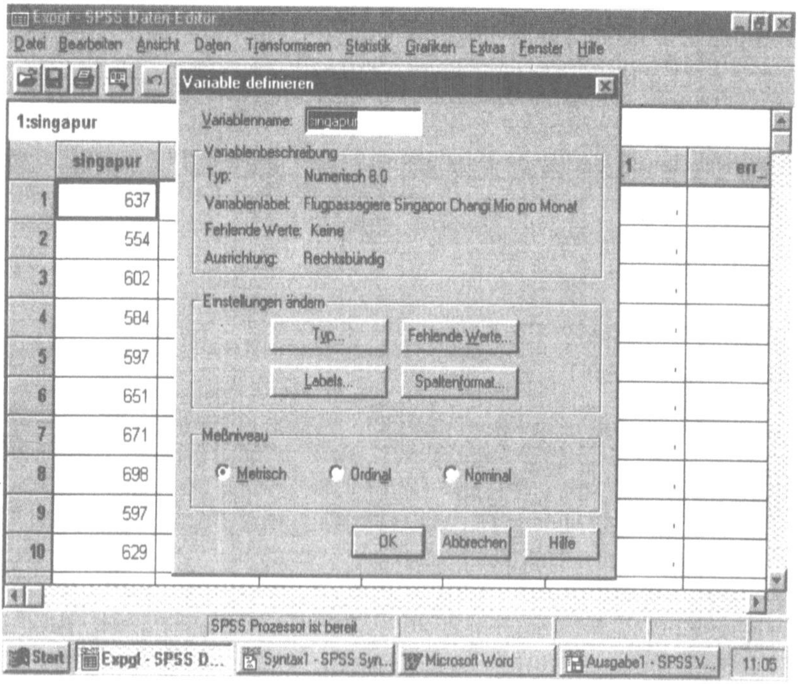

Bild 1.7.1 Menü für eine Spaltenbeschriftung

Das Tableau lässt sich im **Menü Daten** spalten- und zeilenweise erweitern. Die Zahl untersuchungsrelevanter Zeilen kann nach verschiedenen Kriterien (Zeitintervall, Wertebereich etc.) durch Markierung global (über alle Reihen) eingeschränkt werden, ohne die erfassten Werte zu entfernen. Die untersuchungsrelevanten Reihen werden je nach Problemstellung ausgewählt.

Tabelle 1.7.1 SPSS-Menü Daten

Untermenü	Option
Variablendefinition	Name, Datentyp, Format, Erläuterung
Datum	Jahre bis Sekunden
Auswahl Zeilen	Zeitbereich, Wertebereich, Zufallsprinzip
Sortieren	nach Spalten aufsteigend oder absteigend
Anhängen von Spalten/Zeilen	
Gruppierung von Spalten/Zeilen	

Für Saisonanalysen muss die Datenspalte durch eine Datumsspalte ergänzt werden. Für Spezialfälle (Halbjahreswerte, Dekaden etc.) ist eine benutzergesteuerte Datumsangabe erforderlich.

Beispiel 1.7.1 Die Einstellung von Halbjahresdaten wird in der Journal-Datei spss.jnl (Verzeichnis TMP) mit dem Befehl **DATE O 1 2.** erreicht.

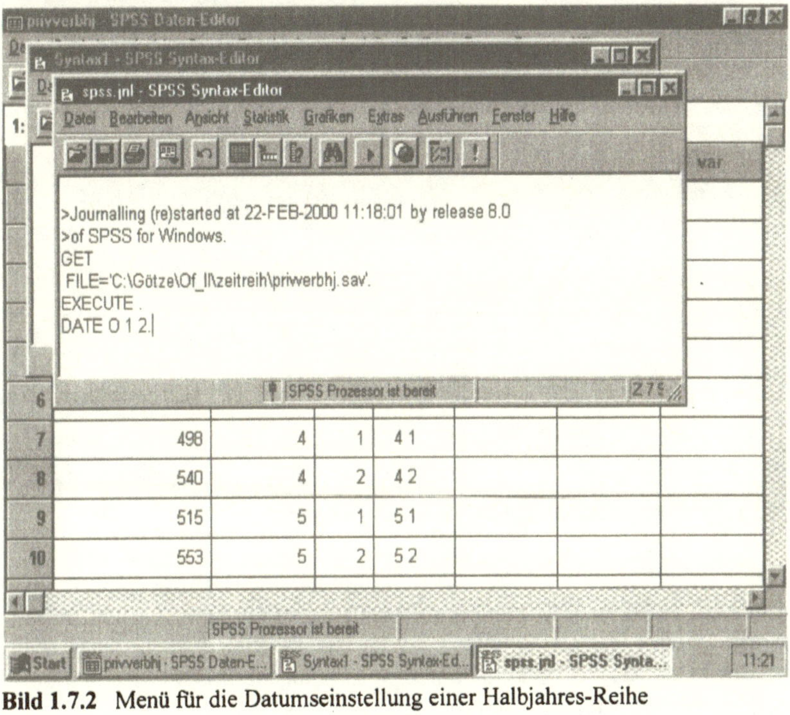

Bild 1.7.2 Menü für die Datumseinstellung einer Halbjahres-Reihe

Die erfassten Daten lassen sich im **Menü Transformieren** ergänzen und behandeln. Dazu gehören z. B. das Logarithmieren, das Glätten oder Kumulieren von Beobachtungen. Auch der Lückenschluss ist möglich. Einen unvollständigen Einblick in die Vielfalt der Transformationsmöglichkeiten gibt Tabelle 1.7.2.

Tabelle 1.7.2 SPSS-Menü Transformieren

Untermenü	Operationen	Umrechnung
Zeitreihen erzeugen	Glättung	gleitender Durchschnitt, gleitender Median, robuste Glättung
	Trendbereinigung	einfache Differenz
	Saisonbereinigung	Saisondifferenz
	Kumulieren	
Fehlstellen	Lückenschluss	lineare Interpolation arithmetisches Mittel umliegender Werte Median umliegender Werte

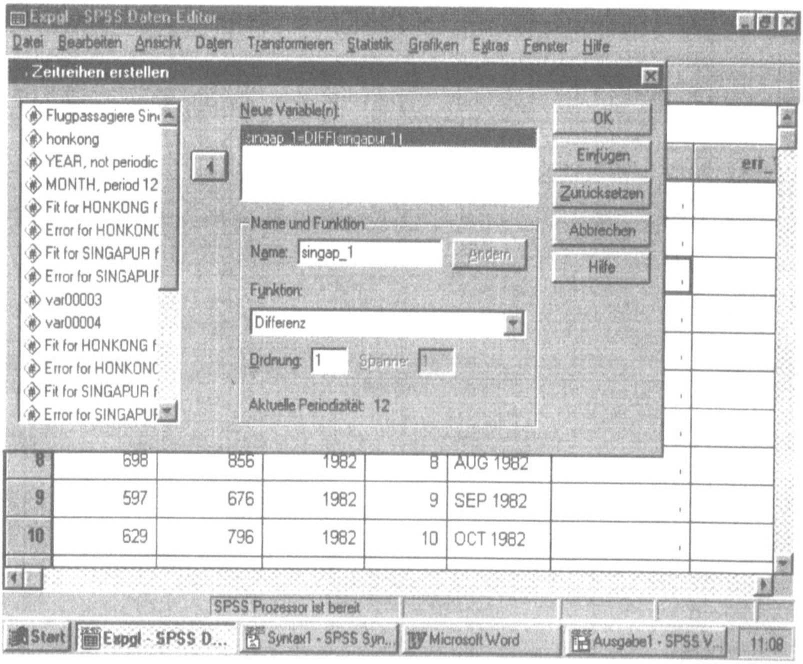

Bild 1.7.3 Menü zur Differenzenbildung erster Ordnung

Die Auswertungsmethoden sind im **Menü Statistik** enthalten. Die üblichen Analyse- und Prognoseverfahren finden sich in zwei Untermenüs wieder, die in Tabelle 1.7.3 und 1.7.4 ansatzweise dargestellt werden. Das Methodenmenü bietet vereinzelt auch grafische Darstellungen, wie Häufigkeitsdiagramme, Box-Plots usw. an.

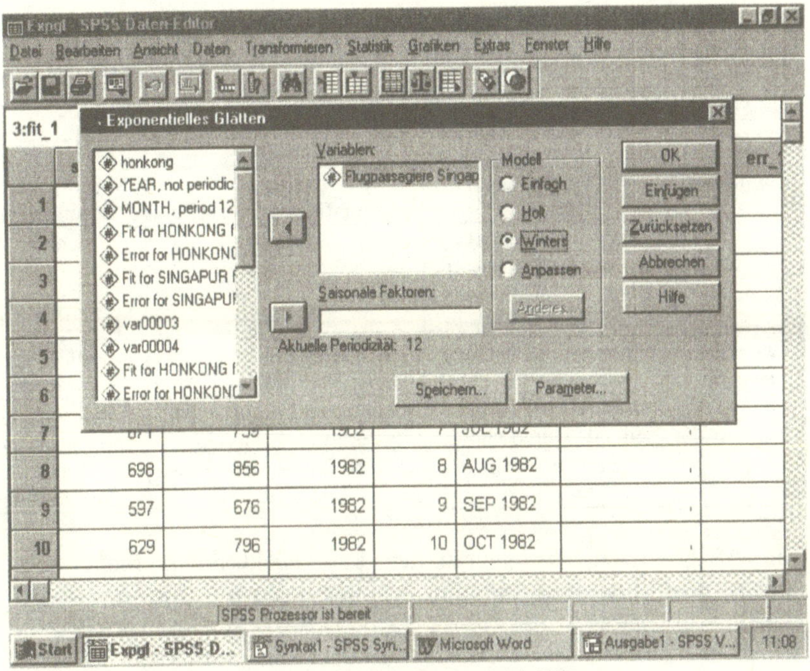

Bild 1.7.4 Menü für eine exponentielle Glättung nach Winters

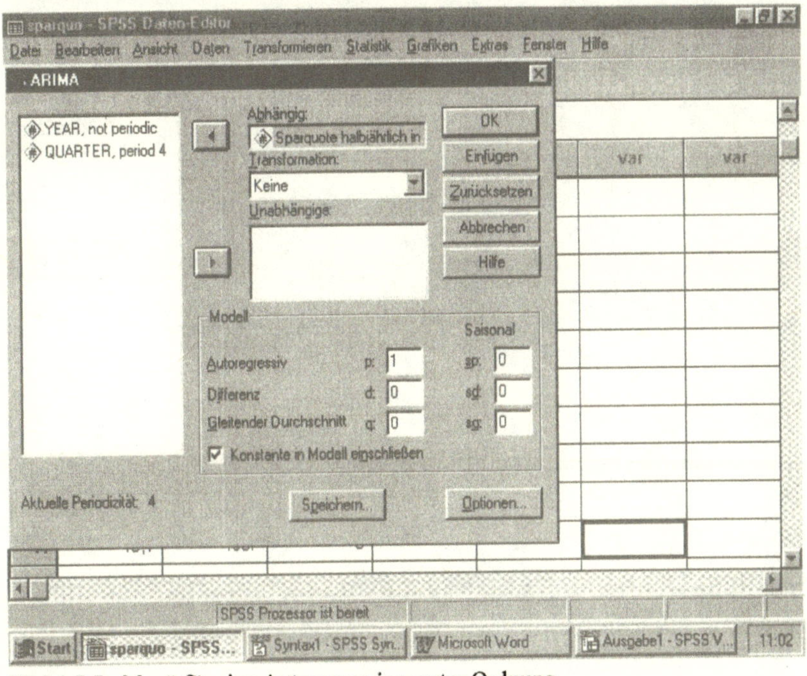

Bild 1.7.5 Menü für eine Autoregression erster Ordnung

Die entsprechenden Untermenüs für ausgewählte beschreibende Analyse- und Prognosetechniken sind in Tabelle 1.7.3 zusammengefasst.

Tabelle 1.7.3 SPSS-Menü Statistik (Ausschnitt)

Untermenü	Methoden	Tabellen	Maßzahlen
Regression	lineare (multiple) Regression	Schätz- und Prognosewerte, Vertrauensintervalle	Modellparameter Bestimmtheitsmaß
	Kurven (Potenzfkt., Exponentialfkt., Hyperbelfkt., Logarithmusfkt., logistische Fkt.)	dito	dito
Zeitreihen-analyse	Exponentielle Glättung	Schätzung und Prognose	Glättungs-parameter
	Autoregression und gleitende Durchschnitte	Schätzung, Prognose und Vertrauensintervalle	Modellparameter Bestimmtheitsmaß
	Zerlegung von Zeitreihen	Trend-, Saison- und Restkomponente	Saison-koeffizienten

Die Analyse von Periodogrammen und Spektraldichtefunktionen, Autokorrelationen und partielle Autokorrelationen sind im **Menü Grafiken** enthalten.

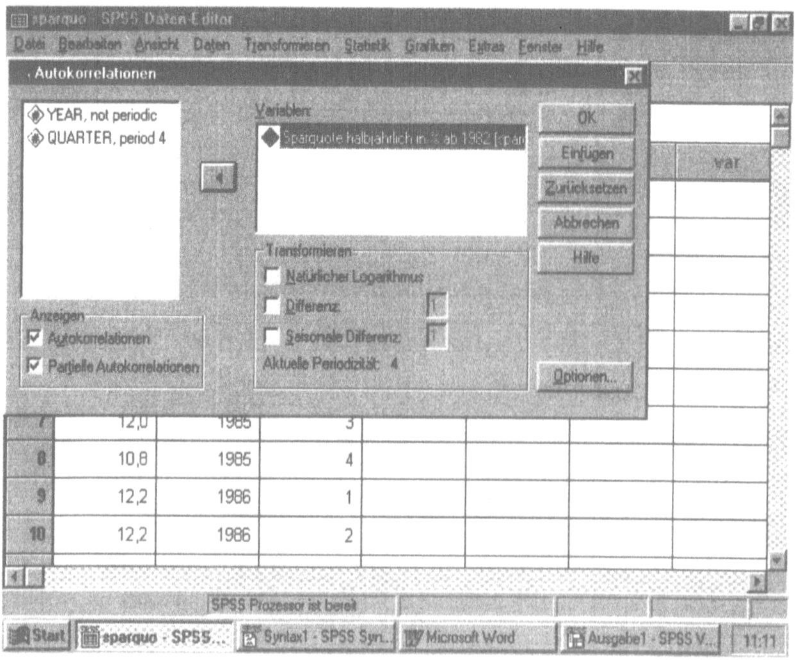

Bild 1.7.6 Menü für Korrelogramm und partielles Korrelogramm

Die Tabellen für Periodogramm bzw. Spektraldichte können im Programmfenster mit dem Speicherbefehl **SAVE** in das Datentableau eingetragen werden.

Beispiel 1.7.2 Speichern der Frequenz unter FREQ und der Periodogrammordinaten unter PGRM mit **/SAVE= P (PGRM) FREQUENCY (FREQ).**

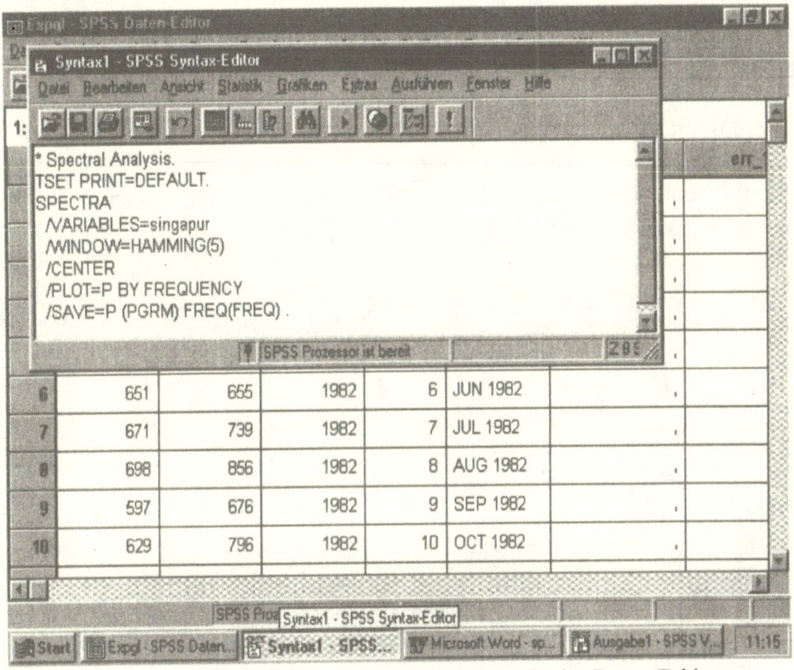

Bild 1.7.7 Menü zum Einfügen eines Periodogramms in das Daten-Tableau

Teilweise lassen die Grafikbausteine auch Datentransformationen zu, was in der Phase der Modellsuche hilfreich ist. So können Zeitreihen logarithmisch transformiert, trend- und saisonbereinigt werden, ohne das Grafikmenü zu verlassen.

Für die Gestaltungen der Grafiken bietet SPSS einen leistungsfähigen Editor an, der Legenden, mehrzeilige Titel, Fußnoten, Referenzlinien und vielfältige Farbtöne, Schattierungen und Linienmuster im Repertoire hat.

Die Grafiken können per Zwischenablage in Microsoft-Office-Dateien eingefügt und dort bearbeitet werden.

Für die Darstellung von Prognosen können **geteilte Grafiken** erzeugt werden, in denen sich Analyse- und Prognosezeitraum gesondert kennzeichnen lassen. Dazu werden die Schätzwerte des Modells

Tabelle 1.7.4 SPSS-Menü Grafiken

Untermenü	Darstellung	Besonderheiten
Scatter-Plot	mehrdimensionale Daten	3 D-Darstellung
Histogramm	Häufigkeitsverteilung gruppierter Daten	Gauß'sche Glockenkurve
Sequenzen	Zeitverläufe	Transformationen
Zeitreihen	Periodogramm Spektraldichtefunktion Autokorrelationsfunktion Partielle Autokorrelationsfunktion	

(Punkt- und/oder Intervallschätzung) ab dem Prognose-Ursprung gekennzeichnet und in neue Spalten (Hilfsvariable) kopiert. Die geteilte Grafik lässt sich dann aus der Spalte mit den Beobachtungen und den Hilfsvariablen zusammensetzen.

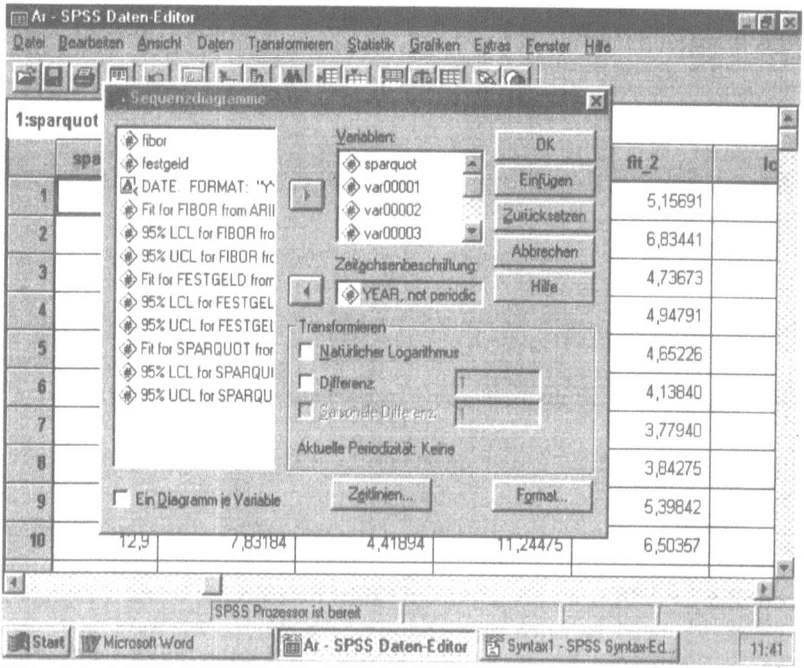

Bild 1.7.8 Menü zur geteilten Grafik

Die meisten beschreibenden Analyse-und Prognosetechniken aus dem Kap. 1 sind im SPSS-Modul *Base*, die entsprechenden statistischen Techniken aus dem folgenden Kap. 2 im SPSS-Modul *Trends* enthalten.

2. Statistische Analyse und Prognose von Zeitreihen

Jeder Wert einer Zeitreihe hat eine Entstehungsgeschichte, in der mehrere, oft nicht quantifizierbare Faktoren und nicht zuletzt der **Zufall** ergebnissteuernd wirken.

Beispiel 2.1 Die Daimler-Chrysler-Aktie schließt am Ende eines Handelstages an der Frankfurter Börse mit einem Kurs von 91,4 Euro ab. Die Aktionäre hatten mit einem höheren, die Broker mit einem etwas niedrigeren Kurs gerechnet.

Beispiel 2.2 Der Bodenbelag-Hersteller DLW AG, Bietigheim-Bissingen, erzielte 1998 einen Umsatz von 1.266,7 Mio. DM. Das entspricht einem Zuwachs von 7,0% gegenüber 1997, was nach dem Umsatzeinbruch des Vorjahres (–13,9% gegenüber 1996) von der Geschäftsleitung in dieser Höhe nicht erwartet worden war.

Das Ziel dieses Kapitels besteht darin, Zeitreihen mit Hilfe eines oder mehrerer **Wahrscheinlichkeitsmodelle** zu untersuchen. Dabei werden die Beobachtungen x_t einer Periode t als zufällige Realisierungen einer Zufallsvariablen X_t interpretiert, welche ihre Werte mit einer bestimmten Wahrscheinlichkeit annimmt. Der Vorteil dieser Betrachtungsweise für die Prognose liegt unmittelbar auf der Hand, denn die Wahrscheinlichkeitsmodelle liefern **statistische Vorhersageintervalle** als Output. Aber auch für die Analyse ergeben sich neue Aspekte. So kann die praktisch bedeutsame Frage nach der **Sicherheit von Parameterschätzungen** beantwortet werden.
Darüber hinaus fördern diese Modelle eine Denkschule, die den Zufall als unverzichtbares Element jeder zeitlichen Veränderung in der Wirtschaft ansieht.
Das methodische Instrumentarium aus der deskriptiven Zeitreihenanalyse wird deshalb nicht wertlos. Es wird sich ganz im Gegenteil zeigen, dass die meisten Verfahren übertragbar und lediglich in einen neuen Zusammenhang zu stellen sind.

2.1. Begriffliche Grundlagen

Sei T eine Menge von Zeitpunkten t = 1,2,...,n oder ein Zeitintervall $[t_1, t_2]$ und X eine Menge von Zufallsvariablen über einer Ereignismenge Ω.
Eine Abbildung von T nach X mit Realisierungen der Zufallsvariablen in der Menge reeller Zahlen **R**

$$t \in T \quad \rightarrow \quad X_t \in X \quad \text{mit} \quad X_t(\omega) = x_t \in \mathbf{R}$$

heißt **stochastischer Prozess** $\{X_t\}$. Eine Folge von Realisierungen $\{x_t\}$ heißt Zeitreihe oder Trajektorie des Prozesses.

Ein stochastischer Prozess hat unendlich viele Trajektorien. Dieses Zeitreihenbündel steht für sehr viele denkbare Entwicklungen.
Zwischen zeitlich benachbarten Zufallsvariablen des Prozesses wird es Abhängigkeiten geben. In den „guten Zeiten" wächst der Umsatz eines Unternehmens über mehrere Jahre. In „schlechten" Zeiten ist mit einer mehrjährigen Talfahrt zu rechnen, die erst nach einiger Zeit gestoppt werden kann. Solche Abhängigkeiten über einige wenige Perioden sollen mit Hilfe von Modellen aufgedeckt werden.

Als Vergleichsprozess wird das „Weiße Rauschen" benötigt, ein Zufallsprozess, der aus unabhängigen und identisch verteilten Zufallsgrößen a_t besteht. Ein derartiger Prozess kann als reines Wechselspiel des Zufalls angesehen werden. Ziel der statistischen Zeitreihenanalyse ist es, ein Modell zu finden, dass den Prozess $\{X_t\}$ und damit die Zeitreihe $\{x_t\}$ als Input und „Weißes Rauschen" und damit die Residuen als Output hat.

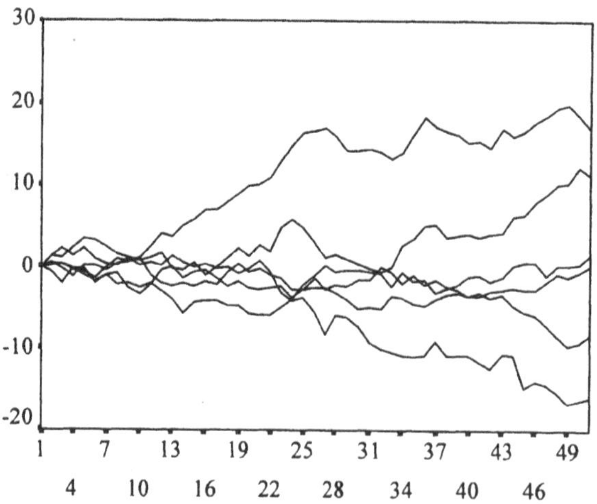

Bild 2.1.1 Zeitreihenbündel eines Irrfahrtprozesses

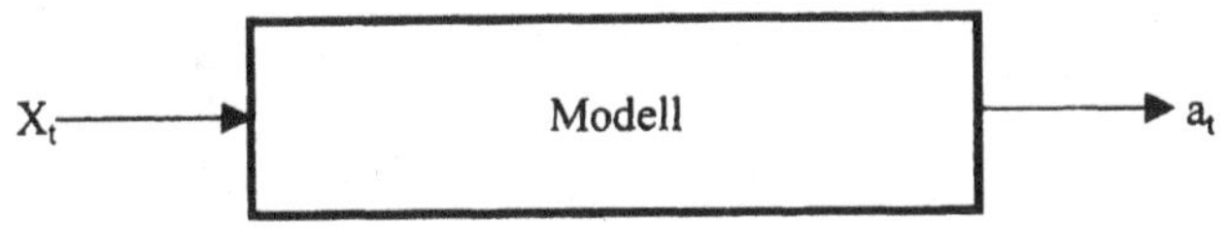

Bild 2.1.2 Die Modellmethode

Eine Trajektorie von „Weißem Rauschen“ kann mit Hilfe von Zufallszahlen-Generatoren erzeugt werden.

Bild 2.1.3 Rauschfolge a_t mit Mittelwert 0 und Standardabweichung 2

Wenn die Zahlenfolgen der Erwartungswerte, Varianzen und Autokovarianzen eines stochastischen Prozesses gebildet werden, entstehen sogenannte **Momentfunktionen**. Dazu gehören:

Die **Erwartungswertfunktion**

$$E(X_t) = \mu_t \quad \text{für} \quad t = 1,2,..,$$

die zur Beschreibung von Niveau-Veränderungen und Trends dient.

Die **Varianzfunktion**

$$Var(X_t) = \sigma^2(t) \quad \text{für} \quad t = 1,2,...,$$

mit der sich z. B. starre oder variable Saisonmuster charakterisieren lassen.
Die **Autokovarianzfunktion** bzw. **Autokorrelationsfunktion**

$$\mathrm{Cov}(X_t, X_{t+\tau}) = E[(X_t - \mu_t)\cdot(X_{t+\tau} - \mu_{t+\tau})] = \gamma(t, t+\tau)$$

$$\mathrm{Cor}(X_t, X_{t+\tau}) = \frac{\gamma(t, t+\tau)}{\sigma(t)\cdot\sigma(t+\tau)} = \rho(t, t+\tau) \quad \text{für} \quad t = 1,2,..,$$

mit deren Hilfe eine gerichtete lineare Abhängigkeit über einige wenige Perioden τ untersucht werden kann.
Für die Momentfunktionen des „Weißen Rauschens" gilt offenbar

$$E(a_t) = \mu_a \quad , \quad \mathrm{Var}(a_t) = \sigma_a^2 \quad , \quad \mathrm{Cov}(a_t, a_{t+\tau}) = 0 \quad \text{für} \quad \tau \geq 1.$$

Von besonderer Bedeutung sind stochastische Prozesse, die einer gemeinsamen Normalverteilung folgen (**Normalprozesse**). Die Zufallsvariablen X_t sind in diesem Fall normalverteilt, meist mit zeitlich abhängigen Erwartungswerten und Varianzen. Darüber hinaus sind auch beliebige Teilmengen von Zufallsvariablen des Prozesses simultan normalverteilt. Man kann daher z. B. die Wahrscheinlichkeit dafür angeben, dass zwei zeitlich aufeinander folgende Variablen gemeinsam unter einem Richtwert bleiben.
Nicht jeder Modellprozess wird bereits ein Normalprozess sein. Oft muss die Zeitreihe erst transformiert werden (siehe Box-Cox-Transformation), ehe ein Normalprozess angepasst werden kann. Es gibt auch Zeitreihen, bei denen dieses Verfahren erfolglos bleibt. Normalprozesse spielen bei der Modellierung eine Sonderrolle und lassen sehr viele Schlussfolgerungen über das Prozessverhalten zu (siehe Kap. 2.2).
Um eine Zeitreihe mit Hilfe von Zufallsprozessen untersuchen zu können, sind Einschränkungen auf möglichst einfache und leicht interpretierbare Modell-Strukturen notwendig. Darüber hinaus muss es möglich sein, Modellprozesse auf einem mehr oder weniger langem Beobachtungszeitraum anzupassen und damit die unendliche Zahl von Zufallsvariablen durch eine endliche Auswahl zu beschreiben.

2.2 Stationäre stochastische Prozesse

Eine methodisch bedeutsame Modellklasse bilden die schwach stationären Prozesse, mit denen z. B. Zeitreihen analysiert werden können, die nur aus einer Restkomponente bestehen.

2.2.1 Grundlagen

Ein Prozess $\{X_t\}$ heißt **(schwach) stationär**, wenn er sowohl **erwartungswertstationär**

$$E(X_t) = \mu$$

als auch **kovarianzstationär** ist, d.h.

$$Cov(X_t, X_{t+\tau}) = \gamma(\tau) \quad \text{für} \quad \tau \geq 0$$

Die zeitliche Konstanz des Erwartungswertes bedeutet, dass in der Zeitreihe kein Trend vorhanden ist. Die Zeitabhängigkeit der Kovarianz besteht nur im Zeitabstand τ der Variablen (Lag), nicht aber in den Perioden. Für $\tau = 0$ ergibt sich die **Varianzstationarität**. Die Zeitreihe darf somit keine saisonbedingten Schwankungen aufweisen. Modelliert wird nur die Autokorrelation in Abhängigkeit vom Lag τ.

Beispiel 2.2.1 Gegeben sei der Prozess

$$X_t = \mu + a_t - 0{,}5 \cdot a_{t-1} \quad \text{mit} \quad a_t \sim N.V.(0{,}1).$$

Als konstanter Erwartungswert ergibt sich

$$E(X_t) = \mu + E(a_t) - 0{,}5 \cdot E(a_{t-1}) = \mu .$$

Die Varianz ist ebenfalls konstant und beträgt

$$Var(X_t) = Var(a_t) + 0{,}5^2 \cdot Var(a_{t-1}) = 1 + 0{,}5^2 = 1{,}25 .$$

Die Kovarianzfunktion hängt nur vom Lag τ ab. Zunächst gilt $\tau \geq 1$

$$Cov(X_t, X_{t+\tau}) = E[(a_t - 0{,}5 \cdot a_{t-1}) \cdot (a_{t+\tau} - 0{,}5 \cdot a_{t+\tau-1})] =$$
$$E[(a_t \cdot a_{t+\tau} - 0{,}5 \cdot a_{t-1} \cdot a_{t+\tau} - 0{,}5 \cdot a_{t+\tau-1} \cdot a_t + 0{,}5^2 \cdot a_{t-1} \cdot a_{t+\tau-1})].$$

Daraus folgt wegen der Eigenschaften des „Weißen Rauschens“

$$Cov(X_t, X_{t+\tau}) = \begin{cases} -0{,}5 & \text{für} \quad \tau = 1 \\ 0 & \text{für} \quad \tau > 1. \end{cases}$$

Dieser Prozess ist offensichtlich (schwach) stationär).

Beispiel 2.2.2 Gegeben sei der Prozess

$$X_t = X_{t-1} + a_t \quad \text{mit} \quad t \geq 1 \quad \text{und} \quad a_t \sim \text{N.V.}\left(0, \sigma_a^2\right).$$

Für die Startwerte gelte $E(X_0) = 0$ und $Var(X_0) = 0$. Durch rekursive Darstellung lässt sich die Prozessgleichung folgendermaßen umformen

$$\begin{aligned} X_t &= X_{t-1} + a_t \\ &= X_{t-2} + a_t + a_{t-1} \\ &= X_{t-3} + a_t + a_{t-1} + a_{t-2} \\ &\;. \\ &\;. \\ &\;. \\ &= X_0 + a_t + a_{t-1} + \ldots + a_1 . \end{aligned}$$

Für Erwartungswert- und Varianzfunktion ergeben sich

$$\begin{aligned} &E(X_t) = 0 \\ &Var(X_t) = t \cdot \sigma_a^2 . \end{aligned}$$

Der Prozess ist demnach **nicht** (schwach) stationär, denn er weist eine zeitabhängige Varianz auf.

Es gelten allgemeingültige folgende Eigenschaften für die Kennfunktionen:

$$\begin{aligned} &\gamma(\tau) = \gamma(-\tau) \\ &\rho(\tau) = \rho(-\tau) \\ &|\rho(\tau)| \leq 1 . \end{aligned}$$

Die erste und die zweite Eigenschaft ergeben sich durch Einsetzen in die Formeln. Die Eigenschaft drei lässt sich für varianzstationäre Prozesse in drei Schritten beweisen: Aus dem Ansatz

$$Var(\lambda_1 \cdot X_t + \lambda_2 \cdot X_{t+\tau}) \geq 0$$

folgt

$$\left(\lambda_1^2 + \lambda_2^2\right) \cdot \mathrm{Var}(X_t) + 2 \cdot \lambda_1 \cdot \lambda_2 \cdot \mathrm{Cov}(X_t, X_{t+\tau}) \geq 0$$

und nach Auswertung der Ungleichung für verschiedene Werte von λ

$$\frac{\gamma(\tau)}{\sigma^2} \geq -1 \quad \text{für} \quad \lambda_1 = \lambda_2 = 1 \quad \text{bzw.} \quad \frac{\gamma(\tau)}{\sigma^2} \leq 1 \quad \text{für} \quad \lambda_1 = 1, \lambda_2 = -1.$$

2.2.2 Spezielle lineare Prozesse

Bei der Modellierung von Wirtschaftszeitreihen spielen lineare Prozesse eine große Rolle. Sie dienen unter anderem zur Beschreibung der Schockfortwirkung, wie die folgenden Ausführungen zeigen.
Lässt die Schockfortwirkung nach q Perioden abrupt nach, dann ist ein Modell-Prozess vom Typ **MA(q)** angeraten:

$$X_t = a_t + c_1 \cdot a_{t-1} + c_2 \cdot a_{t-2} + \ldots + c_q \cdot a_{t-q}.$$

Mit Hilfe des Rückwärts-Verschiebeoperators nimmt die lineare Modellgleichung des MA(q)-Prozesses folgende Gestalt an:

$$X_t = (1 + c_1 \cdot B + c_2 \cdot B^2 + \ldots + c_q \cdot B^q)\, a_t.$$

Lässt die Schockwirkung hingegen nie völlig nach, dann ist ein Modell-Prozess vom Typ **AR(p)** anzusetzen. Der Parameter p gibt dann an, bis zu welcher Zeitverzögerung τ Variablen $X_{t-\tau}$ in den Ansatz einzubeziehen sind:

$$X_t = d_1 \cdot X_{t-1} + d_2 \cdot X_{t-2} + \ldots + d_p \cdot X_{t-p} + a_t.$$

Mit dem Operator B nimmt die lineare Modellgleichung des AR(p)-Prozesses die Gestalt

$$\left(1 - d_1 \cdot B - d_2 \cdot B^2 - \ldots - d_p \cdot B^p\right) X_t = a_t$$

an. Wenn sich kurz- und langfristige Schockfortwirkung in einer Zeitreihe überlagern, sollte ein Modell-Mix aus MA(q)- und AR(p)-Struktur, der sogenannte **ARMA(p,q)-Prozess** angesetzt werden:

$$X_t = d_1 \cdot X_{t-1} + d_2 \cdot X_{t-2} + \ldots + d_p \cdot X_{t-p}$$
$$+ a_t + c_1 \cdot a_{t-1} + c_2 \cdot a_{t-2} + \ldots + c_q \cdot a_{t-q}.$$

In Operator-Schreibweise nimmt die lineare Modellgleichung die Form

$$\left(1 - d_1 \cdot B - d_2 \cdot B^2 - \ldots - d_p \cdot B^p\right)X_t$$
$$= \left(1 + c_1 \cdot B + c_2 \cdot B^2 + \ldots + c_q \cdot B^q\right)a_t$$

an. Die linearen Prozesse vom Typ ARMA (p, q) besitzen hinsichtlich der Autokorrelationsfolge ρ_τ genau dieselben Eigenschaften, die für analoge nicht stochastische Modell-Strukturen der Restkomponente im Kap. 1.5 (Residuenanalyse) hergeleitet worden sind.
Wenn eine **saisonale Zeitreihe** modelliert werden soll, dann ist mit einer Korrelation über die m Perioden eines Zyklus zu rechnen. Für diesen Fall lässt sich der ARMA-Prozess noch etwas verfeinern. Anstatt Zeitverzögerungen bis zum Lag m vorzusehen, was die Zahl der Modellparameter unnötig in die Höhe treiben würde, werden multiplikative Terme eingeführt. Aus einem gewöhnlichen Ansatz ARMA(1,1) entsteht dann der **multiplikative** (saisonale) Ansatz **SARMA (1,1)(1,1)$_m$**

$$(1 - d_1 \cdot B)\left(1 - d_m \cdot B^m\right)X_t = (1 + c_1 \cdot B)\left(1 + c_m \cdot B^m\right)a_t.$$

Nach Ausführung der Verschiebeoperatoren ergibt sich die lineare Modell-Gleichung

$$X_t = d_1 \cdot X_{t-1} + d_m \cdot X_{t-m} - d_1 \cdot d_m \cdot X_{t-m-1}$$
$$+ a_t + c_1 \cdot a_{t-1} + c_m \cdot a_{t-m} + c_1 \cdot c_m \cdot a_{t-m-1}.$$

Praktisch wird die Saisonalität alternativ entweder über eine Variablen-Verzögerung oder über eine Schock-Verzögerung modelliert, wodurch sich die Modell-Struktur vereinfacht. Verzögerungen um mehr als einen Saisonzyklus treten nur sehr selten auf.

2.2.3 Kriterien für Stationarität

Wenn ein Modell-Prozess schwach stationär ist, d.h. Erwartungswert und Varianz überhaupt nicht von der Zeit und die Kovarianzen lediglich vom Zeitabstand τ abhängen, in dem Informationstransporte erfolgen, dann sind zwei praktisch bedeutsame Eigenschaften erfüllt (siehe Box/Jenkins [1970]).

Satz 1: Ein schwach stationärer Normalprozess ist durch seinen Erwartungswert und seine Autokorrelationsfolge eindeutig bestimmt.

Beispiel 2.2.3 Der MA(2)-Prozess mit normalverteilter Schockfolge $\{a_t\}$

$$X_t = \mu + a_t + c_1 \cdot a_{t-1} + c_2 \cdot a_{t-2} \quad \text{und} \quad a_t \sim \text{N.V.}(0, \sigma_a^2)$$

ist als Summe unabhängiger, normalverteilter Zufallsvariablen selbst normalverteilt mit Erwartungswert μ und Varianz $(1+c_1^2+ c_2^2)\cdot\sigma_a^2$.
Satz 1 macht deutlich, welche zentrale Rolle die Normalverteilung der Residuen und damit letztlich auch der Beobachtungen bei der Zeitreihen-Modellierung spielt. Wenn es gelingt, die Beobachtungen durch geeignete Transformation an eine Normalverteilung anzunähern, dann besteht eine größere Chance auf eine zweifelsfreie Struktur-Identifikation.

Satz 2: Ein linearer ARMA(p,q)-Prozess ist genau dann schwach stationär und invertibel, wenn die Nullstellen der Polynome

$$z^p - d_1 \cdot z^{p-1} - \ldots - d_p = 0$$

$$z^q + c_1 \cdot z^{p-1} + \ldots + c_q = 0$$

jeweils dem Betrag nach kleiner als 1 sind.

Beispiel 2.2.4 Der ARMA(1,1)-Prozess

$$X_t = d_1 \cdot X_{t-1} + a_t + c_1 \cdot a_{t-1}$$

ist schwach stationär und invertibel, wenn d_1 und c_1 betragsmäßig kleiner als 1 sind. Durch schrittweises Einsetzen ergibt sich die sogenannte **MA-Darstellung**

$$\begin{aligned} X_t &= d_1 \cdot X_{t-1} + a_t + c_1 \cdot a_{t-1} \\ &= d_1^2 \cdot X_{t-2} + a_t + (d_1 + c_1) \cdot a_{t-1} + d_1 \cdot c_1 \cdot a_{t-2} \\ &= d_1^3 \cdot X_{t-3} + a_t + (d_1 + c_1) \cdot a_{t-1} + (d_1^2 + d_1 \cdot c_1) \cdot a_{t-2} + d_1^2 \cdot c_1 \cdot a_{t-3} \\ &= \ldots, \end{aligned}$$

aus sich Hinweise auf eine nachlassende Schockfortwirkung ergeben, sofern die Parameterbedingungen für c_1 und d_1 eingehalten werden. Eine wesentliche **Schlussfolgerung aus Satz 2** besagt, dass bei erfüllten Nullstellen-Bedingungen der Prozess durch seinen Erwartungswert und seine Autokorrelationsfolge ρ_τ eindeutig festgelegt ist. Dieser Satz liefert somit ein Kriterium zur Überprüfung der Eigenschaften Stationarität und Invertibilität und trägt dafür Sorge, dass eine effiziente Modell-Identifikation über den empirischen Mittelwert und das Korrelogramm möglich wird.

2.2.4 Identifikation und Schätzung von ARMA-Prozessen

Die Auswahl von Modell-Strukturen für eine Zeitreihe heißt **Identifikation**. Die Hilfsmittel zur Struktur-Identifikation sind die aus der Residuen-Analyse bekannten Diagramme des Korrelogramms und des partiellen Korrelogramms. Aus den Modell-Parametern d_i und c_j lassen sich Autokorrelationen und partielle Autokorrelationen berechnen. Zwischen der Modellstruktur und den Verlaufsmustern der beiden Kennfunktionen besteht eine grundlegende Beziehung, die es bei der Modell-Identifikation auszunutzen gilt.

Die Muster der Kennfunktionen lassen sich ganz allgemein für beliebige stationäre Prozesse vom Typ ARMA klassifizieren. Dabei handelt es sich genau um die Beziehung zwischen Korrelations- und Modellstruktur, wie sie bei der Residuenanalyse für spezielle Zeitreihen hergeleitet worden ist.

Satz 3: Für stationäre lineare Prozesse vom Typ ARMA bzw. SARMA gelten folgende Verlaufsmuster der Autokorrelationen bzw. partiellen Autokorrelationen:

Modell-Struktur	Autokorrelationen	Partielle Autokorrelationen
AR(p)	Exponentiell-sinusähnliches Abschwingen	Cut nach Lag p
MA(q)	Cut nach Lag q	Exponentiell-sinusähnliches Abschwingen
ARMA(p,q)	Exponentiell-sinusähnliches Abschwingen	Exponentiell-sinusähnliches Abschwingen
SAR-MA$(p,q)(p_m,q_m)_m$	Exponentiell-sinusähnliches Abschwingen mit Aufschwung bei Lag m	Exponentiell-sinusähnliches Abschwingen mit Aufschwung bei Lag m

Einige Beispiele zeigen nachfolgende Grafiken.

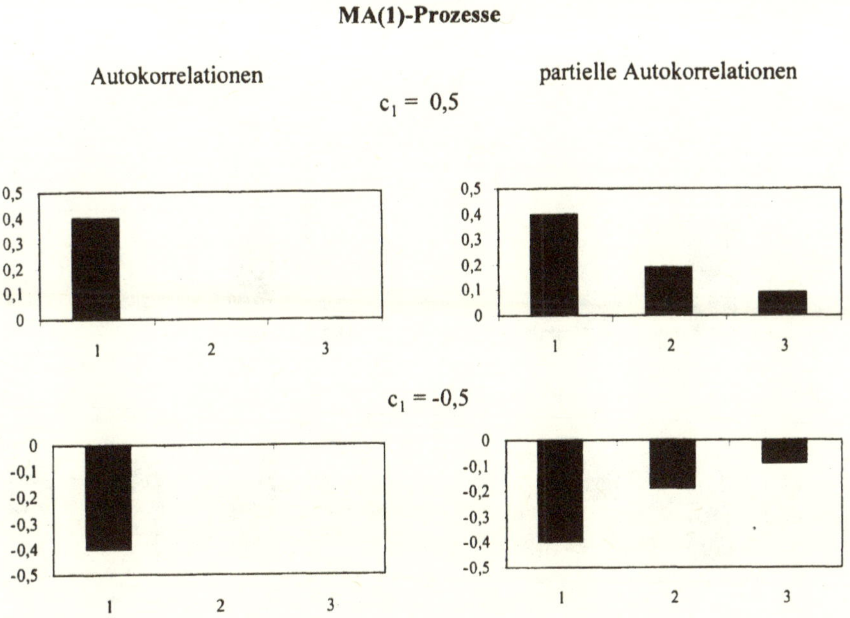

Bild 2.2.1 Korrelogramme von MA-Modellprozessen erster Ordnung

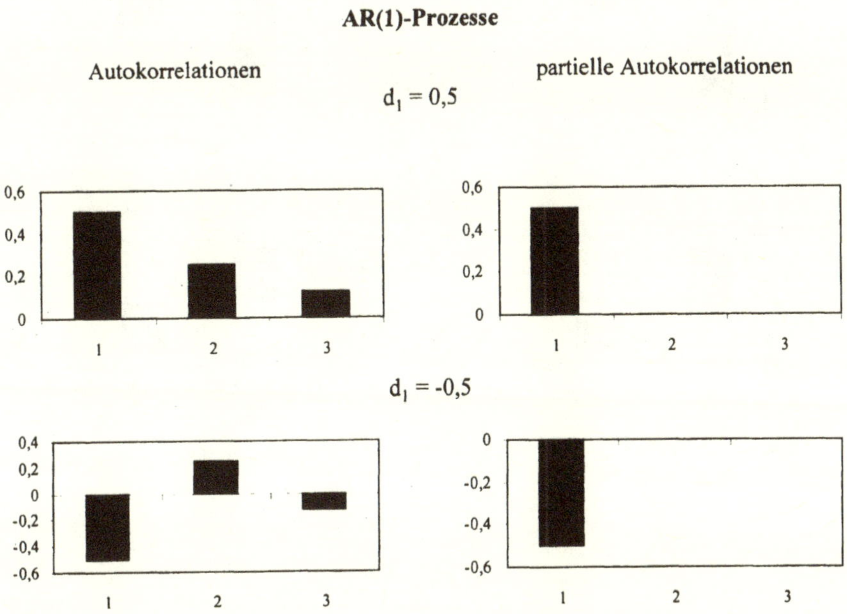

Bild 2.2.2 Korrelogramme von AR-Modellprozessen erster Ordnung

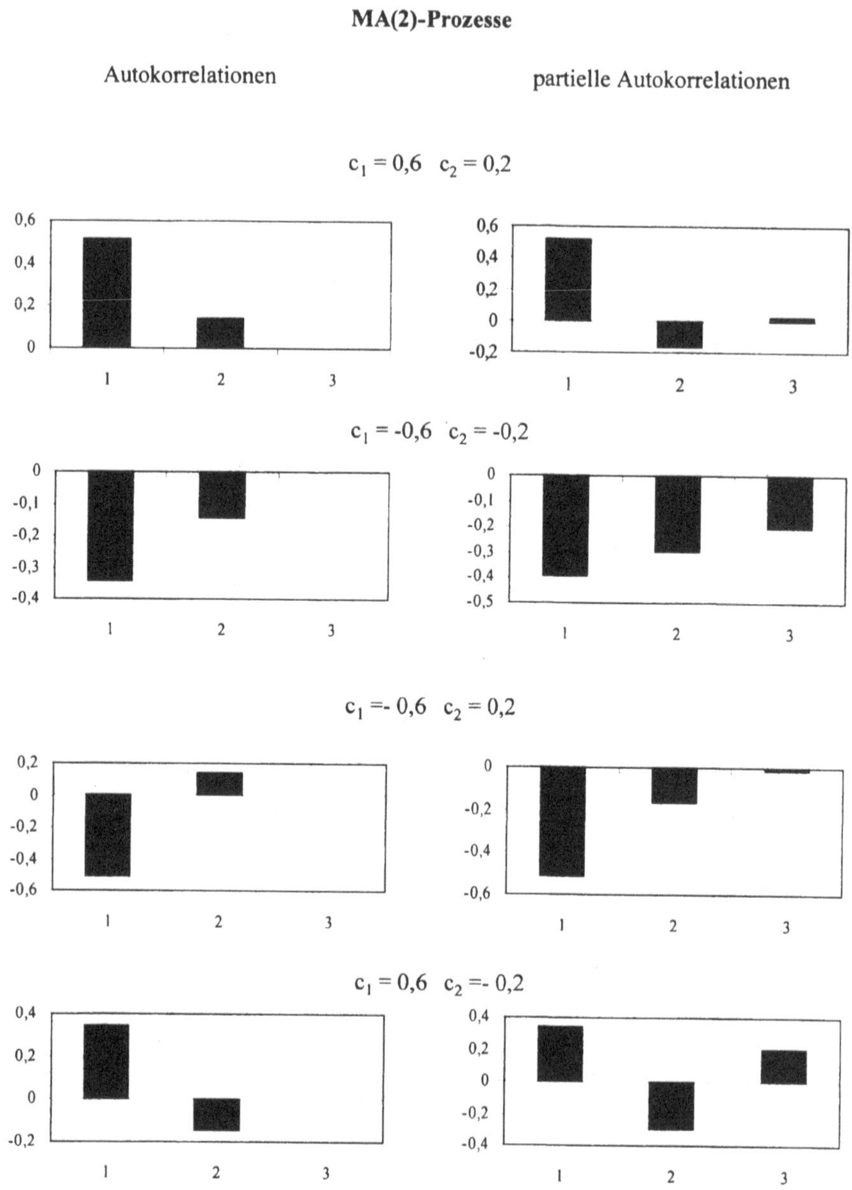

Bild 2.2.3 Korrelogramme von MA-Prozessen zweiter Ordnung

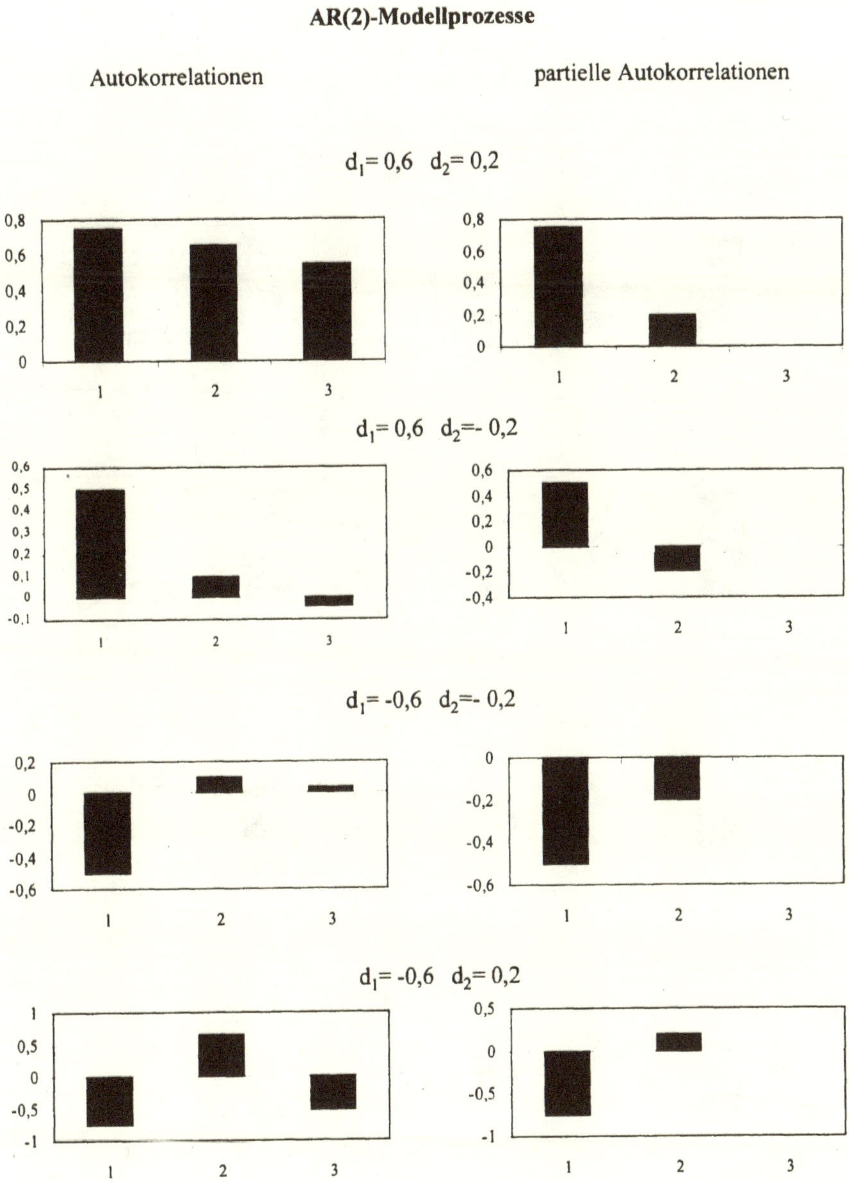

Bild 2.2.4 Korrelogramme von AR-Prozessen zweiter Ordnung

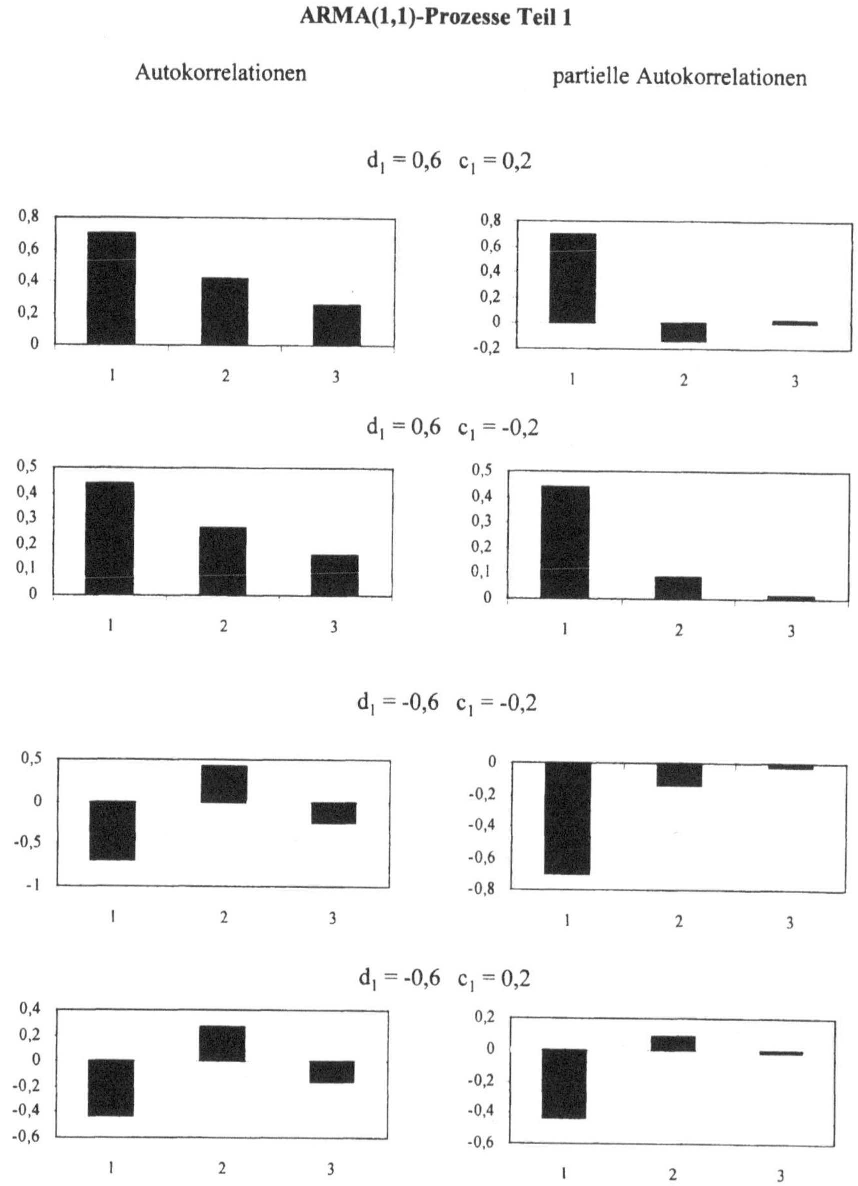

Bild 2.2.5 Korrelogramme von ARMA-Prozessen erster Ordnung (Teil 1)

ARMA(1,1)-Prozesse Teil 2

Autokorrelationen | partielle Autokorrelationen

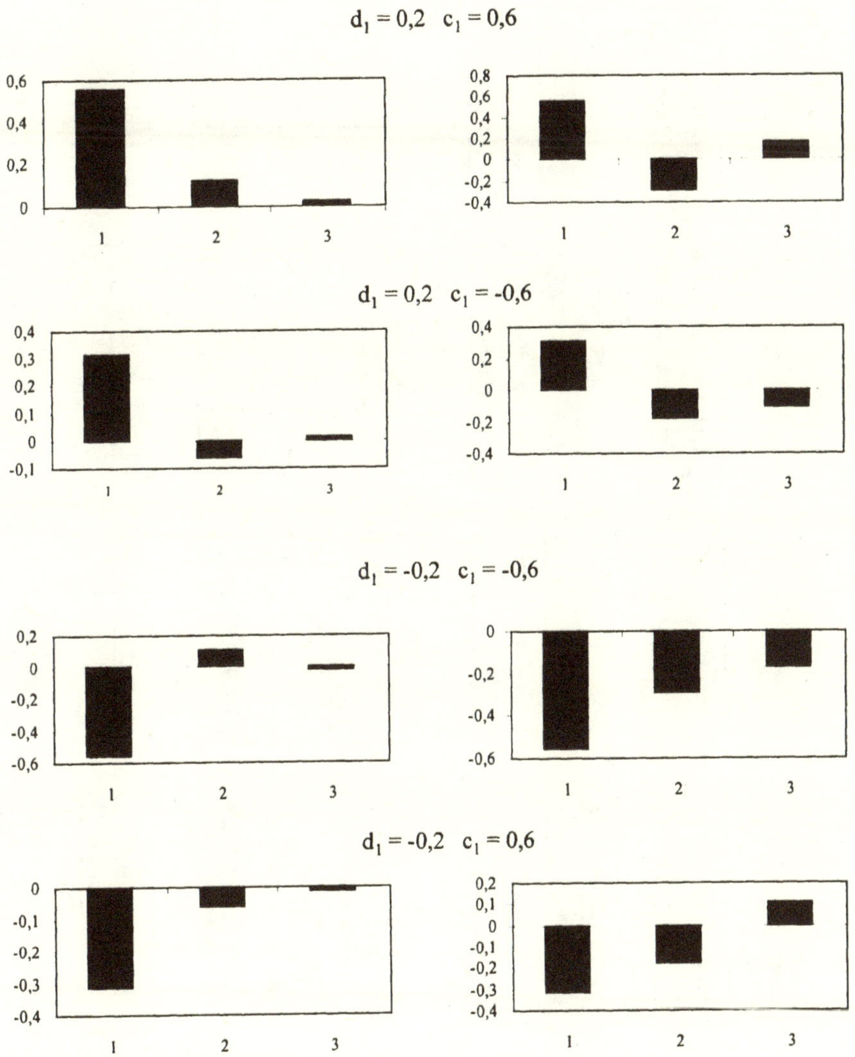

Bild 2.2.6 Korrelogramme von ARMA-Prozessen erster Ordnung (Teil 2)

Die einzelnen Schritte bei der Struktur-Identifikation von Zeitreihen-Modellen zeigt das nachfolgende Struktogramm auf.

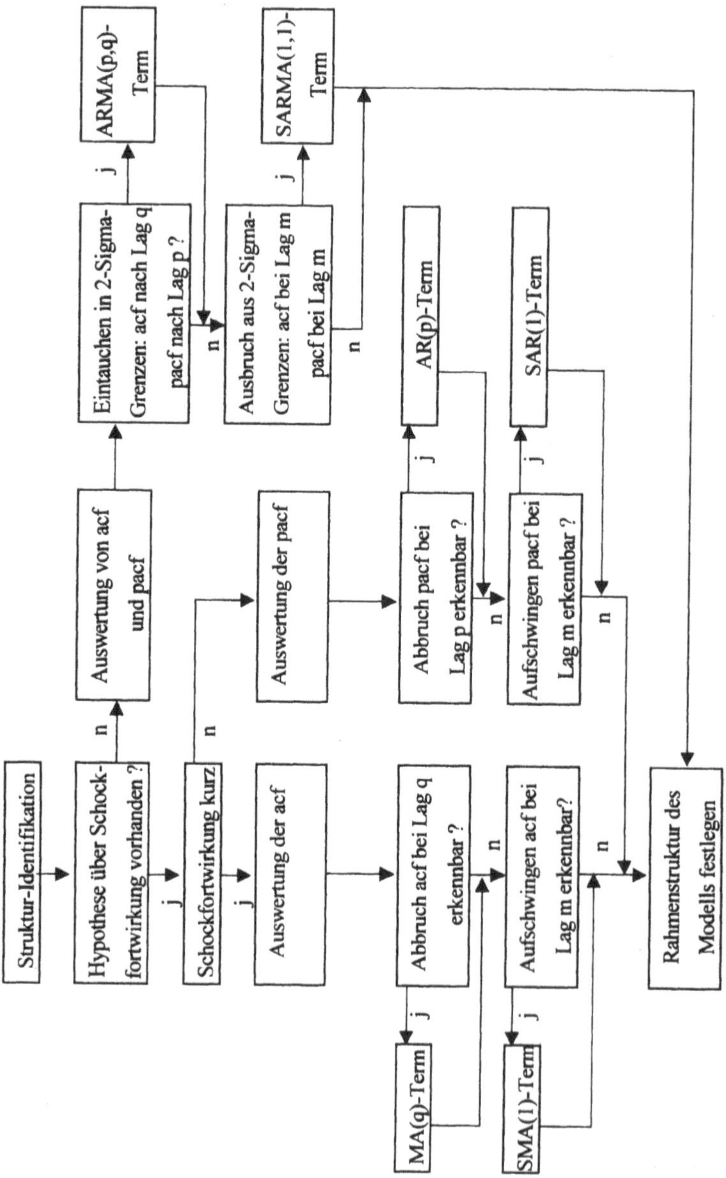

Bild 2.2.7 Struktogramm zur Modell-Identifikation

Soll anhand von Beobachtungen ein stationäres Modell identifiziert werden, sind Korrelogramm und partielles Korrelogramm aus den Daten zu schätzen. Die **Cuts** der Kennfunktionen weisen auf maximale Zeitverzögerungen p in X_t und q in a_t hin. Die umfangreiche Modell-Klasse ARMA(p,q) lässt sich auf diese Weise erheblich eingrenzen. Dabei sind die **2σ-Grenzen** der Korrelationen hilfreich, die sich für normalverteilte Daten ergeben. Das **Eintauchen** in den **Konfidenzschlauch** lässt sich als Cut interpretieren, sofern bei höheren Lags kein dauerhafter Aufschwung zu erkennen ist (siehe Bild 2.2.7).
Die Parameter d_j eines identifizierten AR-Modells werden mit der Methode der kleinsten Quadrate geschätzt. Die Modell-Gleichung

$$X_t = d_0 + d_1 \cdot X_{t-1} + d_2 \cdot X_{t-2} + \ldots + d_p \cdot X_{t-p} + a_t$$

offeriert eine multiple Regression der Zeitreihe x_t auf die zeitverzögerten Beobachtungen $x_{t-\tau}$. Die gesuchten Parameter d_j lassen sich durch Minimierung der Fehler-Quadrat-Summe aus den Normalgleichungen berechnen. Das **Absolutglied** d_0 ist der gewichtete Erwartungswert μ des (schwach stationären) Prozesses

$$d_0 = \mu \cdot (1 - d_1 - d_2 - \ldots - d_p).$$

Die **Schätzsicherheit** für die Modellparameter d_j kann mit Hilfe ihrer **Standardfehler s_j** beurteilt werden. Liegt eine Normalverteilung des Modell-Inputs vor, so lässt sich für vorgegebene Irrtumswahrscheinlichkeit α das Quantil der Student-Verteilung ermitteln, unter dem die Nullhypothese für die Modell-Parameter H_0: $d_j = 0$ nicht verworfen werden kann. Meist wird zum Testwert d_j/s_j gerade die Irrtumswahrscheinlichkeit ausgerechnet, bis zu deren t-Quantil die Nullhypothese nicht verworfen werden kann. Liegt diese Wahrscheinlichkeit unter 5%, so gilt der geschätzte Parameter als „sicher". Liegt sie über 5%, dann unterscheidet sich der Schätzwert für d_j nicht signifikant von Null. Der Parameter und mit ihm die entsprechende Zeitverzögerung können aus dem Modell entfernt werden.
Die **Parameterselektion** wird schrittweise durchgeführt, bis alle Parameter signifikant von Null verschieden sind. Je nachdem, welcher Selektionspfad beschritten wird, können am Ende zwei oder mehr „sicher" geschätzte Modelle übrig bleiben.
Falls ein nochmaliger Blick auf die Korrelogramme keine Klarheit ergibt, ist ein zusätzliches Entscheidungskriterium für den Modellvergleich erforderlich: Eine mögliches Maß für die **Schätzgüte** ist die Varianz der Modellfehler (Residual-Varianz σ_a^2) oder das Verhältnis von Restvarianz zur Gesamtvarianz (Bestimmtheitsmaß R^2). Da der Wert σ_a^2 mit der Anzahl von Parametern fällt, besteht jedoch die Ge-

fahr einer Überparametrisierung des Modells. Wenn ein Modell die Vergangenheit zu akribisch „verinnerlicht“ hat und nicht flexibel genug auf normale Störungen reagieren kann, so vermindert sich seine Prognosegüte. Außerdem verstößt eine Überparametrisierung gegen den Grundsatz der Einfachheit als Voraussetzung für eine plausible Modellinterpretation.

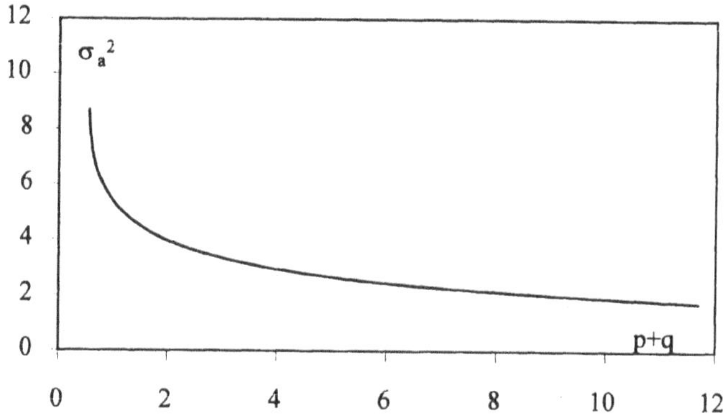

Bild 2.2.8 Restvarianz in Abhängigkeit von der Modellordnung

Um sparsam in der Parameterzahl zu bleiben, wird ein Kompromiss zwischen der Anpassungsgüte und der Parameterzahl anzustreben sein. Ein weitverbreitetes Kompromiss-Kriterium wurde nach seinem Schöpfer Akaike benannt: **AIC (Akaike-Information-Criterium)**:

$$\text{AIC} = n \cdot \ln \sigma_a^2 + 2(p+q) \rightarrow \text{Minimum.}$$

Neben der Anzahl von Beobachtungen n enthält das AIC die durch das Modell nicht erklärbare Varianz (**Restvarianz**) und als sogenannten Straf-Term die doppelte Parameteranzahl. Das AIC neigt dazu, die wahre Modellordnung zu überschätzen. Seine statistischen Eigenschaften sind mäßig (Inkonsistenz). Es liefert jedoch für Reihen mit mehr als 100 Beobachtungen und sparsam parametrisierte Modelle brauchbare Ergebnisse (siehe Schlittgen/Streitberg [1995]).
Für Modelle mit mehr als drei Parametern sollte das Güte-Kriterium von Schwartz-Bayes (**SBC-Wert**[1]) hinzugezogen werden. Es bestraft im Unterschied zum AIC die Parameteranzahl mit dem etwas höheren Gewicht von ln n.

[1] $\text{SBC} = n \ln \sigma_a^2 + \ln n \,(p+q)$

Güte-Kriterien wie AIC oder SBC spielen vorrangig eine Rolle als **Zusatzinformation** und sollten nur dann den Ausschlag geben, wenn zwischen Modellen mit gleicher Anzahl signifikanter Parameter, die auf verschiedenen Selektionspfaden entstanden sind, abzuwägen ist.

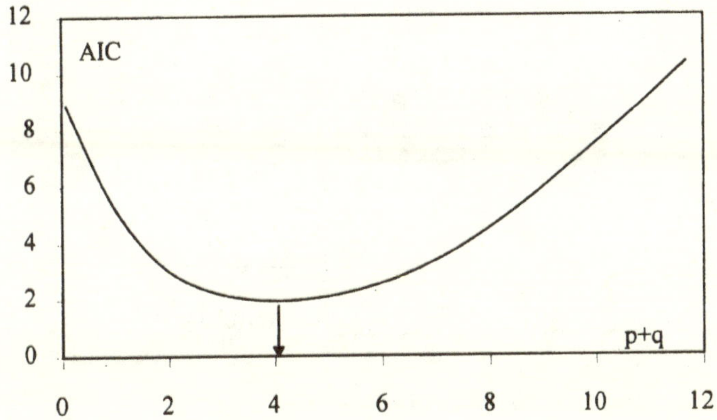

Bild 2.2.9 Wert des AIC in Abhängigkeit von der Modellordnung

Beispiel 2.2.5 Die Zeitreihe des wöchentlichen Zuwachses beim Absatz von Toastbrot einer Großbäckerei in Tsd. Stück zeigt ein unregelmäßiges Auf- und Abschwingen ohne Niveau-Veränderung und ohne saisonale Einflüsse.

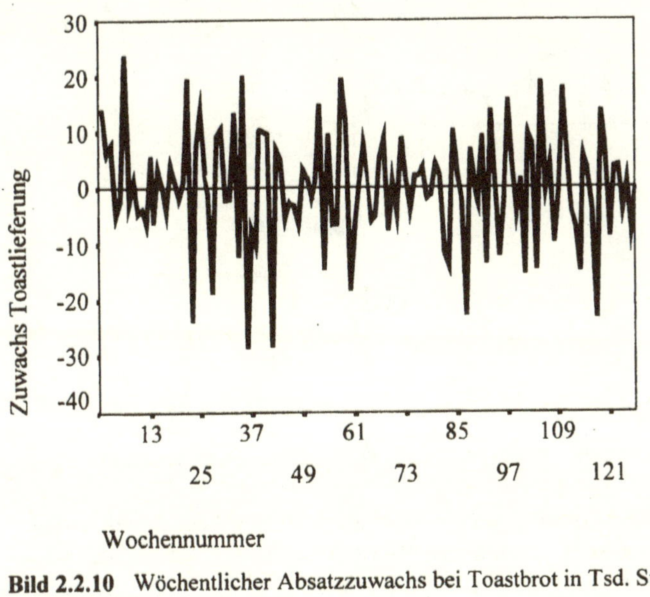

Bild 2.2.10 Wöchentlicher Absatzzuwachs bei Toastbrot in Tsd. Stück

Korrelogramm und partielles Korrelogramm deuten auf einen autoregressiven Prozess der Ordnung 3 hin.

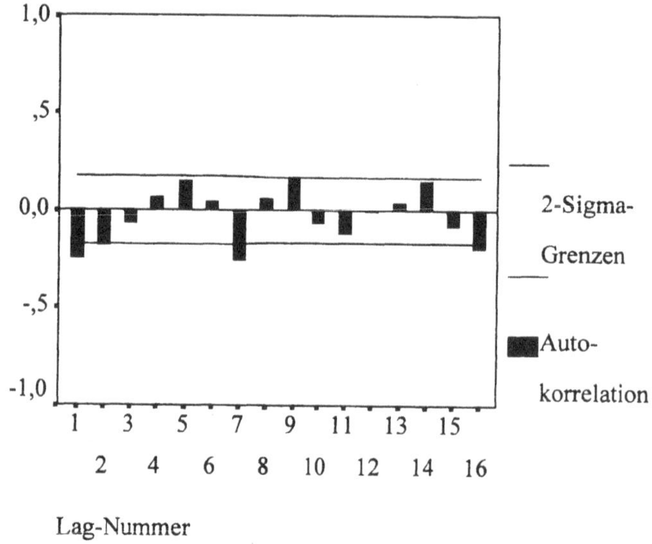

Bild 2.2.11 Korrelogramm zum Bsp. 2.2.5 (Toastbrotabsatz)

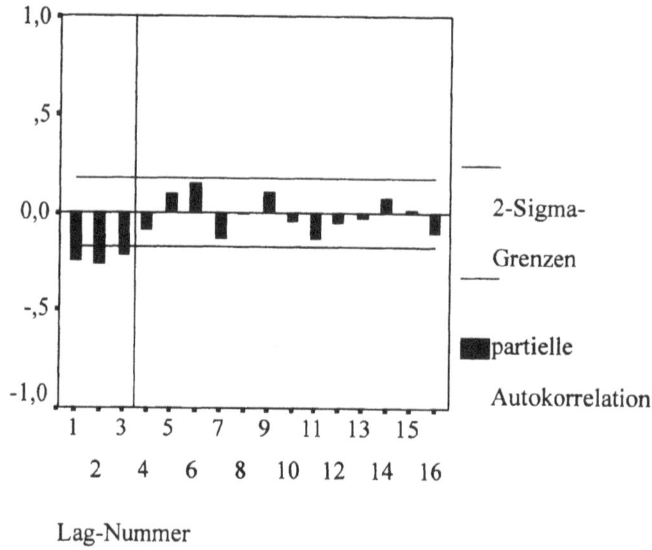

Bild 2.2.12 Partielles Korrelogramm zum Beispiel 2.2.5 (Toastbrotabsatz)

Das identifizierte Modell AR(3) lässt sich ohne Absolutglied sicher schätzen und weist eine Güte von 918,1 im AIC-Wert auf. Eine Modell-Erweiterung auf vier Zeitverzögerungen würde den AIC-Wert leicht erhöhen. Der entsprechende Parameter d_4 im AR(4)-Modell lässt sich zudem nicht mehr sicher schätzen. Die Irrtumswahrscheinlichkeit für den t-Test liegt mit 20,5% deutlich über dem Standardwert von 5%.

Tabelle 2.2.1 Parameterschätzung für ein AR(3)-Modell

Parameter	Schätzung	Standard-abweichung	Testwert der t-Verteilung	Irrtumswahr-scheinlichkeit
d_1	-0,39958188	0,08798259	-4,5416017	0,00001313
d_2	-0,35751941	0,08923439	-4,0065206	0,00010597
d_3	-0,24120036	0,08747432	-2,7573848	0,00671503

Tabelle 2.2.2 Parameterschätzung für ein AR(4)-Modell

Parameter	Schätzung	Standard-abweichung	Testwert der t-Verteilung	Irrtumswahr-scheinlichkeit
d_1	-0,42829359	0,09072559	-4,7207586	0,00000633
d_2	-0,40134747	0,09520925	-4,2154253	0,00004809
d_3	-0,28956346	0,09465725	-3,0590731	0,00272989
d_4	-0,11485947	0,09013695	-1,2742774	0,20498708

Ein Vergleich der AIC-Werte für alle AR-Modelle des Beispiels 2.2.5 von nur einer bis zu fünf Zeitverzögerungen unterstreicht, dass AR(3) **optimal kompliziert** ausfällt. Der SBC-Wert unterstützt diese Modell-Empfehlung nachdrücklich.

Tabelle 2.2.3 AIC-Werte für verschiedene Modell-Ordnungen

Modell	AIC	SBC
AR(1)	931,1	933,9
AR(2)	923,4	929,1
AR(3)	918,1	926,6
AR(4)	918,4	929,8
AR(5)	919,5	933,7

Um Parameter von **ARMA-Modellen** zu schätzen, ist die Methode der kleinsten Quadrate nur unter einschränkenden Bedingungen möglich. Zu diesen Bedingungen gehören eine hinreichend große Anzahl von Beobachtungen n ($n \geq 50$), kleine Modellordnungen (z.B. $p \leq 2$; $q \leq 2$) und Modelle, die nicht am unmittelbaren Rand des Stationaritäts- und Invertibilitätsbereiches liegen. Für ARMA(1,1) müssen beispielsweise die Modellparameter c_1 und d_1 betragsmäßig deutlich kleiner als 1 sein.

Da die Parameter in der AR-Darstellung eines ARMA-Modells nicht linear eingehen, wird mit Hilfe eines **Iterationsverfahrens** geschätzt, dessen Startwerte für die Parameter gesondert zu bestimmen sind. Die Zahl der Iterationen, 2 **Fehlerschranken** für die Residuensumme und die Schätzwerte sind vorzugeben. Darüber hinaus werden nicht beobachtbare **Startwerte** für Schocks a_t und Werte x_t für $t<0$ benötigt. Diese lassen sich mittels **Backforcasting-Technik** erzeugen (siehe Box/Jenkins [1970]).

Das Schätz-Verfahren besteht somit aus drei Stufen:

1) Startwertbestimmung für die Parameter

2) Startwertbestimmung für Schocks und Werte x_t

3) Iterationsalgorithmus mit fortgesetzten kleinste-Quadrate-Schätzungen und Abbruchkriterien.

Die Auswahl unter konkurrierenden Modellen wird wieder durch das AIC-Kriterium gestützt.

Beispiel 2.2.6 Die wöchentlichen Absatzzuwächse einer Ölmühle in Tonnen weisen starke Schwankungen auf.

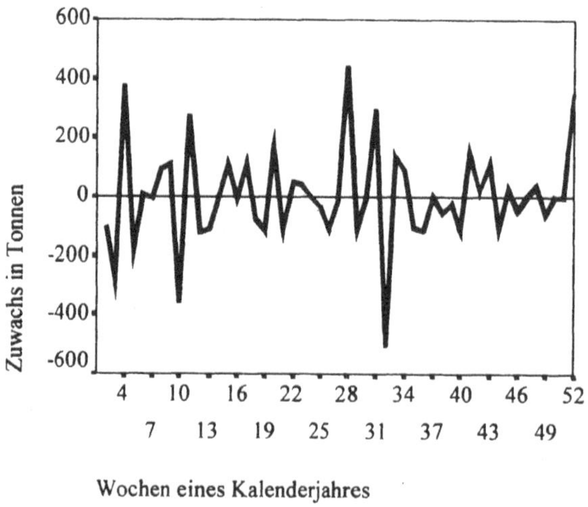

Bild 2.2.13 Wöchentlicher Absatzzuwachs für Speiseöl in t

Ihr Korrelogramm deutet auf ein MA(1)-Modell hin (siehe Bild 2.2.14). Bei der Signifikanzprüfung fällt das Absolutglied sofort heraus. Das Iterationsverfahren zur Schätzung des Modellparameters c_1 startet mit 0,54838 und kommt nach 5 Schritten beim Wert 0,7422 zum Stillstand.

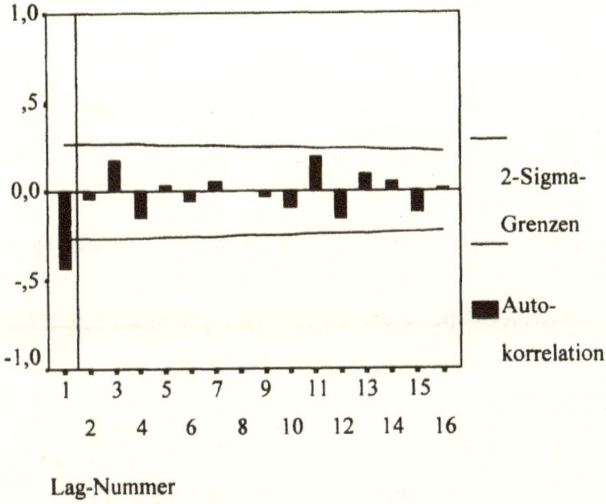

Bild 2.2.14 Korrelogramm zum Bsp. 2.2.6 (Absatz Speiseöl)

Tabelle 2.2.4 Iteration der Schätzung für ein MA(1)-Modell

Iteration	Schätzwert für den Parameter c_1	Residuenquadratsumme
1	0,54834	1015451
2	0,71876	981701
3	0,73349	981180
4	0,73947	981085
5	0,74220	981064

Der Parameter c_2 lässt sich nur mit einer Irrtumswahrscheinlichkeit von 82,4% schätzen und kommt somit nicht in Betracht. Auch das AIC-Kriterium bevorzugt ein MA(1)-Modell gegenüber einem MA(2)-Modell mit 650 zu 652.

2.2.5 Modellüberprüfung

Die Modellfehler (Residuen) müssten bei korrekter Spezifikation „Weißes Rauschen", d.h. unkorreliert und konstant in Erwartungswert und Varianz sein. Diese Eigenschaften lassen sich überprüfen. Die einfachste Möglichkeit besteht in der **Sichtprüfung** des **Residuen-Korrelogramms**. Hilfreich sind dabei die 2-Sigma-Grenzen, in denen bei normalverteilten Residuen die Schätzfehler mit einer Irrtumswahrscheinlichkeit von 5% liegen.

Daneben gibt es zahlreiche Tests der Residuen auf Autokorrelation. Der **Durbin-Watson-Test** gilt dem Korrelationskoeffizienten zum Lag 1 (siehe Rönz [1992]). Die Testgröße ist

$$d = \frac{\sum_{t=2}^{n} (\hat{a}_t - \hat{a}_{t-1})^2}{\sum_{t=1}^{n} \hat{a}_t^2}.$$

Sie wird mit einer auf **Kendall** zurückgehenden Statistik geprüft. Ein Wert d nahe 2 deutet auf Nullkorrelation hin. Ein d-Wert mit $d \approx 0$, spricht für positive, ein d-Wert mit $d \approx 4$ hingegen für negative Korrelation.

Die mit n multiplizierte Summe der Quadrate von Korrelationskoeffizienten bis zu einem Lag k folgt asymptotisch einer Chi-Quadrat-Verteilung mit k-p-q Freiheitsgraden. Der **Portmanteau-Test** von Box/Pierce testet auf **Gültigkeit eines ARMA-Modells** schlechthin. Für ein maximales Lag von 16 und Zeitverzögerungen im AR- und im MA-Teil bis zum Lag 1 muß der Testwert

$$Q = n \cdot \sum_{\tau=1}^{16} r_\tau^2$$

zur Irrtumswahrscheinlichkeit 5% kleiner sein als 23,685. Eine etwas höhere Trennschärfe weist die **modifizierte Box-Pierce-Statistik** [2]

$$Q_* = n \cdot (n+2) \cdot \sum_{\tau=1}^{16} \frac{1}{n-\tau} \cdot r_\tau^2 \cdot$$

auf. Im **Beispiel 2.2.5** (Absatz Toastbrot) können aus dem Korrelogramm der Residuen keine Hinweise auf Autokorrelation entnommen werden, denn alle Werte liegen innerhalb der 2-Sigma-Grenzen.

Die **Durbin-Watson-Statistik** liefert mit

$$d = \frac{20836{,}49}{10295{,}60} = 2{,}024$$

einen Wert von 2,024. Die Nullhypothese für den Korrelationskoeffizienten zum Lag 1 kann somit nicht verworfen werden.

[2] Schlittgen [1995] empfiehlt die modifizierte Box-Pierce-Statistik hauptsächlich für Zeitreihen mit n als 100 Werten.

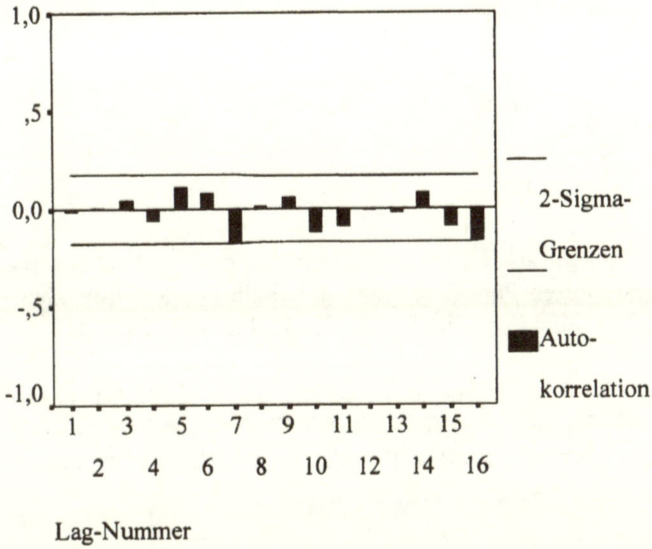

Bild 2.2.15 Korrelogramm der Residuen zum Bsp. 2..2.5 (Absatz Toastbrot)

Die modifizierte **Box-Pierce-Statistik** bis zum Lag 16 ergibt einen Testwert

$$Q_* = 127 \cdot 129 \cdot 0{,}00107 = 17{,}604.$$

Der Vergleichswert 22,362 der **Chi-Quadrat-Verteilung** für das AR(3) - Modell mit 13 = 16 - 3 Freiheitsgraden und einer Irrtumswahrscheinlichkeit von 5% wird nicht übertroffen.

Ein Test auf versteckte Periodizitäten ist mit Hilfe des **kumulierten Periodogramms** möglich. Dabei werden die kumulierten Periodogrammwerte relativ zur Periodogrammsumme berechnet

$$RCI(k) = \frac{\sum_{j=1}^{k} I(f_j)}{\sum_{j=1}^{n/2} I(f_j)}$$

und als y- Werte über den Lags k bezogen auf n/2, den x-Werten, grafisch dargestellt. Die Konfidenzgrenzen lassen sich aus einer empirisch ermittelten Vergleichsgröße V (Testwert) für eine Irrtumswahrscheinlichkeit α

$$V = \frac{\sqrt{-\frac{1}{2}\ln\frac{\alpha}{2}}}{\sqrt{\frac{n}{2}-1}+0{,}2+\frac{0{,}68}{\sqrt{\frac{n}{2}-1}}} - \frac{0{,}4}{\frac{n}{2}-1}.$$

Das Intervall entsteht aus $y^o_k = x_k + V$ bzw. $y^u_k = x_k - V$. Wenn die Kurve des kumulierten Periodogramms innerhalb des Konfidenzbandes verläuft, sind keine Periodizitäten in den Residuen enthalten.

Im **Beispiel 2.2.5** ergibt sich bei $\alpha = 0{,}05$ der Wert 0,1391 für V. Das kumulierte Periodogramm verbleibt innerhalb des Konfidenzbandes. Damit sind keine periodischen Einflüsse in den Residuen erkennbar.

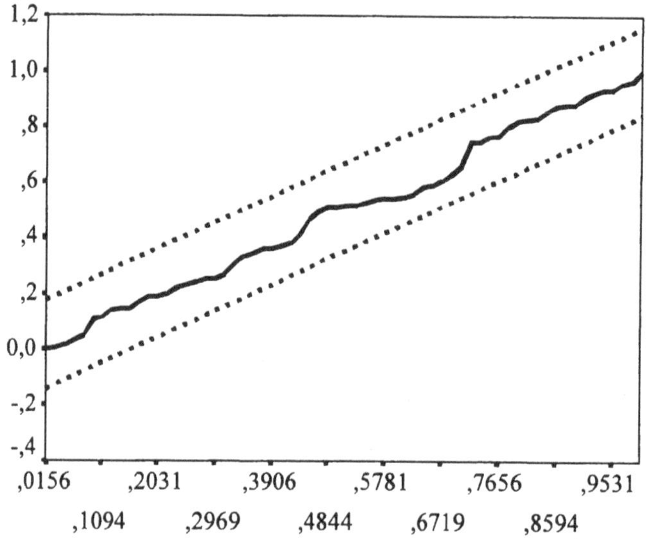

Bild 2.2.16 Kumuliertes Periodogramm zum Bsp. 2.2.5 (Absatz Toastbrot)

Eine Überprüfung auf **Stationarität** und **Invertibilität** kann über die Nullstellen der Operatorpolynome geschehen.

Im **Beispiel 2.2.5** sind die Lösungen der Gleichung dritten Grades

$$z^3 + 0{,}3996 \cdot z^2 + 0{,}358 \cdot z + 0{,}241 = 0$$

zu bestimmen. Die zugehörige kubische Funktion hat mindestens eine reelle Nullstelle, die sich durch Einschachteln eines Vorzeichenwechsels bei –0,5485 lokalisieren lässt. Wird die Gleichung durch den entsprechenden Linearfaktor z + 0,5485 dividiert, ergibt sich

$$z^2 - 0{,}1489 \cdot z + 0{,}4397 = 0$$

mit den konjugiert komplexen Lösungen $z_{2/3} = 0{,}074 \pm 0{,}659 \cdot i$, deren Betrag mit 0,4396 ebenso wie der von z_1 kleiner als 1 ausfällt.
Für die Berechnung von Nullstellen autoregressiver Modelle mit mehr als drei Zeitverzögerungen sei auf das Softwarepaket **Mathematica** hingewiesen.

Mitunter erweist sich eine identifizierte Modell-Struktur als überparametrisiert (**Redundanz**). Eine einfache Überprüfung auf sparsame Parametrisierung besteht darin, die Strukturen auf beiden Seiten der Modellgleichung zu vergleichen. Wenn die Parameter eines saisonalen AR-Terms auf der linken Seite und eines saisonalen MA-Terms auf der rechten Seite von jeweils erster Ordnung übereinstimmen, so sollte gekürzt und auf beide verzichtet werden. Das gilt auch für nichtsaisonale Strukturen mit nahezu identischen Faktoren.
Ob das letztlich favorisierte Modell die gewünschte Prognosegüte erreichen kann, lässt sich aus den bisher gewonnenen Erkenntnissen noch nicht ableiten. Dazu sind die Verlaufsformen von Punkt- und Intervall-Prognosen und die Fehler von Vergleichs-Prognosen am aktuellen Rand auszuwerten.
Eine **Zusammenfassung** der Modellbildung im stationären Fall gibt das Struktogramm im Bild 2.2.17.

2.2.6 Übungen und Kontrollfragen

Aufgabe 2.2.1 Gegeben seien folgende stochastische Prozesse

$X_t = 1{,}5 + a_t - 0{,}6 \cdot a_{t-1} + 0{,}2 \cdot a_{t-2}$ mit $a_t \sim N.V.(0;0{,}25)$

$X_t = 0{,}3 + 0{,}5 \cdot X_{t-1} + a_t$ mit $a_t \sim N.V.(0{,}2)$

$X_t = 0{,}5 \cdot X_{t-1} + 0{,}1 \cdot X_{t-2} + a_t$ mit $a_t \sim N.V.(1{,}1)$.

- Welche Prozesse sind stationär?
- Bestimmen sie die Erwartungswerte und die Varianzen der ersten beiden Prozesse.

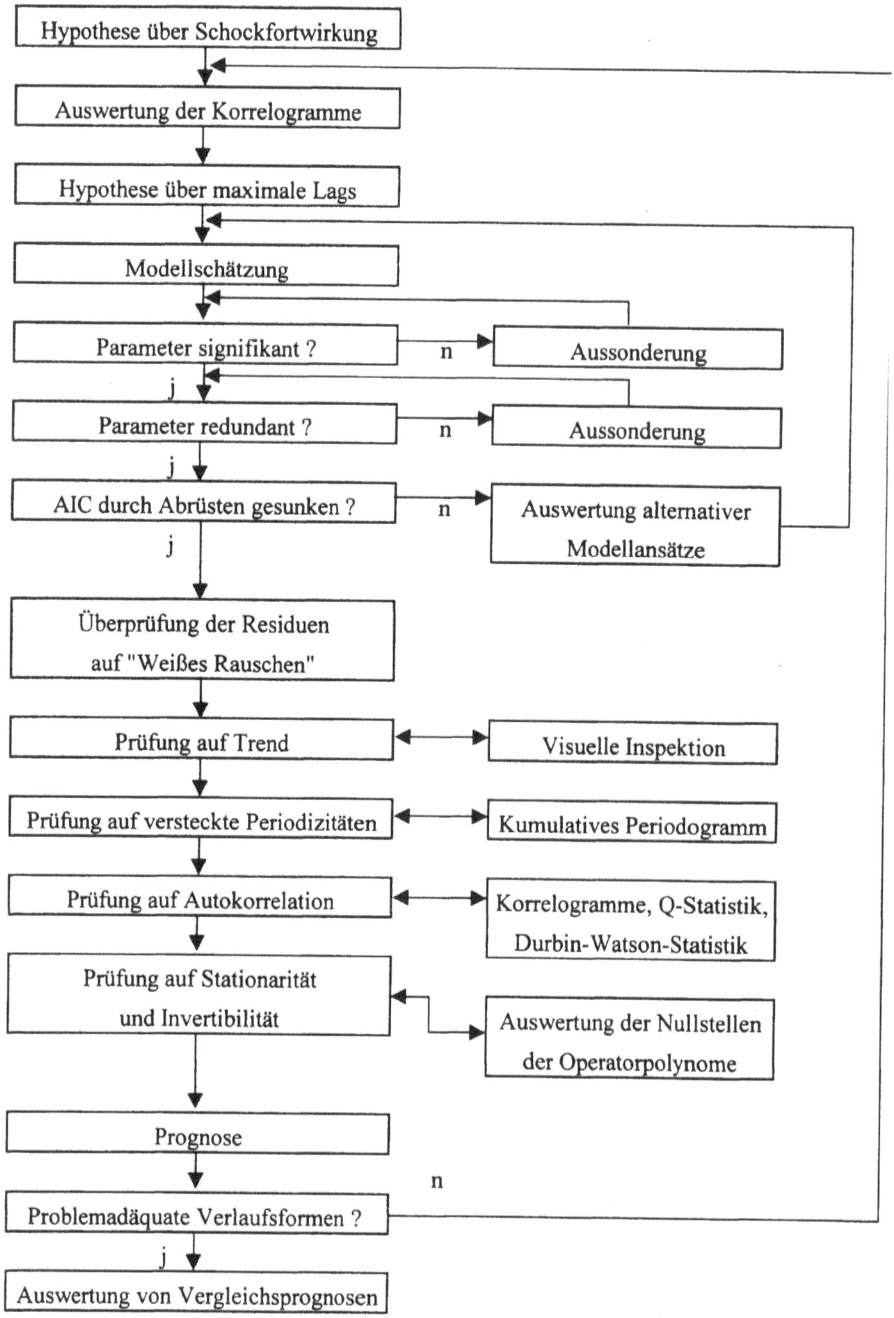

Bild 2.2.17 Struktogramm zur Modellierung von Zeitreihen mittels stationärer Prozesse

Aufgabe 2.2.2 Zeigen Sie, dass die beiden MA-Prozesse

$$X_t = a_t - 1/3 \cdot a_{t-1} \quad \text{und} \quad X_t = a_t - 3 \cdot a_{t-1}$$

mit $a_t \sim$ N.V.(0,1) in den Autokorrelationen übereinstimmen.

Aufgabe 2.2.3 Berechnen Sie jeweils für Lag 1 – 3 die Autokorrelationen der Prozesse

$$X_t = 0{,}5 \cdot X_{t-1} + 0{,}2 \cdot X_{t-2} + a_t \qquad X_t = a_t - 0{,}6 \cdot a_{t-1} - 0{,}2 \cdot a_{t-2}$$

$$X_t = 0{,}7 \cdot X_t + a_t - 0{,}3 \cdot a_{t-1}.$$

- Prüfen Sie auf Stationarität.
- Skizzieren Sie den weiteren tendenziellen Verlauf der Autokorrelationsfunktion.
- Was ändert sich, wenn die Vorzeichen der Koeffizienten vertauscht werden?

Aufgabe 2.2.4 Ermitteln Sie die MA-Darstellungen bis zum Lag 4 für die drei folgenden Prozesse

$$X_t = 0{,}5 \cdot X_{t-1} + a_t \ ; \ X_t = 0{,}7 \cdot X_{t-1} + a_t - 0{,}3 \cdot a_{t-1} \ ; \ X_t = 2 + 0{,}9 \cdot X_{t-1} + a_t$$

a) durch fortgesetztes Einsetzen und
b) mittels Division der Lag-Operator-Terme.

Aufgabe 2.2.5 Leiten Sie die MA-Darstellung für den AR(2)-Prozess aus Aufgabe 2.2.2 bis zum Lag 4 her. Welche Tendenz der Koeffizienten ist zu erkennen?

Aufgabe 2.2.6 Bestimmen Sie die Modellparameter für AR-Prozesse mit den folgenden Autokorrelationen r_j:

Prozess	r_1	r_2	r_3	r_4	r_5
1	0,33	0,11	0,037	0,012	
2	0,9	0,84	0,78		
3	0,53	-0,26	-0,61	-0,34	
4	-1/2	1/4	-1/8	1/16	-1/32

- Bestimmen Sie ferner den Prozess mit der Autokovarianzfolge 0,5 –0,33 0,12 0 0 0... und der Rauschvarianz 1.

Aufgabe 2.2.7 Eine Familie von ARMA(1,1)-Prozessen habe folgende Autokorrelationen:

Prozess	r_1	r_2	r_3
1	0,4	0,32	0,256
2	0,8	0,64	0,512
3	0,887	0,71	0,568

Skizzieren Sie die Zeitverläufe und geben Sie die Modellgleichungen an.

Aufgabe 2.2.8 (PC-Labor) Identifikation von ARMA-Prozessen

1) Simulieren Sie folgende ARMA-Prozesse mit SPSS und EXCEL, wobei „Weißes Rauschen" mit N.V.(0,2), der Startpunkt für den Prozess 1 und als Startpunkt für die Rauschfolge 0 zu wählen ist:

a) AR(1) mit Koeffizient 0,6
b) AR(2) mit Koeffizienten 0,7 und -0,3
c) MA(1) mit Koeffizient -0,5
d) MA(2) mit Koeffizienten 0,5 und -0,3
e) ARMA(1,1) mit Koeffizienten 0,7 und 0,5.

2) Stellen Sie diese Prozesse grafisch dar.

3) Identifizieren Sie die simulierten ARMA-Prozesse.

4) Werten Sie die Muster der Autokorrelations- und der partiellen Autokorrelationsfunktion aus.

5) Schätzen Sie die Modelle mit und ohne Absolutglied. Überprüfen Sie die Schätzsicherheit des Absolutgliedes.

Überprüfen Sie folgende Aussagen:

1) Jeder ARMA-Prozess ist schwach stationär.

2) Ein MA(1)-Prozess ist ein Normal-Prozess, sofern das „Weiße Rauschen" $\{a_t\}$ für jedes t einer Normalverteilung genügt.

3) Der saisonale AR-Prozess ist instationär.

4) Das AIC-Kriterium steigt, wenn die Zahl der Modell-Parameter erhöht wird.

2.3 Instationäre stochastische Prozesse

Je nach Art der Zeitabhängigkeit wird zwischen

- Erwartungswert-Instationarität,
- Varianz-Instationarität und
- Kovarianz-Instationarität

unterschieden. Zeitvariable Erwartungswerte treten insbesondere bei trendbehafteten Zeitreihen auf. Die Varianz variiert bei Kursreihen für Aktien und Rentenpapiere. Zeitvariable Autokorrelation ist bei schwellwertabhängigen Prozessen, wie z. B. dem Getränkekonsum zu verzeichnen, der ab einer gewissen Temperaturschwelle explodiert. Jedes dieser Phänomene ist gesondert zu modellieren und hat spezifische Auswirkungen auf die Prognoseeigenschaften des Modellprozesses. Besonders schwierig wird es, wenn mehrere Arten von Instationarität zusammentreffen. Für alle nachfolgend behandelten Beispiele seien normalverteilte Residuen a_t mit Erwartungswert 0 und Varianz σ_a^2 vorausgesetzt.

2.3.1 Prozesse mit zeitabhängigem Erwartungswert

Beispiel 2.3.1 Verrauschte Gerade (**Trendstationärer Prozess**)

$$X_t = b_0 + b_1 \cdot t + a_t$$

Der Erwartungswert ist zeitvariabel, die Varianz hingegen zeitkonstant. Berechnung von Erwartungswert und Varianz ergibt

$$E(X_t) = b_0 + b_1 \cdot t \quad \text{und} \quad Var(X_t) = \sigma_a^2.$$

Eine grafische Darstellung ist in Bild 2.3.1 zu sehen.

Beispiel 2.3.2 Verrauschte Schwingung mit einer Amplitude b und einer Frequenz f = 1/2 (**Harmonischer Prozess**)

$$X_t = b \cdot \cos(\pi \cdot t) + a_t$$

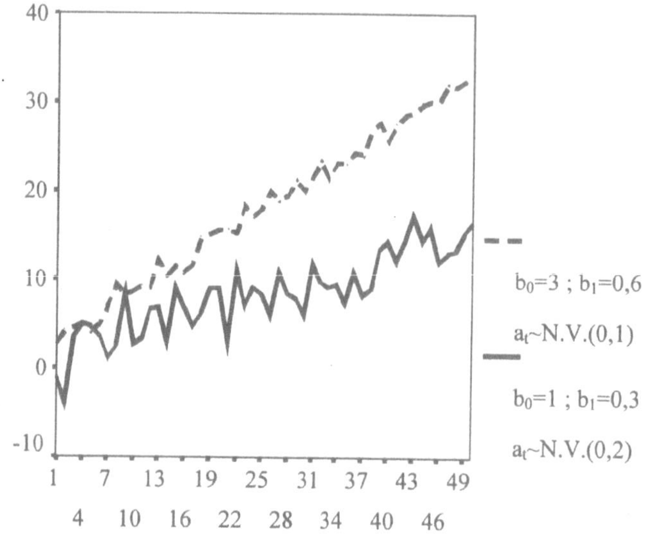

Bild 2.3.1 Trendstationäre Prozesse mit verschiedenen Anstiegen und Rauschvarianzen

Auch beim harmonischen Prozess hängt nur der Erwartungswert von der Zeit t ab, denn es gilt

$$E(X_t) = b \cdot \cos(\pi \cdot t) \quad \text{und} \quad Var(X_t) = \sigma_a^2 .$$

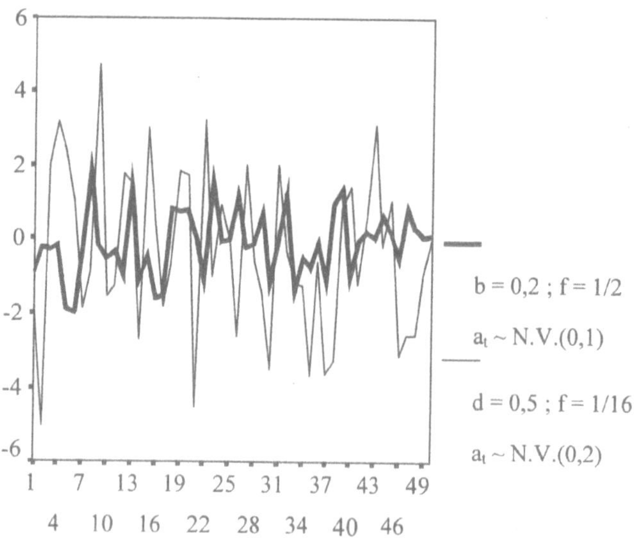

Bild 2.3.2 Harmonische Prozesse mit verschiedenen Frequenzen und Rauschvarianzen

2.3.2 Prozesse mit zeitabhängiger Varianz

Beispiel 2.3.3 Summation von Schocks (**Random Walk**)

$$X_t = X_{t-1} + a_t \quad \text{mit} \quad X_0 = 0$$

Der Erwartungswert ist zeitkonstant, die Varianz hingegen zeitvariabel. Die Berechnung führt auf

$$E(X_t) = 0 \quad \text{und} \quad \text{Var}(X_t) = t \cdot \sigma_a^2.$$

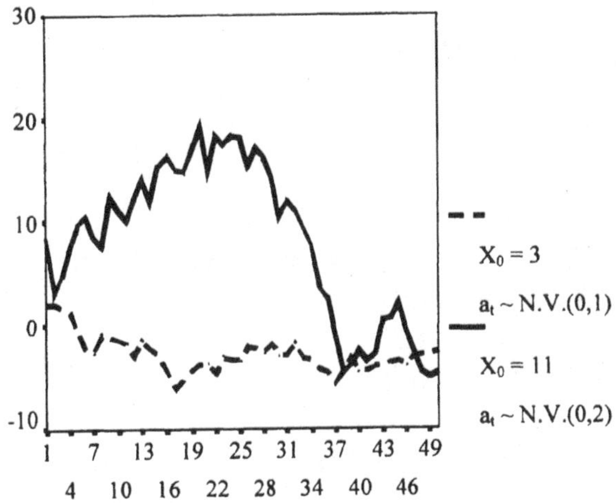

Bild 2.3.3 Random Walks mit verschiedenen Startpunkten und Rauschvarianzen

Beispiel 2.3.4 Summation von Schocks über eine Saison von m Perioden hinweg (**Saisonaler Random Walk**)

$$X_t = X_{t-m} + a_t \quad \text{mit} \quad X_0 = 0 \quad \text{und} \quad a_0 = 0$$

Auch bleibt der Erwartungswert zeitlich konstant, während sich die Varianz mit der Zeit verändert, denn es gilt offenbar

$$E(X_t) = 0 \quad \text{und} \quad \text{Var}(X_t) = \frac{t}{m} \cdot \sigma_a^2 \quad \text{, falls} \quad t = k \cdot m.$$

Eine grafische Darstellung zeigt das folgende Bild 2.3.4.

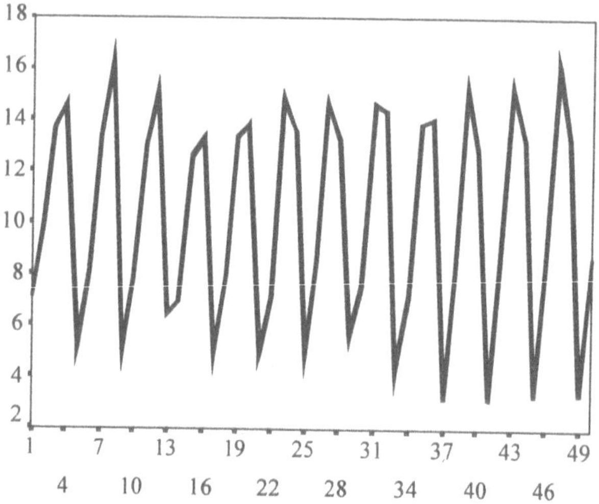

Bild 2.3.4 Saisonaler Random Walk mit a_t ~N.V.(0,1)

2.3.3 Prozesse mit zeitabhängigem Erwartungswert und zeitabhängiger Varianz

Beispiel 2.3.5 Summation von Schocks mit Zuschlag α (**Random Walk mit Drift**)

$$X_t = \alpha + X_{t-1} + a_t \quad \text{mit} \quad X_0 = 0$$

Hier hängen sowohl der Erwartungswert als auch die Varianz von der Zeit ab. Es gilt

$$E(X_t) = t \cdot \alpha \quad \text{und} \quad Var(X_t) = t \cdot \sigma_a^2.$$

Beispiel 2.3.6 Summation von Schocks über eine Saison von m Perioden hinweg mit Zuschlag α (**Saisonaler Random Walk mit Drift**)

$$X_t = \alpha + X_{t-m} + a_t \quad \text{mit} \quad X_0 = 0$$

Es ergeben sich ein zeitabhängiger Erwartungswert und eine zeitabhängige Varianz mit

$$E(X_t) = \frac{t}{m} \cdot \alpha \quad \text{und} \quad Var(X_t) = \frac{t}{m} \cdot \sigma_a^2 \quad \text{, falls} \quad t = k \cdot m.$$

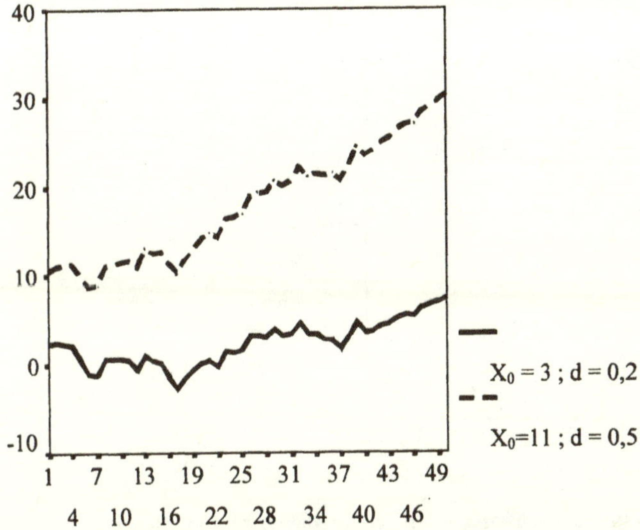

Bild 2.3.5 Random Walks mit verschiedenen Startpunkten und Driften

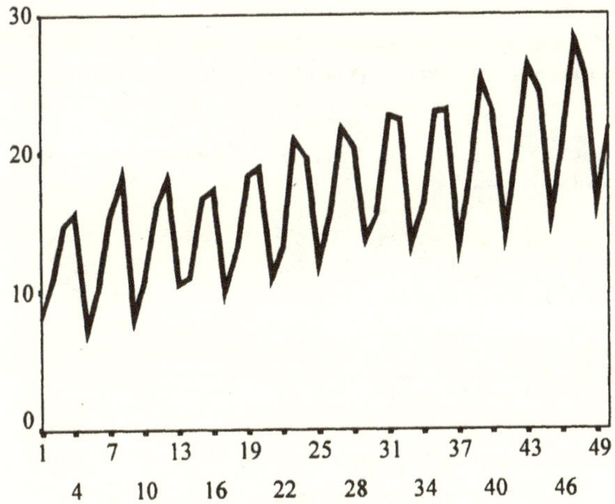

Bild 2.3.6 Saisonaler Random Walk mit Drift 1

Beispiel 2.3.7 Summation eines MA(1)-Prozesses mit Absolutglied (**Integrierter MA-Prozess**)

$$X_t = Y_t + Y_{t-1} + \ldots + Y_1 \quad \text{und} \quad Y_t = d_0 + a_t + c_1 \cdot a_{t-1}$$

Eine grafische Darstellung zeigt das folgende Bild 2.3.7.

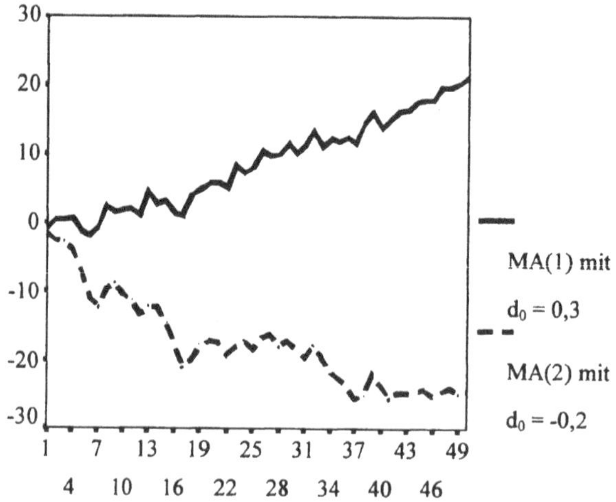

Bild 2.3.7 Kumulierte MA-Prozesse mit verschiedenen Absolutgliedern

Erwartungswert und Varianz des integrierten MA-Prozesses sind zeitabhängig, denn

$$E(X_t) = t \cdot d_0 \quad \text{und} \quad Var(X_t) = \left(t + (t-1) \cdot c_1^2\right) \cdot \sigma_a^2.$$

Falls der Startwert d_0 gleich 0 ist, wird der Prozess allerdings stationär hinsichtlich der Erwartungswertes.

Beispiel 2.3.8 Summation eines stationären AR(1)-Prozesses mit Absolutglied (**Integrierter AR-Prozess**)

$$X_t = Y_t + Y_{t-1} + \ldots + Y_1 \quad \text{und} \quad Y_t = d_0 + d_1 \cdot Y_{t-1} + a_t$$

Die Berechnung des Erwartungswertes und der Varianz mittels geometrischer Summenformel führt bei hinreichend großem t auf

$$E(X) = \frac{d_0 \cdot t}{1 - d_1} - \frac{d_0 \cdot d_1}{(1 - d_1)^2}$$

$$Var(X) = \frac{t}{(1 - d_1)^2} + \frac{(d_1 + 2) \cdot d_1}{(1 - d_1)^3 \cdot (1 + d_1)}.$$

Eine grafische Darstellung ist dem folgenden Bild 2.3.8 zu entnehmen.

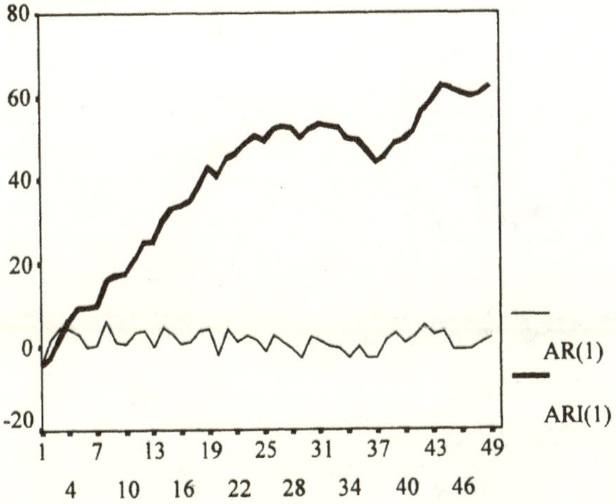

Bild 2.3.8 AR(1)Prozess mit d_0 = 1,3 und zugehöriger Summenprozess

Durch Integration von stationären ARMA-Prozessen entstehen ebenfalls stationäre Prozesse. Die üblich Abkürzung für einen summierten ARMA-Prozess lautet **ARIMA**, wobei das I für „Integration" (Synonym für Summation) steht.

2.3.4 Prozesse mit zeitvariabler Autokorrelationsstruktur

Ein typischer Fall für zeitvariable Autokorrelation stellen schwellwertabhängige Prozesse dar. Insbesondere gibt es für die **Schwellwert-Autoregression** (TAR) zahlreiche Anwendungen. Der Buchstabe T steht in der Kurzbezeichnung für Threshold (Schwelle).

Beispiel 2.3.9 Der tägliche Absatz alkoholfreier Getränke hängt wesentlich von der Tagesdurchschnittstemperatur ab (siehe Bild 2.3.9). Bei normaler Witterung mit einem Temperaturdurchschnitt bis unter 23°C lässt sich der Absatz durch eine Autoregression erster Ordnung beschreiben. Bei Durchschnittstemperaturen über 25°C folgt der Absatz hingegen einem AR-Modell höherer Ordnung (siehe Götze [1990]). Die Schwelle 23°C markiert den Wechsel des Korrelationsmusters.

Zur Modellierung zeitvariabler Korrelationsmuster werden spezielle Spezifikations-Techniken genutzt, die in der einschlägigen Fachliteratur nachzulesen sind (vgl. Tong [1983]).

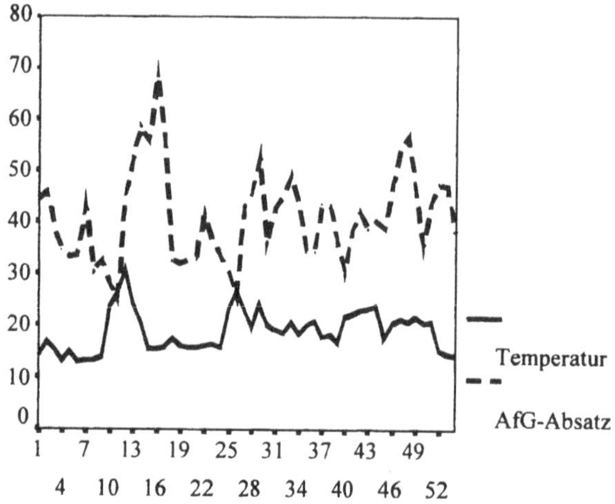

Bild 2.3.9 Tagesabsatz von alkoholfreien Getränken in Abhängigkeit von der Durchschnittstemperatur

2.3.5 Identifikation des Typs der Instationarität

Wenn lediglich der Erwartungswert zeitabhängig und z.B. ein Trend zu verzeichnen ist, kann durch Sichtprüfung, Bildung einfacher Differenzen und erneute Sichtprüfung die Trendordnung meist ermittelt werden. Ein solches Vorgehen ist bei polynomialem Trend zumindest immer erfolgreich. In anderen Fällen muss geeignet transformiert werden. Mit Hilfe von Referenzlinien lässt sich ein evtl. noch vorhandener Resttrend meistens identifizieren (siehe Kapitel 1.4). Analog ist bei starrer Saison zu verfahren.

Schwieriger ist allerdings das Phänomen einer zeitvariablen Varianz zu erkennen. So ist beispielsweise zwischen einem AR(1)-Prozess mit Absolutglied und einem Gewicht nahe 1 und einem Random Walk zumindest optisch kein Unterschied festzustellen (siehe Bild 2.3.11). Die Autokorrelationsfunktionen und partiellen Autokorrelationsfunktionen unterscheiden sich ebenfalls nicht.

Die Entscheidung zwischen stationärem oder instationärem Verhalten, welche auch für die Prognose außerordentlich wichtig ist, kann oft nur über statistische Testverfahren (**Einheitswurzel-Tests**) getroffen werden. Die Vergleichswerte dieser Tests unterscheiden sich von denen des gewöhnlichen t-Tests (siehe Tabelle 2.3.2). Je nach Modell sind andere Teststatistiken zu verwenden.

Tabelle 2.3.1 Modell-Empfehlung mit Hilfe von Einheitswurzel-Tests nach Fuller

Test	Tau - Test	Tau α - Test	Tau β - Test	t - Test
Modell-Ansatz	$(1 - B) X_t = (d - 1) \cdot X_{t-1} + a_t$	$(1 - B) X_t = \alpha + (d - 1) \cdot X_{t-1} + a_t$	$(1 - B) X_t = \alpha + \beta \cdot t + (d - 1) \cdot X_{t-1} + a_t$	$(1 - B) X_t = \alpha + a_t$
Null-Hypothese	$d = 1$	$(\alpha, d) = (0, 1)$	$(\alpha, \beta, d) = (0, 0, 1)$	$\alpha = 0$
Modell-Empfehlung	Random Walk	Random Walk	Random Walk	Random Walk
Alternativ-Hypothese	$\lvert d \rvert < 1$	$\alpha \neq 0$ und $\lvert d \rvert < 1$	$\beta \neq 0$ und $\lvert d \rvert < 1$	$\alpha \neq 0$
Modell-Empfehlung	AR(1)-Prozess ohne Absolutglied	AR(1)-Prozess mit Absolutglied	trendstationärer Prozess	Random Walk mit Drift

Tabelle 2.3.2 Kritische Werte zur Irrtumswahrscheinlichkeit 5% für verschiedene Zeitreihenlängen

n	Tau - Test	Tau α - Test	Tau β - Test	t - Test
25	-1,95	-3,00	-3,60	2,06
50	-1,95	-2,93	-3,50	2,00
100	-1,95	-2,89	-3,45	1,98
200	-1,95	-2,88	-3,43	1,96

Es empfiehlt sich, zunächst auf die Einheitswurzel (Varianzinstationarität) und dann auf den Drift (Trendstationarität) zu testen.
Die Einheitswurzel-Tests sind recht anfällig gegen Ausreißer. Die Zeitreihe sollte daher besonders aufmerksam auf extreme Werte untersucht und vorbehandelt werden.

Beispiel 2.3.10 Der Dow-Jones-Index des Jahrs 1997 verläuft wie ein typischer Random Walk. Der Grafik nach könnte ein Drift vorliegen.

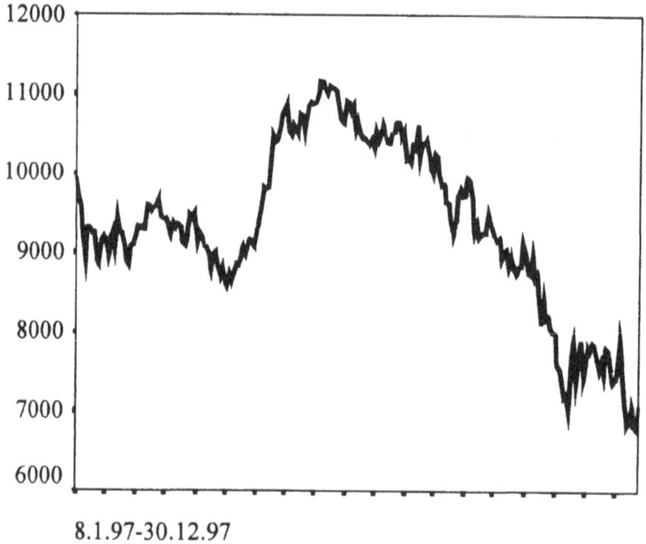

Bild 2.3.10 Dow-Jones-Index am Ende eines Börsentages

Um sicher zu gehen, wird an die erste Differenz ein AR(1)-Prozess ohne Absolutglied

$$(1 - B)\,X_t = d_1 \cdot X_{t-1} + a_t$$

angepasst Als Schätzwert ergibt sich –0,0838. Die Nullhypothese kann für ca. 200 Werte bei einer Irrtumswahrscheinlichkeit von 5% nicht verworfen werden, denn nach der Tau – Statistik liegt der Schätzwert für $d_1 = d - 1$ über dem Vergleichswert von –1,95. Alsdann wird auf die Struktur „Random Walk mit Absolutglied“

$$(1 - B)\,X_t = d_0 + a_t$$

getestet. Der Schätzwert des Absolutgliedes d_0 ist –11,6927. Der t-Test verwirft die Nullhypothese erst auf einem Irrtumsniveau von 31,2%. Demzufolge ist ein Random Walk ohne Absolutglied als Modell zu empfehlen, d.h.

$X_t = X_{t-1} + a_t$.

Dieser Prozess besitzt einen zeitkonstanten Erwartungswert und eine zeitvariable Varianz.

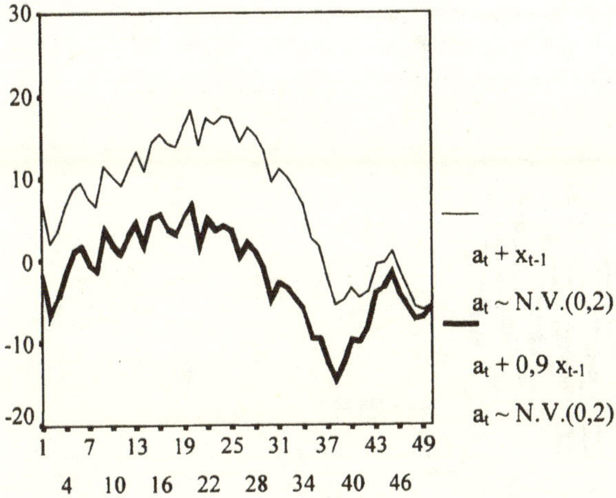

Bild 2.3.11 Random Walk und AR(1)Prozess mit $d_1 = 0{,}9$

Auch die Unterscheidung zwischen einem trendstationären Prozess und einem Random Walk mit Drift kann kompliziert werden.

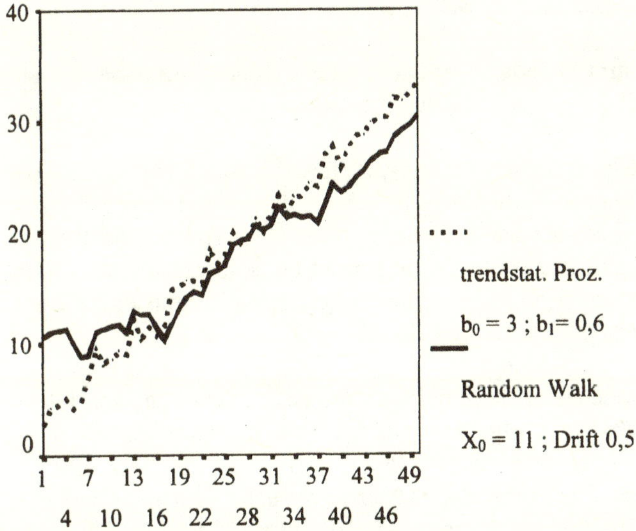

Bild 2.3.12 Trendstationärer Prozess und Random Walk mit Drift

Bei beiden Prozessen variieren die Erwartungswerte in der Zeit. Beim Random Walk ändert sich zusätzlich aber auch die Varianz mit der Zeit. Ist die Varianzdynamik des Random Walks nur schwach ausgeprägt, dann lässt die optische Prüfung keine Unterscheidung mehr zu.

Die Differenzierung zwischen saisonalem Random Walk mit und ohne Drift kann ebenfalls schwierig werden. Auch hier zeigt sich, dass der Sichtprüfung vor allem bei zeitvariabler Varianz Grenzen gesetzt sind.

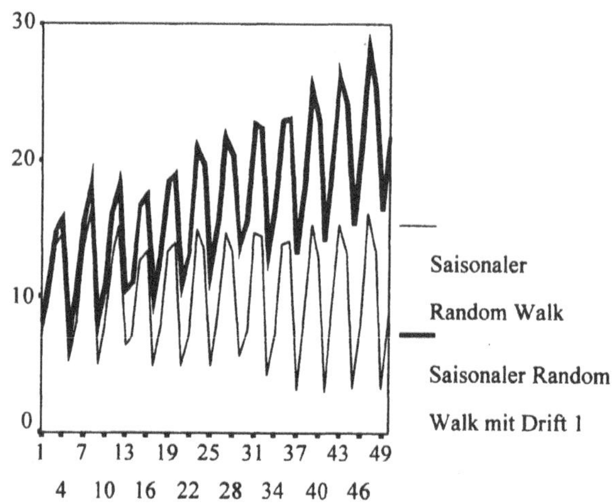

Bild 2.3.13 Saisonaler Random Walk mit und ohne Drift

Grundsätzlich gibt es zwei Wege, um eine **Fehlspezifikation** vor allem des Typs der Instationarität zu vermeiden.

Falls die Zeitreihe zu einem oft analysierten Typ von Reihen, z. B. tagesdurchschnittlichen Aktienkursen, gehört, dann kann dieses Wissen über den Typ, hier die zeitvariable Varianz, von Anfang an für die Modellbildung genutzt werden. Man spricht bei solchem Zusatzwissen von a priori Information. Auch eine vorgegebene Prognosegüte kann für die Modellauswahl hilfreich sein.

Wenn keine Modellierungserfahrungen für Zeitreihen eines speziellen Anwendungsgebietes vorliegen und die Strukturidentifikation fehlschlägt, dann sollten alternative Modell-Strukturen geschätzt und überprüft werden. Die Residuenanalyse muss dann Hinweise auf das eine oder andere fehlspezifizierte Modell geben. Möglich ist auch, dass erst bei der laufenden Prognose festgestellt wird, dass die Datenstruktur nicht korrekt modelliert worden ist.

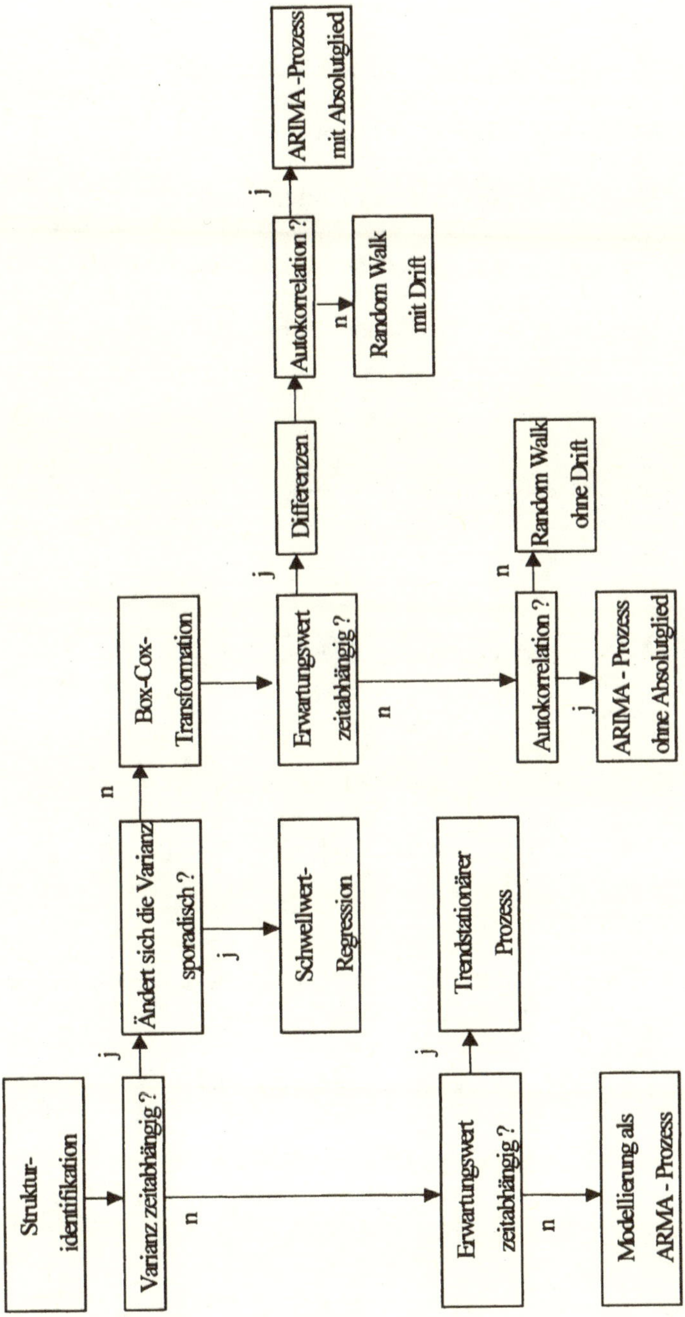

Bild 2.3.14 Struktogramm zur Modellierung von Zeitreihen mittels instationärer Prozesse

2.3.6 Übungen und Kontrollfragen

Aufgabe 2.3.1 Bestimmen Sie die Prozessgleichungen für

ARIMA (1,1,1)(0,0,0)4	ohne Absolutglied
ARIMA (0,0,0)(1,1,1)4	ohne Absolutglied
ARIMA (0,1,0)(0,1,0)4	mit Absolutglied
ARIMA (2,1,0)(0,0,0)12	ohne Absolutglied
ARIMA (0,0,1)(0,1,2)12	ohne Absolutglied
ARIMA (0,0,0)(0,2,1)12	mit Absolutglied.

Aufgabe 2.3.2 Geben Sie für die Prozessgleichungen von Aufgabe 5.2 die Kurzformen in der Gestalt ARIMA (, ,)(, ,) mit Hilfe von Verschiebeoperatoren an.

Aufgabe 2.3.3 Überführen Sie die Gleichungen

$$X_t = a_t - 0{,}6 \cdot a_{t-1} - 0{,}2 \cdot a_{t-12} + 0{,}12\ a_{t-13}$$

$$X_t = X_{t-1} + X_{t-4} - X_{t-5} + a_t$$

mit Hilfe von Verschiebeoperatoren in die Kurzform für ARIMA-Prozesse.

Aufgabe 2.3.4 Bestimmen Sie Erwartungswert und Varianz folgender stochastischer Prozesse für t > 20:

$X_t = 2 + X_{t-1} + a_t$ mit $a_t \sim N.V.(0,2)$ und $X_0 = 0$

$X_t = 1{,}5 - 0{,}6\,t + a_t$ mit $a_t \sim N.V.(1,1)$

$X_t = 2{,}6\ \cos\frac{\pi}{3}t + a_t$ mit $a_t \sim N.V.(0,1)$.

$X_t = X_{t-1} + a_t$ mit $a_t \sim N.V.(0,4)$ und $X_0 = 0$.

Aufgabe 2.3.5 (PC-Labor)

Simulieren Sie folgende instationäre Zufallsprozesse mit Hilfe von „Weißem Rauschen" mit N.V.(0,1) für n = 50.

1) Erzeugen und analysieren Sie zwei Random Walks ohne Drift mit den Startpunkten 3 und 11. Vergleichen Sie die grafischen Darstellungen und bestimmen Sie die Varianz jeweils für beide Teilstichproben vom Umfang 25.

2) Erzeugen und analysieren Sie Random Walks mit Drift 0,2 und 0,5. Verwenden Sie dazu die Startpunkte aus 1). Vergleichen Sie die Grafiken und testen Sie auf Einheitswurzel und Drift mit Hilfe eines den simulierten Daten angepassten AR(1)-Modells mit Absolutglied.

3) Erzeugen und analysieren einen trendstationären Prozesses mit einem Absolutglied 3 und einem Anstieg 0,6. Berechnen Sie die Varianz und vergleichen Sie die grafische Darstellung mit der Grafik des Random Walks mit Drift 0,5 aus 2).

4) Erzeugen Sie einen saisonalen Random Walks ohne Drift mit Saisonlänge 4 und den Startwerten 8;10;14 und15 für X_{-3} bis X_0.

5) Erzeugen Sie einen saisonalen Random Walks mit Drift 1 und den Startwerten aus 4). Vergleichen Sie die grafische Darstellung mit der Grafik aus 4).

6) Erzeugen und Sie einen oszillierenden Prozess mit Absolutglied 3 und Anstieg 0,6.

Aufgabe 2.3.6 (PC-Labor) Integrieren und analysieren Sie die simulierten ARMA-Prozesse aus Aufgabe 2.2.8. zu ARIMA-Prozessen.

Gehen Sie dabei folgendermaßen vor:

a) Kumulieren Sie die Reihen aus Aufgabe 2.2.8.
b) Vergleichen Sie die Grafiken der Ausgangsreihen mit denen der kumulierten Reihen.
c) Identifizieren Sie schrittweise die ARIMA-Strukturen der kumulierten Reihen duch Differenzenbildung, Auswertung der Autokorrelationsfunktionen und Schätzung mit Absolutglied bzw. ohne Absolutglied.

Aufgabe 2.3.7 (PC-Labor) Analysieren Sie Wechselkurse, Börsenindizes und Renditen (siehe Verzeichnis):

1) Untersuchen Sie die Tages-Reihe Wechselkurs von Yen in DM für 1977.

2) Untersuchen Sie die Tages-Reihe des Nikkei-Index von 1997.

3) Untersuchen Sie die Jahresreihe „Durchschnittliche Rendite von Schweizer Obligationen“

Gehen Sie jeweils in folgenden Schritten vor:

a) Analysieren Sie die Muster von Korrelogramm und partiellem Korrelogramm.
b) Überprüfen Sie die Varianzdynamik durch Streuungsvergleich über verschiedenen Teilreihen.
c) Passen Sie Random Walks mit und ohne Drift an.
d) Vergleich Sie die Schätzergebnisse mit denen für AR-Ansätze.
e) Führen Sie Einheitswurzel-Tests durch.

Überprüfen Sie folgende Aussagen:

1) Ein integrierter ARMA-Prozess ohne Absolutglied hat einen konstanten Erwartungswert.

2) Die Varianz einer verrauschten parabolischen Funktion ist zeitkonstant.

3) Random-Walks sind erwartungswert- und varianzinstationär.

4) Eine verrauschte harmonische Funktion hat einen zeitvariablen Erwartungswert.

5) Ein oszillierender Prozess ist varianzstationär.

6) Ein saisonaler Random Walk modelliert ein starres Saisonmuster.

2.4 Prognose linearer Prozesse

Um einen Modell-Prozess $\{X_t\}$ prognostizieren zu können, wird eine zufallsabhängige Vorhersagefunktion

$$\hat{X}_t(h) = f(X_1, \ldots, X_t)$$

benötigt. Sie sollte in Anlehnung an die Methode der kleinsten Quadrate den **mittleren quadratischen Vorhersagefehler** minimieren (Optimal-Eigenschaft). Für eine Zufallsvariable bedeutet das, ihren Erwartungswert minimal zu halten

$$E\left(X_{t+h} - \hat{X}_t(h)\right)^2 \rightarrow \text{Minimum.}$$

Die Realisierungen $\hat{x}_t(h)$ der Vorhersagefunktion liefern eine Punktprognose für die Ausgangszeitreihe $\{x_t\}$.

Es werden zwei zusätzliche Annahmen getroffen, um eine einfach berechenbare und leicht interpretierbare Vorhersagefunktion zu erhalten, die zudem plausibel erscheint:

1) Die Vorhersagefunktion soll eine **lineare Funktion** der Variablen X_t sein.

2) Prognose und Prognosefehler sollen **unkorreliert** sein.

Aus Eigenschaft 1 folgt für einen Ursprung t und den Horizont h

$$\hat{X}_t(h) = g_1 \cdot X_1 + \ldots + g_t \cdot X_t\,,$$

wobei die Gewichte g_j mit der Zeit wachsen sollen. Die Eigenschaft 2 bedeutet, dass die Kovarianz für jede Periode t + h des Prognosehorizonts verschwindet

$$\text{Cov}\left(\hat{X}_t(h), X_{t+h} - \hat{X}_t(h)\right) = 0.$$

Damit ist nicht ausgeschlossen, dass ein Prognosefehler für die Periode t + h Einfluss auf die Prognose der Folgeperiode t + h + 1 hat. Es wird lediglich gefordert, dass keine Wechselwirkung zwischen den beiden Variablen in ein und derselben Periode besteht. Da sich Prognose-Fehler erst nach Ablauf einer Periode ermitteln lassen, ist das Korrelationsverbot einsichtig.

2.4.1 Prognose stationärer Prozesse vom Typ ARMA

Für ARMA(p,q)-Prozesse lässt sich eine sehr einfach gebaute Prognosefunktion ableiten. Es gilt folgender **Satz**:

Ist $\{X_t\}$ ein stationärer, invertibler ARMA(p,q)-Prozess mit verschwindendem Erwartungswert der Rauschfolge $\{a_t\}$

$$X_t = d_1 \cdot X_{t-1} + \ldots + d_p \cdot X_{p-1} + a_t + c_1 \cdot a_{t-1} + \ldots + c_q \cdot a_{t-q},$$

dann ergibt sich die optimale lineare Vorhersagefunktion durch folgende Setzungen in der Modellgleichung:

- Die Variablen im Prognosezeitraum werden durch die entsprechenden Prognosen ersetzt.

- Die Residuen im Prognosezeitraum sind gleich 0.

- Die Residuen bis zum Ursprung t werden durch die Einschritt-Prognose-Fehler ersetzt.

$$\begin{array}{lll} X_{t+1} \Leftarrow \hat{X}_t(1) & X_{t+2} \Leftarrow \hat{X}_t(2) & \ldots\ldots \quad X_{t+h} \Leftarrow \hat{X}_t(h) \\ a_{t+1} \Leftarrow 0 & a_{t+2} \Leftarrow 0 & \ldots\ldots \quad a_{t+h} \Leftarrow 0 \\ a_t \quad \Leftarrow X_t - \hat{X}_{t-1}(1) & a_{t-1} \Leftarrow X_{t-1} - \hat{X}_{t-2}(1) \ldots\ldots & \end{array}$$

Der Beweis dieses Satzes findet sich bei Schlittgen/Streitberg [1995].

Beispiel 2.4.1 Gegeben sei ein ARMA(1,1)-Prozess mit $d_1 = 0{,}7$ und $c_1 = 0{,}5$. Dann ergibt sich als Mehrschritt-Prognosen für h = 3

$$\begin{aligned} X_t &= 0{,}7 \cdot X_{t-1} + a_t + 0{,}5 \cdot a_{t-1} \\ \hat{X}_t(1) &= 0{,}7 \cdot X_t + 0{,}5 \cdot \left(X_t - \hat{X}_{t-1}(1)\right) \\ \hat{X}_t(2) &= 0{,}7 \cdot \hat{X}_t(1) \\ \hat{X}_t(3) &= 0{,}7 \cdot \hat{X}_t(2). \end{aligned}$$

Durch sukzessives Einsetzen in die Modellgleichungen lassen sich für beliebige AR(1)-, MA(1)- und ARMA(1,1)-Prozesse folgende **allgemeingültige Prognoseformeln** herleiten:

AR(1) $\hat{X}_t(1) = d_1 \cdot X_t \quad ,...., \quad \hat{X}_t(h) = d_1^h \cdot X_t$

MA(1) $\hat{X}_t(1) = c_1 \cdot \left(X_t - \hat{X}_{t-1}(1)\right) \quad \hat{X}_t(2) = \hat{X}_t(3) =,...,= 0$

ARMA(1,1) $\hat{X}_t(1) = d_1 \cdot X_t + c_1 \cdot \left(X_t - \hat{X}_{t-1}(1)\right),....,$

$$\hat{X}_t(h) = d_1^h \cdot X_t + d_1^{h-1} \cdot c_1 \cdot \left(X_t - \hat{X}_{t-1}(1)\right) \quad \text{für} \quad h \geq 2 .$$

Die Punkt-Prognosen von AR(1)- und ARMA(1,1)-Prozessen tendieren für wachsendes h gegen 0, wenn der Parameter d_1 betragsmäßig kleiner als 1 ist (siehe Bild 2.4.1). Das folgt aus einer Grenzwertbetrachtung.

Beispiel 2.4.2 Gegeben sei ein AR(1)-Prozess mit d_1 = 0,6. Dann folgt für wachsenden Horizont h

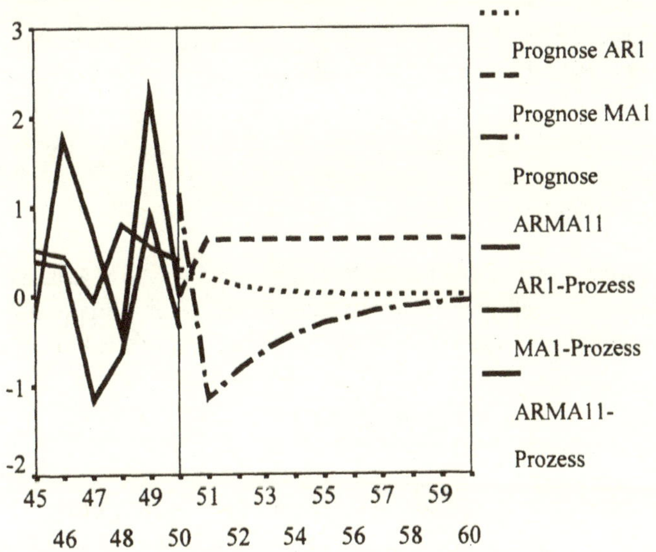

Bild 2.4.1 Punkt-Prognosen verschiedener ARMA-Prozesse

Wenn die Prozesse über ein **Absolutglied** verfügen, dann pegeln sich die Mehrschritt-Prognosen auf dem Erwartungswert-Niveau des stationären Prozesses ein.

Beispiel 2.4.3 Gegeben sei ein MA(1)-Prozess mit $d_0 = 0{,}7$ und $c_1 = -0{,}5$. Es ergibt sich mit der Standardannahme für das „Weiße Rauschen"

$$X_t = 0{,}7 + a_t - 0{,}5 \cdot a_{t-1} \quad \text{mit} \quad a_t \sim \text{N.V.}(0,1)$$

$$E(X_t) = 0{,}7 \quad \hat{X}_t(h) = 0{,}7 \quad \text{für} \quad h > 1.$$

2.4.2 Konstruktion von Prognoseintervallen

Wenn der Modellprozess ein Normalprozess ist, was in den folgenden Abschnitten stets angenommen wird, dann sind die Prognosefehler auch normalverteilt mit dem Erwartungswert 0 und der zeitvariablen Varianz $V^2(h)$. Zur Irrtumswahrscheinlichkeit von 5% lässt sich dann folgendes Vertrauensintervall angeben:

$$P\left(-1{,}96 \leq \frac{X_{t+h} - \hat{X}_t(h)}{V(h)} \leq +1{,}96\right) = 0{,}95 \quad \text{bzw.}$$

$$P\left(\hat{X}_t(h) - 1{,}96 \cdot V(h) \leq X_{t+h} \leq \hat{X}_t(h) + 1{,}96 \cdot V(h)\right) = 0{,}95.$$

Die Standardabweichung V(h) lässt sich für stationäre und invertible ARMA-Prozesse mit Hilfe der MA-Darstellung

$$X_t = a_t + \beta_1 \cdot a_{t-1} + \beta_2 \cdot a_{t-2} + \ldots$$

berechnen. Es gilt folgender **Satz**:

Ist $\{X_t\}$ ein stationärer und invertibler Prozess vom Typ ARMA(p, q) und $a_t \sim \text{N.V.}(0, \sigma_a^2)$, dann gilt für die Quadratfehler der minimalen linearen Prognosefunktion und für die Varianz ihres Prognosefehlers

$$\hat{X}_t(h) = \beta_h \cdot a_t + \beta_{h+1} \cdot a_{t-1} + \beta_{h+2} \cdot a_{t-2} + \ldots$$

$$V^2(h) = \text{Var}\left(X_{t+h} - \hat{X}_t(h)\right) = \sigma_a^2 \cdot \left(1 + \beta_1^2 + \beta_2^2 + \ldots + \beta_{h-1}^2\right).$$

Der Beweis erfolgt durch Verifikation mit Hilfe der MA-Darstellung (siehe Schlittgen/Streitberg [1995]).

Für MA-Prozesse mit den Gewichten c_1, c_2 usw. lassen sich die Formeln zur Varianzberechnung unmittelbar hinschreiben

$$\text{MA(1)} \quad V^2(1) = \sigma_a^2 \quad , \quad V^2(2) = V^2(3) = \ldots = \sigma_a^2 \cdot \left(1 + c_1^2\right) = \sigma_x^2$$

$$\text{MA(2)} \quad V^2(1) = \sigma_a^2 \quad , \quad V^2(2) = \sigma_a^2 \cdot \left(1 + c_1^2\right)$$

$$V^2(3) = V^2(4) = \quad \ldots \quad = \sigma_a^2 \cdot \left(1 + c_1^2 + c_2^2\right) = \sigma_x^2 .$$

Die Intervall-Prognosen pegeln sich offenbar auf eine feste Breite von $2 \cdot 1{,}96 \cdot \sigma_x$ ein.

Im Beispiel 2.4.3 ergibt sich mit der Rauschvarianz 1 und dem Gewicht $c_1 = -0{,}5$ zunächst

$$V^2(1) = 1 \quad \text{und} \quad V^2(h) = 1 + 0{,}5^2 = 1{,}118^2 \quad \text{für} \quad h > 1 .$$

Mit $x_{50} = -0{,}1$ und einer Einschritt-Prognose $\hat{x}_{49}(1) = -0{,}013$ für t = 50 lassen sich die Punkt- und Intervall-Prognosen einfach berechnen.

Tabelle 2.4.1 Dreischritt-Prognosen MA(1)-Prozess (Bsp. 2.4.3)

h	Punkt-Prognose	V(h)	Intervall-Prognose
1	0,7+0,5·(0,1+0,013)	1	0,756 ± 2,191
2	0,7	1,118	0,7 ± 2,191
3	0,7	1,118	0,7 ± 2,191

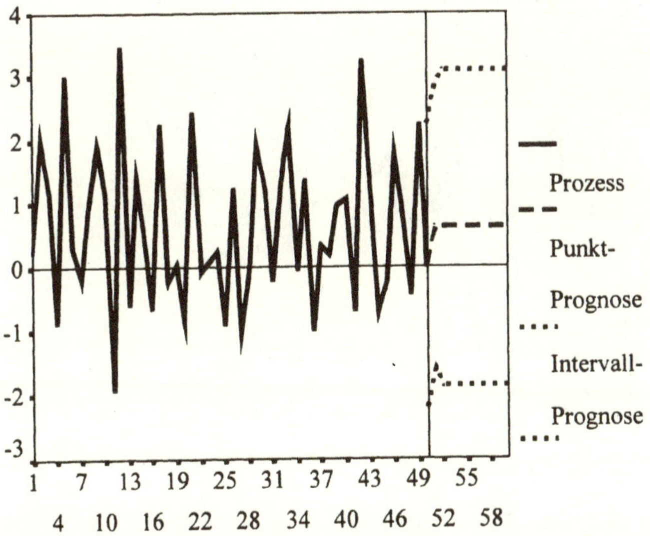

Bild 2.4.2 Punkt- und Intervallprognose eines MA(1)-Prozesses mit Absolutglied

Für einen AR(1)-Prozess mit dem Gewicht d_1 ergibt sich aus der MA-Darstellung

$$X_t = a_t + d_1 \cdot a_{t-1} + d_1^2 \cdot a_{t-2} + \ldots$$

folgende Varianzformel für den Prognosefehler

$$V^2(h) = \sigma_a^2 \cdot \left(1 + d_1^2 + d_1^4 + \ldots + d_1^{2\cdot(h-1)}\right) = \sigma_a^2 \, \frac{1 - d_1^{2h-1}}{1 - d_1}.$$

Mit wachsendem Horizont h pegelt sich das Prognoseintervall wegen $|d_1| \le 1$ auf eine konstante Breite von $2\cdot 1{,}96\cdot\sigma_x$ ein (siehe Bild 2.4.3). Im Beispiel 2.4.2 berechnet sich die Intervall-Prognose für eine Rauschvarianz von 1 und ein Gewicht $d_1 = 0{,}6$ folgendermaßen:

Tabelle 2.4.2 Dreischritt-Prognosen AR(1)-Prozess (Bsp. 2.4.2)

h	Punkt-Prognose	V(h)	Intervall-Prognose
1	0,6·0,39	1	0,234 ± 1,960
2	0,36·0,39	1,166	0,140 ± 2,285
3	0,216·0,39	1,220	0,084 ± 2,392
4	0,1296·0,39	1,239	0,050 ± 2,428

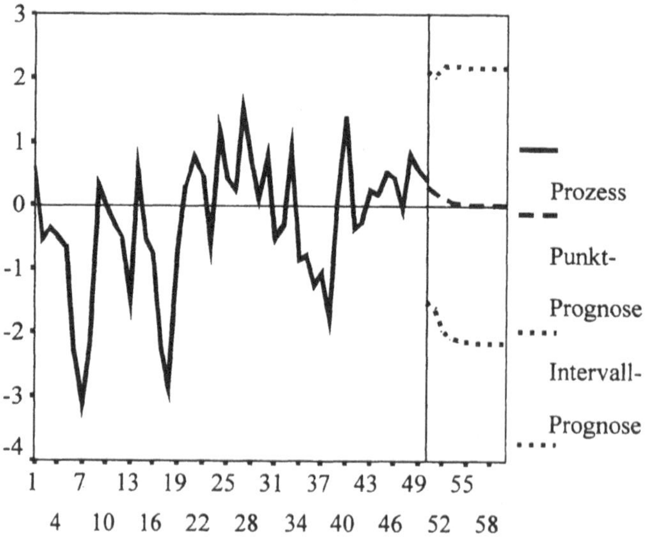

Bild 2.4.3 Punkt- und Intervall-Prognose eines AR(1)-Prozesses ohne Absolutglied

Etwas komplizierter wird die Varianzberechnung allerdings für einen ARMA(1,1)-Prozess. Aus der MA-Darstellung

$$X_t = a_t + (d_1 + c_1) \cdot a_{t-1} + d_1 \cdot (d_1 + c_1) \cdot a_{t-2} + d_1^2 \cdot (d_1 + c_1) \cdot a_{t-2} + \ldots$$

resultiert die Varianzformel

$$\begin{aligned} V^2(h) &= \sigma_a^2 \cdot \left(1 + (d_1 + c_1)^2 \cdot \left(1 + d_1^2 + d_1^4 + \ldots + d_1^{2(h-2)}\right)\right) \\ &= \sigma_a^2 \cdot \left(1 + (d_1 + c_1)^2 \cdot \frac{1 - d_1^{2h-3}}{1 - d_1}\right). \end{aligned}$$

Für wachsenden Horizont h strebt die Varianz des Prognosefehlers offensichtlich gegen die Prozessvarianz σ_x^2

$$\sigma_a^2 \cdot \left(1 + \frac{(d_1 + c_1)^2}{1 - d_1^2}\right) = \sigma_a^2 \cdot \frac{c_1^2 + 2 \cdot d_1 \cdot c_1 + 1}{1 - d_1^2} = \sigma_x^2 .$$

Folglich geht die Intervall-Prognose für große h in einen Schlauch konstanter Breite $2 \cdot 1{,}96 \cdot \sigma_x$ über.

Im Beispiel 2.4.1 ergibt sich mit einer Rauschvarianz von 1, mit Gewichten $d_1 = 0{,}7$ und $c_1 = 0{,}5$, der Beobachtung $x_{50} = -0{,}36$ und der Einschritt-Prognose $\hat{x}_{49}(1) = 1{,}145$ für t = 50 folgendes Tableau:

Tabelle 2.4.3 Dreischritt-Prognosen ARMA(1,1)-Prozess (Bsp. 2.4.1)

h	Punkt-Prognose	V(h)	Intervall-Prognose
1	-1,004	1	-1,004 ± 1,96
2	$-0{,}7 \cdot 1{,}004$	1,562	-0,703 ± 3,062
3	$-0{,}7^2 \cdot 1{,}004$	1,774	-0,492 ± 3,477
4	$-0{,}7^3 \cdot 1{,}004$	1,869	-0,345 ± 3,663

Die Punkt-Prognose eines ARMA(1,1)-Prozesses strebt für $d_1 = -c_1$ recht schnell und für $d_1 = c_1$ eher langsam gegen 0.
Für $d_1 < 0$ tendiert die Punkt-Prognose alternierend (mit Vorzeichenwechsel) gegen 0.

Ein Absolutglied $d_0 \neq 0$ würde lediglich eine Niveauverschiebung der Prognose bewirken.

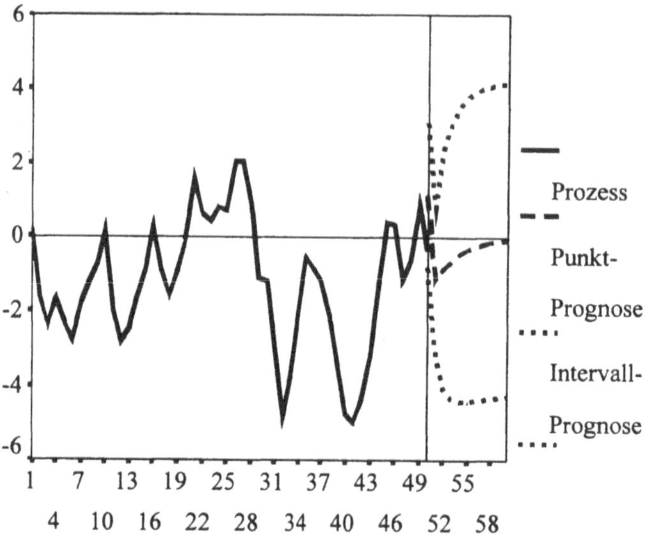

Bild 2.4.4 Punkt- und Intervall-Prognose eines ARMA(1,1)-Prozesses

2.4.3 Prognose instationärer Prozesse vom Typ ARIMA

Der Zusammenhang zwischen ARMA-Prozess und ARIMA-Prozess wird durch Summation bzw. Differenz hergestellt. Dieser Zusammenhang lässt sich auf die Prognosen übertragen.

X_t	ARIMA-Prozess	$\Rightarrow$ Differenzen	Y_t	ARMA-Prozess
			$\Downarrow$	
$\hat{X}_t(h)$		$\Leftarrow$ Summation	$\hat{Y}_t(h)$	

Die Setzungen für eine optimale Prognosefunktion gelten analog zum stationären Fall. Für einen ARIMA(1,1,1)-Prozess mit der Kurzform

$$(1-B)(1-d_1B)X_t = (1+c_1B)a_t$$

wird die Modellgleichung in Langform benötigt:

$$X_t = (1+d_1)\cdot X_{t-1} - d_1 \cdot X_{t-2} + a_t + c_1 \cdot a_{t-1}\,.$$

Als Punkt-Prognosen ergeben sich durch sukzessives Einsetzen

$$\hat{X}_t(1) = (1 + d_1) \cdot X_t - d_1 \cdot X_{t-1} + c_1 \cdot \left(X_t - \hat{X}_{t-1}(1)\right)$$
$$\hat{X}_t(2) = (1 + d_1) \cdot \hat{X}_t(1) - d_1 \cdot X_t$$
$$\hat{X}_t(3) = (1 + d_1) \cdot \hat{X}_t(2) - d_1 \cdot \hat{X}_t(1)$$
$$= \left[(1 + d_1)^2 - d_1\right] \cdot \hat{X}_t(1) - (1 + d_1) \cdot d_1 \cdot X_t \,.$$

Tritt noch ein Absolutglied d_0 in der Modellgleichung auf, so muss die Punkt-Prognose für die Periode t+h um einen exponentiell wachsenden additiven Term erweitert werden. Dieser Term sorgt dafür, dass der Erwartungswert der Punkt-Prognose zeitabhängig wird. Optisch macht sich das in einem Driften der Prognose bemerkbar.

$$X_t = a_t + (1 + d_1 + c_1) \cdot a_{t-1} + \left((1 + d_1)^2 + (1 + d_1) \cdot c_1 - d_1\right) \cdot a_{t-1} + \ldots$$

Aus der MA-Darstellung des ARIMA(1,1,1)-Prozesses lassen sich die Gewichte zur Berechnung der Varianz V^2 des Prognosefehlers bestimmen. Aus den Formeln ist angesichts der mehrfachen Additionen von 1 zu vermuten, dass die Gewichte β_j nicht wie im stationären Fall gegen 0 gehen. In der Tat weiten sich die Prognoseintervalle instationärer Prozesse des Typs ARIMA auf, was angesichts ihrer zeitvariablen Varianz aber nicht verwunderlich ist (siehe Bilder 2.4.5-2.4.8).

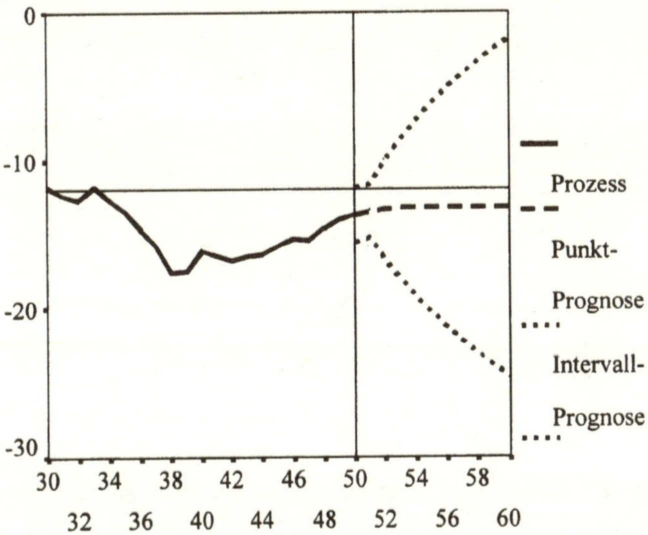

Bild 2.4.5 Punkt- und Intervall-Prognose eines summierten AR(1)-Prozesses ohne Absolutglied

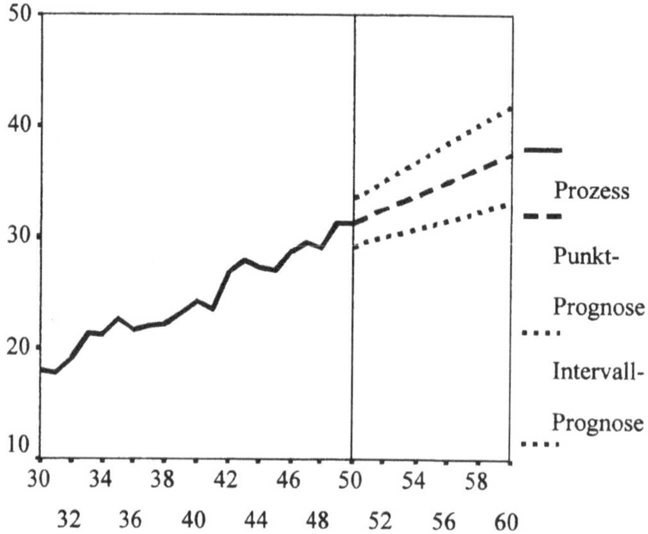

Bild 2.4.6 Punkt- und Intervall-Prognose eines summierten MA(1)-Prozesses mit Absolutglied

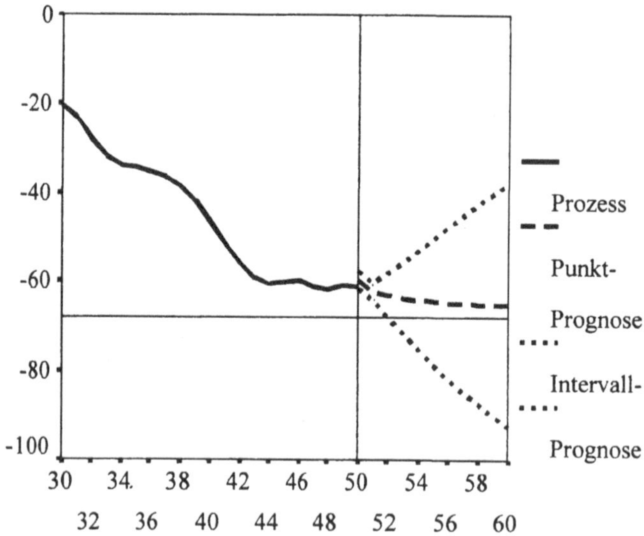

Bild 2.4.7 Punkt- und Intervall-Prognose eines summierten ARMA(1,1)-Prozesses ohne Absolutglied

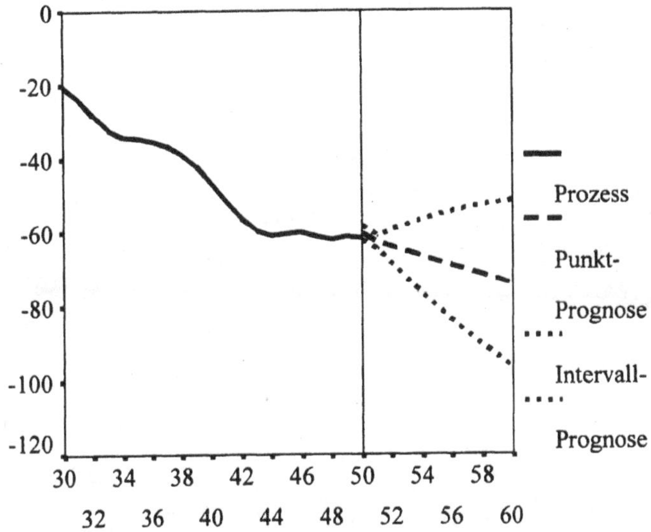

Bild 2.4.8 Punkt- und Intervallprognose eines summierten ARMA(1,1)-Prozesses mit Absolutglied

2.4.4 Prognose sonstiger instationärer Prozesse

Die Prognoseformel eines **trendstationären** Prozesses

$$X_t = b_0 + b_1 \cdot t + a_t$$

ist

$$\hat{X}_t(h) = b_0 + b_1 \cdot (t + h).$$

Da der Erwartungswert des Prognose-Fehlers

$$V^2 = E\left(X_{t+h} - \hat{X}_t(h)\right)^2 = E\left(a_{t+h}\right)^2 = \sigma_a^2$$

konstant bleibt, hat die Intervall-Prognose eine konstante Breite von $2 \cdot 1{,}96 \cdot \sigma_a$ (siehe Bild 2.4.9). Für einen **Random Walk** mit **Drift**

$$X_t = \alpha + X_{t-1} + a_t$$

ergibt sich die simple Prognose-Formel

$$\hat{X}_t(h) = h \cdot \alpha + X_t.$$

Liegt kein Drift vor, d.h. $\alpha = 0$, dann bleibt die Prognose auf dem Ursprungsniveau von X_t stehen und verläuft parallel zur Zeitachse.

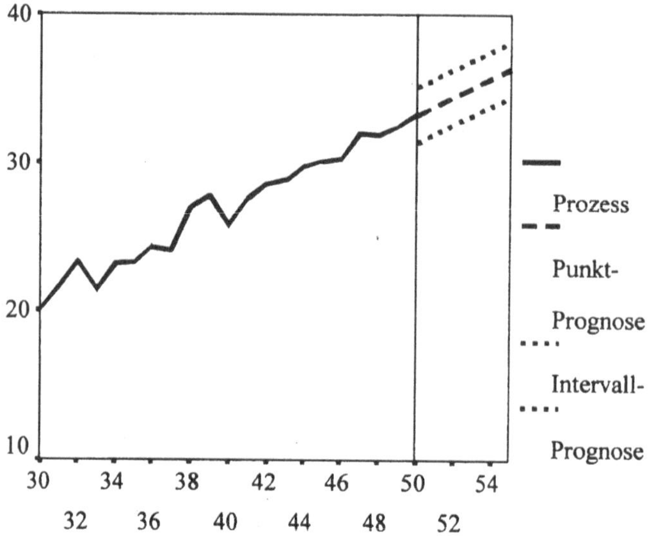

Bild 2.4.9 Punkt- und Intervall-Prognose eines trendstationären Prozesses mit $b_0 = 3$ und $b_1 = 0{,}6$

Die zeitabhängige Varianz des Prognosefehlers ergibt sich aus der MA-Darstellung

$$X_t = a_t + a_{t-1} + a_{t-2} + a_{t-3} + \ldots$$

mit

$$V^2(h) = h \cdot \sigma_a^2 .$$

Die Prognoseintervalle weiten sich im Unterschied zum trendstationären Prozess auf, unabhängig davon, ob ein Drift vorhanden ist oder nicht (siehe Bild 2.4.10).

Mit Blick auf eine Kursprognose für Aktien schlägt das Random-Walk-Modell vor, den letzten amtlichen Kurs auch in der Zukunft zu erwarten, wobei das Risiko sehr schnell wächst. Von einem praktikablen Prognose-Modell wird der Nutzer mit Recht etwas mehr an extrapolierbarer Strukturinformation erwarten. Deshalb spielen speziell bei Kursprognosen sogenannte nichtlineare Modelle (Neuronale Netze, GARCH-Ansatz) eine Rolle. Sie gestatten ein wesentlich tieferes Eindringen in die auf den Finanzmärkten wirkenden Gesetze. Ungeachtet dessen ist der Random Walk für ein elementares Grundverständnis der Kursdynamik im Börsenalltag hilfreich.

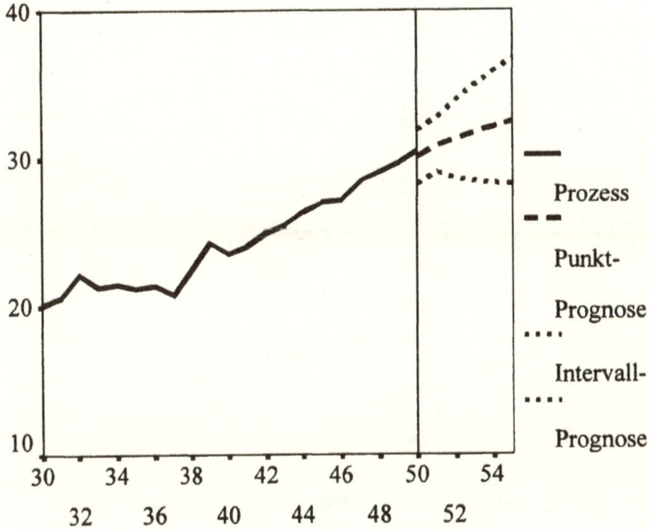

Bild 2.4.10 Punkt- und Intervall-Prognose eines Random Walks mit Drift 0,5

Für einen **alternierenden** Prozess

$$X_t = -X_{t-1} + a_t$$

nimmt die MA-Darstellung folgende Form an:

$$X_t = a_t - a_{t-1} + a_{t-2} - a_{t-3} + \ldots.$$

Daraus ergibt sich für die Varianz des Prognosefehlers, wie schon beim Random Walk ohne Absolutglied,

$$V^2(h) = h \cdot \sigma_a^2.$$

Folglich spreizen sich die Intervall-Prognosen ebenfalls auf (siehe Bild 2.4.1). Wegen

$$\hat{X}_t(h) = (-1)^h \cdot X_t$$

nimmt die Intervall-Prognose für $\sigma_a{}^2 = 1$ folgende Gestalt an

$$\left((-1)^h \cdot X_t - 1{,}96 \cdot \sqrt{h}, (-1)^h \cdot X_t + 1{,}96 \cdot \sqrt{h}\right).$$

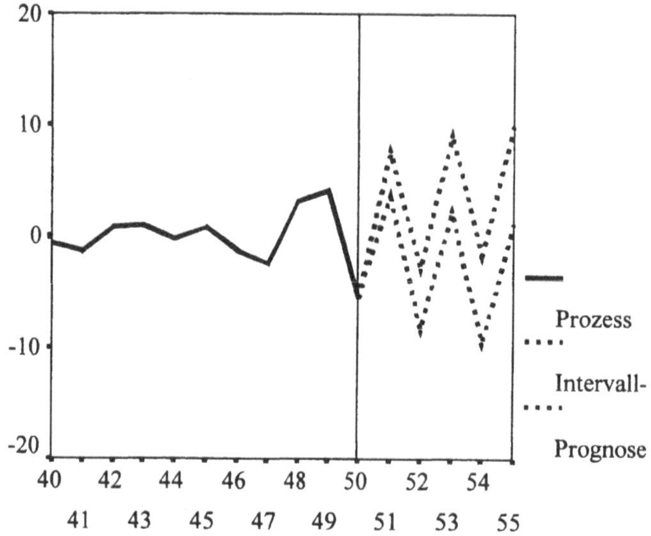

Bild 2.4.11 Intervall-Prognose eines oszillierenden Random Walks

2.4.5 Prognosen nach logarithmischer Transformation

Eine logarithmische Transformation des Ausgangsprozesses X_t muss am Ende der Modellspezifikation wieder zurückgenommen werden:

$$\begin{array}{ccc} X_t & \text{Logarithmusfunktion} & Y_t \\ & \Rightarrow & \\ & \Leftarrow & \\ \hat{X}_t(h) & \text{Exponentialfunktion} & \hat{Y}_t(h) \end{array}$$

Dabei treten zwei Probleme auf:

a) Aus den symmetrisch um den Erwartungswert liegenden Prognoseintervallen werden nach der Rücktransformation korrigierte Intervalle, die nicht mehr symmetrisch um den Erwartungswert liegen.

b) Der Erwartungswert selbst kann nicht einfach zurücktransformiert werden, sondern bedarf dabei einer Korrektur.

Beide Probleme ergeben sich aus den Eigenschaften der Logarithmusfunktion, welche die Skala verzerrt und das arithmetische Mittel verschiebt. Wegen der Dominanz des arithmetischen über das geometrische Mittel gilt

$$\ln\left(\frac{x_1 + x_2}{2}\right) \geq \frac{\ln x_1 + \ln x_2}{2} = \ln\sqrt{x_1 \cdot x_2}.$$

Diese Eigenschaft lässt sich sinngemäß auf den Erwartungswert eines Zufallsprozesses übertragen

$$\ln(E(X_t)) \geq E(\ln X_t).$$

Für stationäre Prozesse $\{X_t\}$ gilt folgende Beziehung zwischen den Erwartungswerten (vgl. Nelson [1973])

$$\ln(E(X_t)) = E\left(\ln X_t + \frac{1}{2}\operatorname{Var}(\ln X_t)\right).$$

Angewandt auf die Prognose eines stationären Prozesses vom Typ ARMA folgt dann die Relation

$$\hat{X}_t(h) = \exp\left(\hat{Y}_t(h) + \frac{1}{2}\cdot V^2\right) = \exp\left(\hat{Y}_t(h)\right)\cdot\sqrt{\exp(V^2)}.$$

Der Korrekturfaktor $[\exp(V^2)]^{1/2}$ für die Punktprognose des transformierten Prozesses ist größer als 1. Ohne ihn würden die Punkt-Prognosen zu klein ausfallen (Unterschätzungsproblem). Für die nicht mehr um den Erwartungswert symmetrischen Prognoseintervalle folgt dann

$$\left(e^{\hat{Y}_t(h)-1{,}96\cdot V}, e^{\hat{Y}_t(h)+1{,}96\cdot V}\right).$$

Bei unsymmetrischen Verteilungen ist stets anzumerken, dass der Erwartungswert nicht, wie sonst üblich, als arithmetisches Mittel der Intervall-Grenzen gebildet werden darf.

Beispiel 2.4.5 Gegeben sei ein logarithmisch transformierter Prozess vom Typ ARMA(1,1) mit $d_0 = 2{,}620$, $d_1 = 0{,}608$, $c_1 = 0{,}675$ und $\sigma^2_a = 0{,}00478$.

Die folgende Tabelle 2.4.4 zeigt die erforderlichen Korrekturen an den Punkt- und Intervall-Prognosen bei einer Rücktransformation. Die grafische Darstellung in Bild 2.4.12 weist auf die Abweichung zwischen den Erwartungswerten und die transformationsbedingte Verzerrung der Intervalle hin.

Tabelle 2.4.4 Korrektur von Punkt- und Intervallprognose bei ln-Transformation

h	V^2	V	Korrekturfaktor	Exponentielle Rücktransformation	korrigierte Punkt-Prognose	obere Intervall-Prognose	untere Intervall-Prognose	Intervall-Mitte
1	0,0048	0,0691	1,0024	13,6067	13,6392	15,5806	11,8828	13,7317
2	0,0126	0,1124	1,0063	13,6570	**13,7436**	17,0237	10,9560	**13,9899**
3	0,0156	0,1247	1,0078	13,6876	**13,7944**	17,4773	10,7197	**14,0985**
4	0,0166	0,1288	1,0083	13,7064	**13,8206**	17,6439	10,6476	**14,1457**

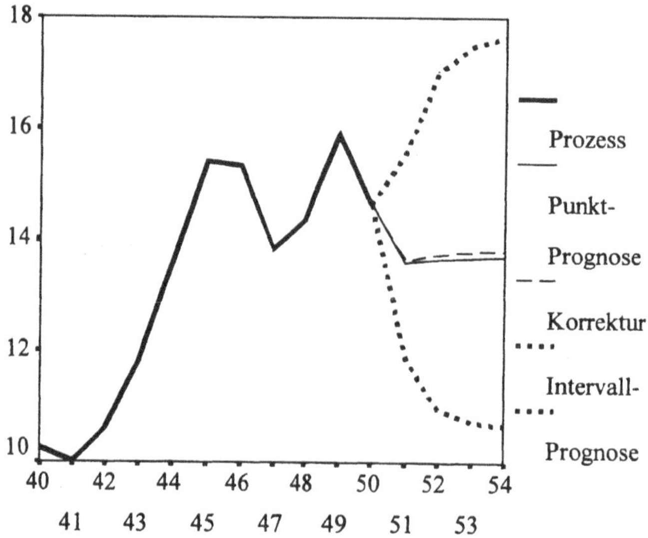

Bild 2.4.12 Punkt- und Intervall-Prognose eines ARMA(1,1)-Prozesses mit ln-Transformation

2.4.6 Zusammenfassung zum Thema Prognosetechniken

Die Prognose-Eigenschaften von stochastischen Modell-Prozessen leiten sich aus ihrer Modell-Struktur ab. Neben der grundlegenden Unterscheidung zwischen stationären und instationären Prozessen ist die Frage des jeweiligen Modell-Aufbaus wichtig. Stationäre Prozesse führen auf Intervall-Prognosen konstanter Breite. Die Punktprognosen nähern sich je nach Struktur (AR, MA bzw. ARMA) unterschiedlich schnell dem Niveau des Erwartungswertes als langjährigem Mittelwert an. Instationäre Modell-Prozesse hingegen führen auf Intervall-Prognosen mit zunehmender Breite. Die Punkt-Prognose driftet, sofern ein Absolutglied Bestandteil des Modells ist. Vorhandene Trend- und Saison-Muster dominieren die Mehrschritt-Prognosen. Die Zuordnung von Modell-Struktur und Prognose-Verlauf lässt sich für eine

Tabelle 2.4.5 Prognosetendenzen von stationären und instationären Prozessen

Prozess-Typ	Verhalten	Tendenz der Punkt-Prognose	Tendenz der Intervall-Prognose
AR-Prozess ohne Absolutglied	stationär unter Zusatzbedingung (Nullstellen)	Einschwingen auf t-Achse	Schlauch konstanter Breite
AR-Prozess mit Absolutglied	stationär unter Zusatzbedingung (Nullstellen)	Einschwingen auf Parallele zur t-Achse	Schlauch konstanter Breite
MA-Prozess ohne Absolutglied	invertibel unter Zusatzbedingung (Nullstellen)	Abfall auf t-Achse nach q Perioden	Schlauch konstanter Breite
MA-Prozess mit Absolutglied	invertibel unter Zusatzbedingung (Nullstellen)	Abfall auf Parallele zur t-Achse nach q Perioden	Schlauch konstanter Breite
ARMA-Prozess ohne Absolutglied	stationär und invertibel unter Zusatzbedingung (Nullstellen)	Einschwingen auf t-Achse	Schlauch konstanter Breite
ARMA-Prozess mit Absolutglied	stationär und invertibel unter Zusatzbedingung (Nullstellen)	Einschwingen auf Parallele zur t-Achse	Schlauch konstanter Breite
ARI-Prozess ohne Absolutglied	varianzinstationär	Einschwingen auf Parallele zur t-Achse	Aufweitung
ARI-Prozess mit Absolutglied	erwartungswert- und varianzinstationär	Gerade mit $b_1 \neq 0$	Aufweitung
IMA-Prozess ohne Absolutglied	varianzinstationär	Parallele zur t-Achse	Aufweitung
IMA-Prozess mit Absolutglied	erwartungswert- und varianzinstationär	Gerade mit $b_1 \neq 0$	Aufweitung
ARIMA-Prozess ohne Absolutglied	varianzinstationär	Parallele zur t-Achse	Aufweitung
ARIMA-Prozess mit Absolutglied	erwartungswert- und varianzinstationär	Gerade mit $b_1 \neq 0$	Aufweitung
Random Walk	varianzinstationär	Parallele zur t-Achse	Aufweitung
Random Walk mit Drift	erwartungswert- und varianzinstationär	Gerade mit $b_1 \neq 0$	Aufweitung
trendstationärer Prozess	erwartungswert-instationär	Gerade mit $b_1 \neq 0$	Schlauch konstanter Breite
harmonischer Prozess mit unabhängigen, identisch verteilten Amplituden	erwartungswert-instationär	Schwingung	Schlauch konstanter Breite
alternierender Prozess	varianzinstationär	Zickzackkurs	Aufweitung

vorhersageorientierte Modell-Wahl nutzen (siehe Tabelle 2.4.5).
Die umfangreichen Modellierungserfahrungen mit Prozessen vom Typ ARIMA belegen, dass eine Typisierung je nach Branche und Aufgabenstellung möglich ist und damit der Aufwand für eine Modell-Überwachung bei fortlaufenden Prognosen relativ gering ist (Typ-Konsistenz).
Weitere hervorstechende Merkmale von ARIMA-Prognose-Modellen sind ihre sparsame Parametrisierung und ihre anschauliche Interpretierbarkeit (Götze [1991]).
Die Prognose-Formeln lassen sich zudem manuell nachrechnen und problemlos in ein Informationssystem implementieren.

2.4.7 Übungen und Kontrollfragen

Aufgabe 2.4.1 Gegeben sei der ARMA(1,1)-Prozess

$$X_t = 0{,}5 \cdot X_{t-1} + a_t - 0{,}4 \cdot a_{t-1}$$

mit $X_t = 10$ und $\hat{X}_{t-1}(1) = 9$ und $a_t \sim N.V.(0,1)$.

- Bestimmen Sie die Mehrschrittprognosen bis t+3.

- Geben Sie die Konfidenzintervalle an.

- Skizzieren Sie die Tendenz der Intervall-Prognose.

Aufgabe 2.4.2 Gegeben sei der MA(3)-Prozess

$$X_t = 12{,}5 + a_t - 0{,}7 \cdot a_{t-1} + 0{,}5 \cdot a_{t-2} - 0{,}1 \cdot a_{t-3} \quad \text{mit} \quad a_t \sim N.V.(0,2).$$

- Berechnen Sie die Mehrschritt-Intervall-Prognose vom Ursprung t mit dem Horizont 4.

Die Prognosefehler für die Perioden t –2, t – 1 und t seien mit –1,05, 0,7 und –0,5 gegeben.

Aufgabe 2.4.3 Vergleichen Sie die Mehrschritt-Prognosen für einen IMA(1)-Prozess mit Absolutglied

$$X_t = X_{t-1} + d_0 + a_t + 0{,}5 \cdot a_{t-1}$$

vom Ursprung t bis zur Periode t + 3 für $d_0 = 10$ und $d_0 = 0$. Es sei ferner vorausgesetzt, dass $X_t = 5$ und $\hat{X}_{t-1}(1) = 6$ und $a_t \sim$N.V.(0,1) gilt.

Aufgabe 2.4.4 (PC-Labor) Untersuchung des Prognoseverhaltens von simulierten ARMA- und ARIMA-Prozessen

1) Werten Sie die folgenden Mehrschrittprognosen für die identifizierten Prozesse aus Aufgabe 2.2.8 und Aufgabe 2.3.5 und 2.3.6 mit einem Horizont 10 aus. Unterscheiden Sie dabei zwischen

- Prognosen für ARMA-Prozesse ohne Absolutglied
- Prognosen für ARMA-Prozesse mit Absolutglied
- Prognosen für ARIMA-Prozesse ohne Absolutglied, incl. Random Walks ohne Drift
- Prognosen für ARIMA-Prozesse mit Absolutglied, incl. Random Walks mit Drift

2) Vergleichen Sie die Prognosen mit folgenden Prozessen grafisch:

- AR(1)-, MA(1)- und ARMA(1,1)-Prozesse
- ARI-Prozesse
- IMA-Prozesse
- ARI(1)- , IMA(1)- und ARIMA(1,1,1)- Prozesse
- Random Walk mit Drift und trendstationärer Prozess

Ziehen Sie dabei Referenzlinien bei t = 50 und $x_t = 0$ ein.

3) Diskutieren Sie den Einfluss des Absolutgliedes auf den Prognoseverlauf

Setzen Sie sich mit folgenden Aussagen auseinander:

1) Die Mehrschrittprognose eines stationären AR(1)-Prozesses mit Absolutglied strebt gegen den Erwartungswert des Prozesses.

2) Die Konfidenzintervalle eines ARMA-Prozesses weiten sich auf.

3) Bei integrierten MA-Prozessen tendieren die Konfidenzintervalle gegen eine konstante Breite.

3. Zusammenfassung und Ausblick

3.1 Komplexbeispiel zur vorhersageorientierten Modellwahl nach der Box-Jenkins-Technik

Beispiel 3.1 Gegeben sein die monatliche Entwicklung der Flugpassagierzahl auf dem größten deutschen Flughafen in Frankfurt/Main von 1980 bis 1992 (siehe Verzeichnis). Es soll ein Prognose-Modell von Typ ARIMA angepasst und für die beiden letzten Jahre 1991 und 1992 auf seine Güte überprüft werden. Der Analysezeitraum verkürzt sich damit auf den Zeitraum von 1980 bis 1990.

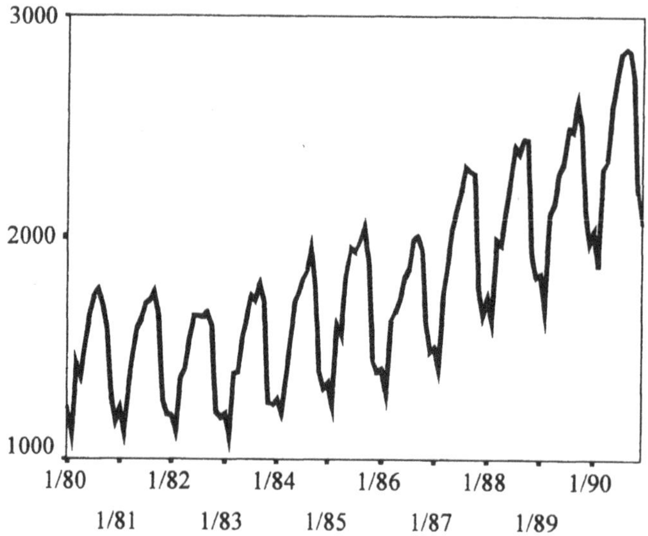

Bild 3.1.1 Monatlich abgefertigte Fluggäste auf dem Flughafen Frankfurt/Main in Tausend

Wie die alle Monatsreihen der zivilen Luftfahrt ist diese Reihe saisonal geprägt und folgt darüber hinaus einem nichtlinearen Trend. Der Saisoneinfluss ist nicht starr und hat sich über die Jahre verstärkt. Im Kapitel 1.4 wurde deshalb eine logarithmische Transformation zur Stabilisierung der Saison und zur Annäherung an eine Normalverteilung diskutiert. Mit ihrer Hilfe lässt sich die Schiefe der empirischen Verteilung von 0,577 auf 0,11 reduzieren und näherungsweise eine Normalverteilung erreichen.

Die Saisondifferenz kann den nichtlinearen Trend nicht vollständig herausnehmen (siehe Bild 3.1.2), so dass eine Kombination mit einer weiteren einfachen Differenz erforderlich ist. Ein Vergleich der verschiedenen Differenzen zeigt, dass die Kombination von einfacher und saisonaler Differenz varianzminimierend ausfällt (siehe Tabelle 3.1.1).

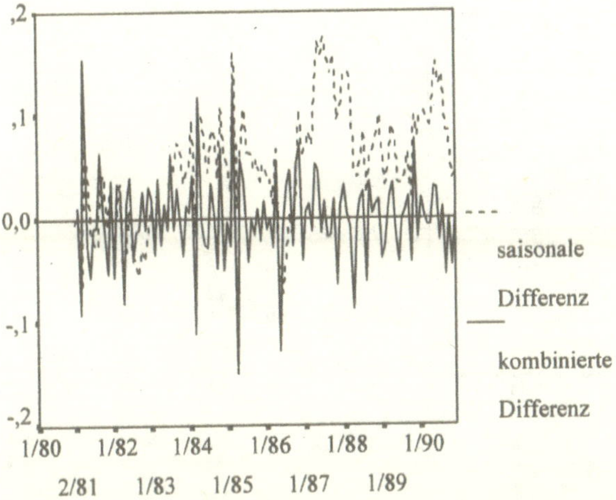

Bild 3.1.2 Saisondifferenzen und eine Kombination von einfachen mit saisonalen Differenzen und kombiniert mit einfachen Differenzen (Bsp. 3.1)

Tabelle 3.1.1 Vergleich der Varianzen für drei Filtervarianten (Bsp. 3.1)

Transformation/Differenz	$1 - B^{12}$	$(1 - B)(1 - B^{12})$	$(1 - B^{12})^2$
ohne	12267	**5801**	22049
logarithmisch	$3{,}183 \cdot 10^{-3}$	$\mathbf{2{,}067 \cdot 10^{-3}}$	$6{,}53 \cdot 10^{-3}$

Im Korrelogramm brechen die Autokorrelationen nach dem ersten Lag zunächst ab und schwingen dann beim Saison-Lag nochmals auf.

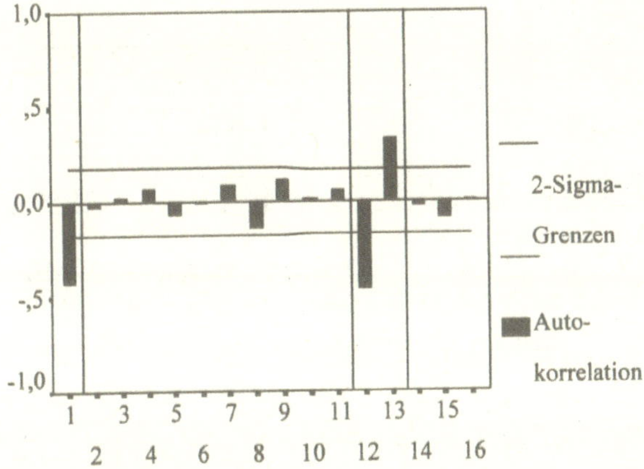

Bild 3.1.3 Korrelogramm der gemischten Differenzen (Bsp. 3.1)

Die partiellen Autokorrelationen hingegen schwingen anfangs ab, brechen dann aber am Saison-Lag aus den 2σ-Grenzen noch einmal aus.

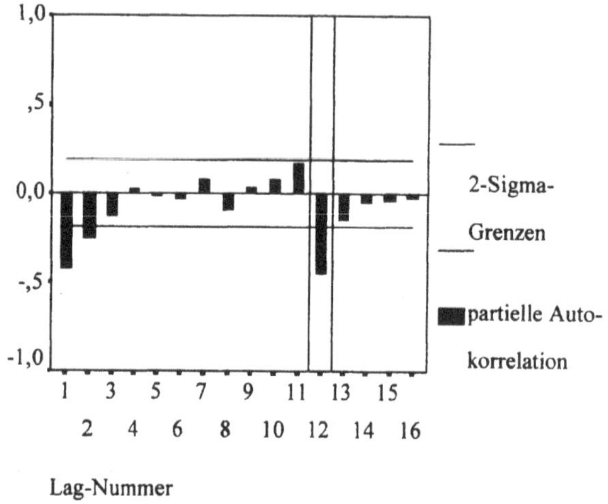

Bild 3.1.4 Partielles Korrelogramm der gemischten Differenzen (Bsp. 3.1)

Die Auswertung der Kennfunktionen führt gemäß Kap. 2.2 dazu, ein multiplikatives MA-Modell mit einem multiplikativen AR-Term und einem Absolutglied für die gefilterte Reihe anzusetzen.
Das Absolutglied und das saisonale AR-Gewicht lassen sich allerdings nicht hinreichend sicher schätzen, denn die ausgewiesene Irrtumswahrscheinlichkeit übersteigt 5% (siehe Tabelle 3.1.2). Beide Parameter werden schrittweise aus dem Modellansatz entfernt. Dabei sinkt der AIC-Wert auf – 480.

Tabelle 3.1.2 Schätzergebnisse der Modellselektion (Bsp. 3.1)

Versuch	d_0	α in %	c_1	α in %	c_{12}	α in %	d_{12}	α in %	AIC
1	0,0008	7,6	-0,541	0	-0,721	0	-0,145	27,3	-481
2	0,0008	6,4	-0,532	0	-0,831	0			-481
3			-0,502	0	-0,786	0			-482

Das letztlich spezifizierte Modell hat die Struktur ARIMA $(0,1,1)(0,1,1)_{12}$. Mit Hilfe der Verschiebeoperatoren B und B^{12} ergibt sich aus der Kurzform zunächst die Darstellung

$$(1-B)\left(1-B^{12}\right)\ln X_t = \left(1+c_1B\right)\left(1+c_{12}B^{12}\right)a_t.$$

Nach Ausmultiplizieren der Klammern und Einsetzen der Schätzwerte folgt schließlich die Modellgleichung mit

$$Y_t = \ln X_t$$
$$Y_t = Y_{t-1} + Y_{t-12} - Y_{t-13} + a_t - 0{,}502 \cdot a_{t-1} - 0{,}786 \cdot a_{t-12} + 0{,}395 \cdot a_{t-13}.$$

Die **Modellüberprüfung** wird nach vier Kriterien durchgeführt. Zunächst weist das Korrelogramm der Residuen keine signifikant von 0 verschiedenen Werte auf.

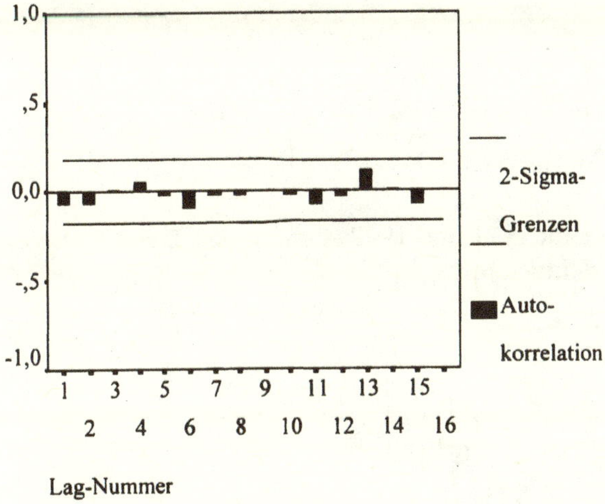

Bild 3.1.5 Korrelogramm der Residuen des MA-Modells (Bsp. 3.1)

Das kumulierte Periodogramm verläuft ebenfalls innerhalb des Konfidenzbandes zur Irrtumswahrscheinlichkeit 5%.

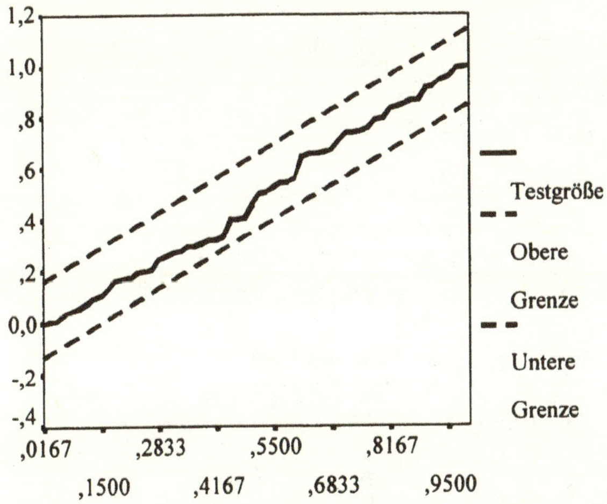

Bild 3.1.6 Kumuliertes Periodogramm der Residuen des MA-Modells (Bsp. 3.1)

Die Durbin-Watson-Statistik liegt mit 2,088 im Bereich der Annahme der Nullhypothese. Die modifizierte Box-Pierce-Statistik ihrerseits beträgt 7,348 und liegt unter dem Vergleichswert 23,685 der Chi-Quadrat-Verteilung mit 16 - 2 Freiheitsgraden bei einer Irrtumswahrscheinlichkeit von 5%. Nimmt man alle vier Kriterien zusammen, so ist weder eine Autokorrelation erster oder höherer Ordnung noch ein saisonales Nachwirken in den Residuen des MA-Modells festzustellen. Die Spezifikation kann als erfolgreich angesehen werden.
Die entsprechende **Prognoseformel** für die Periode t+1 lautet

$$
\begin{aligned}
Y_t &= \ln X_t \\
\hat{Y}_t(1) &= Y_t + Y_{t-11} - Y_{t-12} - 0{,}502 \cdot \left(Y_t - \hat{Y}_{t-1}(1)\right) \\
&\quad - 0{,}786 \cdot \left(Y_{t-11} - \hat{Y}_{t-12}(1)\right) + 0{,}395 \cdot \left(Y_{t-12} - \hat{Y}_{t-13}(1)\right).
\end{aligned}
$$

Die Intervall-Prognose für 1991 und 1992 schreibt den Trend und die Saisondynamik offensichtlich fort.

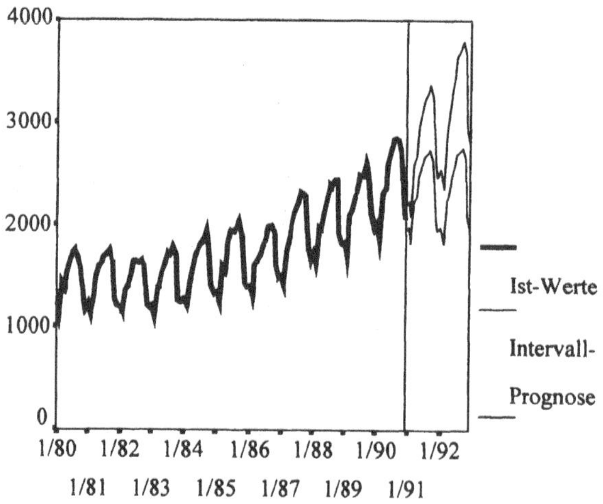

Bild 3.1.7 Intervall-Prognose der Anzahl von Fluggästen (Bsp. 3.1)

Die Vergleichsprognosen für 1991 und 1992 weisen eine abnehmende Fehlertendenz auf. Für 1991 sind die Auswirkungen des Golf-Krieges

Tabelle 3.1.3 Prognosefehler in den Jahren 1991 und 1992

Jahr	RMSE	RMSE%	MAX	MAX%	GT%	TT%
1991	284	11,03	549	21,32	75	92
1992	200	7,31	333	12,18	83	83
1991-92	246	10,08	549	22,51	79	88

zu beachten. Aus Bild 3.1.8 ist ersichtlich, dass die Nachfrage wegen der Kriegsfolgen etwas unter dem Prognoseschlauch verläuft, sich dann aber im zweiten Halbjahr wieder normalisiert. Die Prognosegüte fällt dementsprechend für das folgende Jahr 1992 wesentlich besser aus.

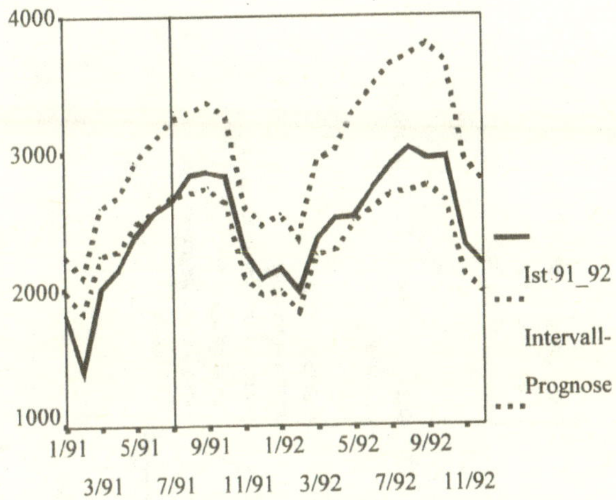

Bild 3.1.8 Vergleich der Intervall-Prognose mit der tatsächlichen Entwicklung von 1991 bis 1992 (Bsp. 3.1)

Beim **Model-Updating** für die Vergleichsjahre 1991-92 werden die im Analysezeitraum von 1980 bis 1990 geschätzten Parameter nur geringfügig auf

$d_1 = -0{,}355$ und $d_2 = -0{,}835$.

Korrigiert. Die Modell-Struktur ändert sich nicht. Der spezifizierte Modellprozess vom Typ ARIMA $(0,1,1)(0,1,1)_{12}$ ln ist offenbar typisch für Zeitreihen der Beförderung von Flugpassagieren (siehe Box/Jenkins [1970]).
Die soeben beschriebene Methodik der sukzessiven Modell-Auswahl wird anhand der Auswahlpyramide von Bild 3.1.9 noch einmal grafisch veranschaulicht. In der Tabelle 3.1.4 sind die einzelnen Schritte der nach ihren Initiatoren benannten Box-Jenkins-Technik zusammengestellt. Die möglichen Rückkopplungen sind bereits in Kap. 2.2 beschrieben und in Struktogrammen skizziert worden. Es handelt sich vor allem um Schleifen, die innerhalb der Schätzphase zu durchlaufen sind. Wenn aber beim Schätzen eine Überdifferenzierung erkannt worden ist, muss noch einmal zur Struktur-Identifikation zurückgekehrt werden.

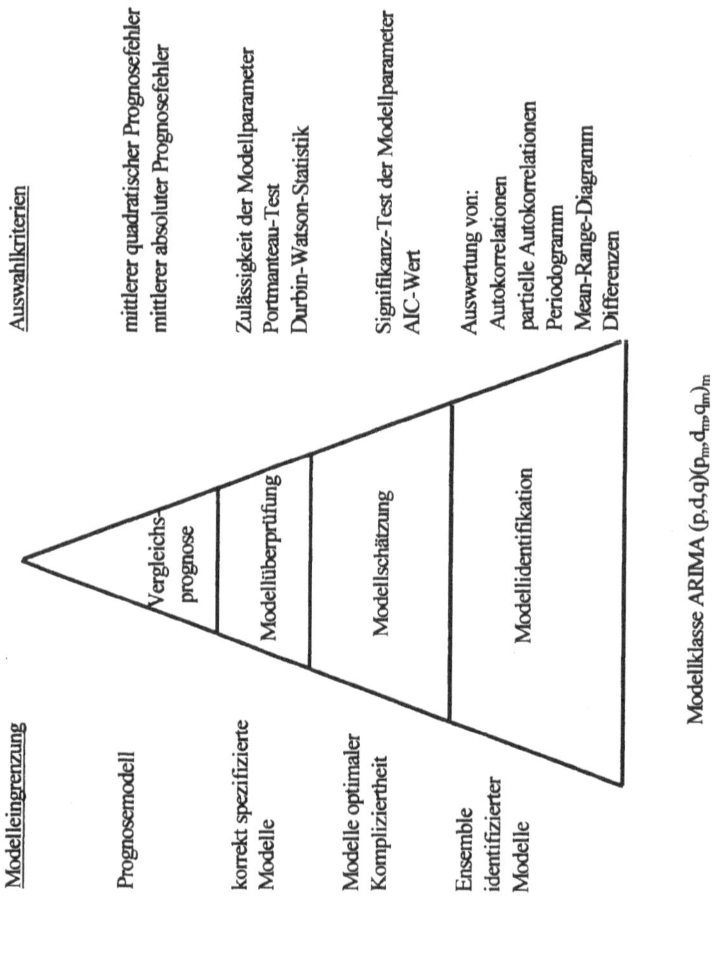

Bild 3.1.9 Modellauswahl-Pyramide der univariaten Box-Jenkins-Technik

Modell-Überprüfung und Modell-Schätzung hängen mit Blick auf ein systematisches Abrüsten von überparametrisierten Ansätzen durch Signifikanzprüfung besonders eng zusammen.
Falls die Prognose-Eigenschaften eines spezifizierten Modells nicht ausreichend sind, sollte ein Rücksprung zur Identifikation erfolgen und die Prozedur erneut gestartet werden.
Für die Einführungsphase von Prognose-Modellen sind flankierende Vergleiche mit Expertenschätzungen sinnvoll. Das gilt auch für die Modell-Überwachung.

Tabelle 3.1.4 Schrittfolge der Box-Jenkins-Technik

Schritt	Aktion	Probleme
Transformation	Box-Cox (Mean-Range-Darstellung) Kalenderbereinigung mittels Regression Ausreißerbehandlung mittels robuster Glättung	Schätzung des Parameters λ Schätzung der Wochentags- und Schaltjahresgewichte Unterscheidung zwischen singulären und gepaarten Ausreißern
Differenzen-bildung	Einfache und/oder saisonale Differenzen bilden	Ordnung der Differenzen bestimmen
Gewinnung von Modell-hypothesen	Bestimmung der Ordnung p bzw. q aus acf und pacf	Berücksichtigung multiplikativer Strukturen
Modell-spezifikation	Schätzung der Parameter Sicherheitscheck der Parameter Güteprüfung der Modells mittels AIC	Ausschluss unsicherer Schätzwerte mittels 5%-Regel Minimierung des AIC
Prüfung auf Fehlspezifikation	Auswertung der acf und pacf bez. der Residuen	Überparametrisierte Modelle
Prognose	Erstellung von Punkt- und Intervallprognosen	Auswertung von Vergleichsvorhersagen Tendenzbestimmung
Rücktrans-formation		Korrektur der Punktprognose asymmetrische Intervalle

Die Box-Jenkins-Technik ist im SPSS-Modul *Trends* (Menü Statistik/Zeitreihen) als manuelle Variante unter ARIMA und als automatisierte Variante unter X11-ARIMA enthalten. Die automatische Modell-Selektion umfasst zusätzlich eine Kalender- und Saisonbereinigung mit einer Reihe von Schwächen (siehe Edel/Stier [1997]). Das Verfahren X11-ARIMA neigt z.B. zur Überparametrisierung von Prognose-Modellen.

3.2 Methoden- und Softwareüberblick

Die Modellierung der Strukturen einer Zeitreihe und ihre Nutzung für eine Prognose, kann auf sehr unterschiedliche Weise erfolgen. Zu den strukturbestimmenden Phänomenen einer Zeitreihe gehören vor allem Trend und Saison, aber Kalenderabhängigkeit und Schockfortwirkung. Sie lassen sich mit Methoden der Dekomposition, der Differenzenbildung und mit Hilfe von ARMA-Modellen praktikabel behandeln. Die Daten können darüber hinaus weitere Phänomene, wie extreme Werte, Fehlstellen oder Strukturbrüche aufweisen, die sich aber oft durch vorgeschaltete Bereinigungsroutinen beheben lassen. Um die Voraussetzungen für eine statistische Analyse, wie Normal-Verteilung und Homogenität der Varianz zu sichern, sind der eigentlichen Modell-Bildung geeignete Transformationen vorzuschalten.
Wer Bereinigung und Transformation vermeiden oder zusätzlich noch erklärende Zeitreihen als Modell-Input verwenden will, der wird in der Fachliteratur eine Vielzahl von alternativen Ansätzen finden. Dazu gehören robuste Schätzverfahren, die Ausreißer, Lücken und schiefe Verteilungen verkraften (Schlittgen [1996], Heiler [1994]), Zeitreihen-Struktur-Modelle auf der Grundlage von Random Walks (Harvey [1994]) und multivariate ARIMA-Ansätze (Lütkepohl [1992]). Diese Verfahren erfordern allerdings ein wesentlich höheres Maß an Methodenverständnis, dazu eine Spezial-Software und entsprechende Anwendungserfahrungen.

Tabelle 3.2.1 Modellierung von Zeitreihen für Prognoserechnungen

Zeitreihenphänomen	Modellierung	Bereinigung
Ausreißer	Robuste Schätzverfahren	Gleitende Mediane
Fehlende Beobachtungen	Robuste Schätzverfahren	Lückenschluss durch Interpolation
Niveau-Verwerfung	Dummy-Variable	Shiften
Kalendereinfluss	Regression X 11-ARIMA	Abzug der Komponente
Zeitvariable Varianz	Mean-Range-Beziehung Random Walk Ansatz	Box-Cox-Transformation
Trend	Anpassung Trendfunktion	Einfache Differenzen
Saison/Zyklen	Identifikation mittels Periodogramm Anpassung von Saisonfunktionen	Saisondifferenzen
Kurzfristeinflüsse (Schocks)	Identifikation über Korrelogramm und partielles Korrelogramm ARMA-Ansatz	Glättung Summation
weitere Einflussgrößen	multivariate ARIMA-Modelle	

Einen Überblick zur Prognose-Software mit 51 weltweit vertriebenen Paketen bzw. Modulen gibt Rycroft [1999]. Wie daraus zu sehen ist, wird der Markt von US amerikanischen Entwicklern dominiert. Europäische Entwickler sind in dieser Aufstellung nur zweimal vertreten mit STAMP (Tilburg) und UNISTAT Statistical Package (London).

Tabelle 3.2.2 Prognose-Software nach Rycroft (ohne Derivate)

Paket	Vers.	eMail des Anbieters
ABStat&WEBSURV	1.93	ABELL@RMII.COM
Autobox for Windows	4.00	Dave@autobox.com
Eviews	3.00	sales@eviews.com
EXPO	3.20	LMT@WORLD.STD.COM
Forecast Pro XE	3.00	Sales@forecastpro.com
GAUSS Applications		Info@Aptech.com
LIMDEP/W for Windows	7.00	EconSoft@worldnet.att.net
Logol		http://RGBrown.com
MATLAB	5.10	finance@mathworks.com
Minitab	12.00	sales@minitb.com
Modler	7.68	74242.2260@compuserve.com
NCSS 97		sales@ncss.com
Peer Planner for Windows 95/NT	4.00	delphus@worldnet.att.net
RATS	4.30	estima@estima.com
REMI Policy Insight	EDFS-53	Remi@crocker.com
SAS Software		software@sas.com
SCA Forecasting and Modelling Package		sca@scausa.com
Shazam	8.00	shazam@econ.ubc.ca
SIBYL/RUNNER	1.16	mikeh@world.std.com
Smart Forcast for Windows	4.10	info@smartcorp.com
SORITEC for Windows	1.00	jstreets@fisisoft.com
S-Plus 4 for Windows		mktg@statsci.com
SPSS Trends for Windows SPSS Decision Time SPSS What If	6.1	sales@spss.com
STAMP	5.0	stamp@ise.ac.uk
Statgraphics Plus for Windows		Answer@manu.com
Statistica for Windows	5.10	info@statsoft.com
Statistix for Windows	1.00	statistix@compuserve.com
tsMetrix	2.0	tsmetrix@rer.com
TSP	4.4	sales@tspintl.com
Turbo Spring-Stat		pavi53@aol.com
UNISTAT Statistical Package		unistat@unistat.demon.ca.uk
VORSIM		VORSIM@erols.com
WINKS Professional	4.5	info@texasoft.com

3.3 Übungen und Kontrollfragen

Aufgabe 3.1 (PC-Labor) Analysieren und prognostizieren Sie folgende Zeitreihen (siehe Verzeichnis) mit Hilfe der Box-Jenkins-Technik und SPSS. Überprüfen Sie dabei die Prognosegüte Ihres jeweiligen ARIMA-Modells mit Hilfe einer Vergleichsprognose über den letzten Zyklus.

1) Monatlicher Tankbierabsatz einer Brauerei in khl

Der Horizont für die Mehrschrittprognose betrage 9 Monate.

2) Monatlicher Elektroenergie-Verbrauch eines Kühlhauses in MWh

Der Horizont für die Mehrschrittprognose betrage 12 Monate.

3) Täglicher Brotabsatz einer Großbäckerei in Tsd. Stück

Der Horizont für die Mehrschrittprognose betrage 5 Tage.

4) Täglicher AfG-Absatz eines Getränkeherstellers in Tsd. Harrassen

Der Horizont für die Mehrschrittprognose betrage 6 Tage.

Setzen Sie sich mit folgenden Aussagen auseinander:

1) Die Box-Jenkins-Technik ist ein rein statistisches Verfahren ohne heuristische Auswahlregeln.

2) Die Klasse der ARIMA-Prozesse umfasst alle Modelle der exponentiellen Glättung.

3) Schätz- und Prognosegüte liegen stets im Einklang miteinander.

4) Je mehr Differenzen gebildet werden, desto leichter lässt sich eine Modellstruktur identifizieren.

5) Die Box-Jenkins-Technik kann auch auf beliebige trendstationäre Prozesse angewendet werden.

Lösungen zu den Übungsaufgaben

A 1.1.1 Wendepunkte: 0; -1; 1 und Sättigungswerte: 15; 100; 1,4.

Ergebnisse der Linearisierung:

$$\ln\left(\frac{15}{x_t}-1\right)=-0{,}2\cdot t \qquad \ln\left(\ln\left(\frac{100}{x_t}\right)\right)=\ln 2+t\cdot\ln 0{,}5 \qquad \ln\left(\frac{1{,}4}{x_t}\right)=0{,}5\cdot t$$

A 1.1.2 Restvarianz $9{,}04^2$

t	Gewicht	Schätzwert	OKI[1]	UKI[2]
21	13,2	65,4	78,6	52,2
22	15,9	72,8	88,7	56,9
23	19,0	80,6	99,6	61,6
24	22,3	88,8	111,1	66,5
25	26,0	97,4	123,4	71,4

A 1.1.3 Trendextrapolation

Steinkohlenförderung Deutschland:
- Optimistischer Ansatz: $94{,}7-2{,}5\cdot t$ $R^2 = 94{,}9\%$
- Pessimistischer Ansatz: $89{,}0-0{,}7\cdot t-0{,}1\cdot t^2$ $R^2 = 97{,}7\%$

Bevölkerung der Republik China:
- Pessimistischer Ansatz: $13{,}22+0{,}29\cdot t$ $R^2 = 98{,}9\%$
- Optimistischer Ansatz: $12{,}58+0{,}41\cdot t-0{,}004\cdot t^2$ $R^2 = 99{,}9\%$

Bauinvestitionen alte Bundesländer:
- Optimistischer Ansatz: $185{,}66+11{,}98\cdot t-0{,}5\cdot t^2$ $R^2 = 92{,}2\%$
- Pessimistischer Ansatz: $205{,}53-3{,}38\cdot t+2{,}34\cdot t^2-0{,}15\cdot t^3$ $R^2 = 97{,}1\%$

A 1.1.4 TÜV geprüfte Hänger Strukturbruch 1984/85

-Modell 1: $7{,}6 + 0{,}6\cdot t$ $R^2 = 97{,}5\%$

-Modell 2: $2{,}7 + 0{,}8\cdot t$ $R^2 = 93{,}6\%$

A 1.1.6 Bodenpreise Distrikt Tokai (Japan), Johnson-Funktion mit $b_0 = 338{,}37$; $b_1 = 12{,}22$; $b_3 = -1{,}04$; $R^2 = 98{,}6\%$

[1] oberes Konfidenzintervall

[2] unteres Konfidenzintervall

A 1.2.1 und A 1.2.2

A1.2.1		A1.2.2		
GD[3](3)	GM[4](3)	T4253H	GD(3)	GD(5)
		2,8	8,3	10,1
3,7	5	3,6	11	11,4
4,7	5	4,2	12,3	11,6
4	4	4,6	14,3	12
12,3	4	4,8	12,3	13,8
12,3	4	5,1	12,3	13,8
14	8	5,2	14,7	14,4
5	4	4,9	16,3	15
5	4	4,3	16,3	15,4
		4	15	14,3

A 1.2.5 Flugpassagiere London-Heathrow, Lückenschluss von 4/90 bis 9/90 mittels Saisondurchschnitt: 3165; 3343; 3567; 3928; 3947; 3888

A 1.3.1 Vermutung auf einen Zyklus der Länge 4; Peak im Periodogramm bei 104,2

A 1.3.2 Periodogrammwert 115,2 (Peak mit Zyklus von 2 Perioden)

Saisonfunktion

$$x_S(t) = a \cdot \cos(\pi \cdot t) + b \cdot \sin(\pi \cdot t) = a \cdot \cos(\pi \cdot t)$$

Saisonbereinigung mit Ausschlägen 2,625 und –2,625

1	2	3	4	5
2,38	3,63	4,38	4,63	3,38
6	7	8	9	10
3,63	5,38	4,63	4,38	5,63

A 1.3.4 BauWert: Peak bei f = 0,0833; PrivVerb: Peak bei f = 0,5; BauVol: Peak bei f = 0,25; EEV: Peak bei f = 0,0833; Back: Peak bei f = 0,2

A 1.4.1

Muster/Fallbsp.	1	2	3	4
Trend		1-B	$(1-B)^2$	$(1-B)^3$
Add. Überl.	$1-B^{12}$	$1-B^{12}$	$(1-B)(1-B^{12})$	$(1-B)^2(1-B^{12})$
Mult. Überl.	$1-B^{12}$	$(1-B^{12})^2$	$(1-B^{12})^3$	$(1-B^{12})^4$

[3] gleitender Durchschnitt
[4] gleitender Median

A 1.4.2 Bsp. 1: Logarithmieren und Differenzenfilter $1\text{-}B^4$ auflegen.

Bsp. 2: Quadrieren und Differenzenfilter $1\text{-}B^2$ auflegen.

Änderung bei additiver Verknüpfung

- Bsp. 1: Reihenfolge von Transformation und Differenz vertauschen.

- Bsp. 2: Nur Saisonausschaltung mit dem Differenzenfilter.

A 1.4.3 Kombination von einfacher und saisonaler Differenz

A 1.5.1 $r_1 = -0{,}343$; $r_2 = -0{,}172$; $p_1 = -0{,}343$; $p_2 = -0{,}329$

A 1.5.2 $-1 < d_2 < 0{,}5$

A 1.5.3 $-2 < c_2 < 1$

A 1.5.5 Modellempfehlung für die Reihe Zinssatz für Tagesgeld: AR(4) mit Absolutglied.

A 1.6.1

1) Absatz Margarine und Backfett: Einfache Glättung mit $\alpha = 0{,}4$.
2) Unfälle unter Alkohol monatlich: Winters-Glättung mit $\alpha = 0{,}1$.

A 1.6.2

1) Modellempfehlung für die Reihe Unfälle in Deutschland jährlich: AR(1) mit Absolutglied.

2) Modellempfehlung für die Reihe Zinssatz für Dreimonatsgeld: AR(4) mit Absolutglied.

A 1.6.3 Flugpassagiere Berlin für 2010 in Tausend

1) Extrapolation Jahrestrend linear und quadratisch [13.016;17.039]

2) Extrapolation der Ausgaben deutscher Touristen im Ausland in Mrd. DM subjektiv (Verdopplung) und quadratischer Trend [132; 197]

3) Regression der Flugpassagiere auf die Ausgaben mit Exponentialfunktion und Prognosen aus 2) [24.580; 52.976]

4) Extrapolation des Monatstrends von Berlin mit 32.348 und von London-Heathrow mit 120.000

5) Zusammenfassung zur Intervallprognose für 2010 durch Mittelung der Ergebnisse aus 1) und 3) sowie Abgleich mit 4) [18.798; 34.118][5]

A 2.1.1

Nr. Modell	Erwartungswert	Varianz	Typ
1	4	2,7	stationär
2	0	$4\cdot t$	instationär
3	$2{,}5-0{,}5\cdot t$	1	instationär
4	$2{,}6\cdot\cos(\pi/3)\cdot t$	1	instationär

A 2.1.2

Nr. Modell	Erwartungswert	Varianz	Typ
1	1,5	0,35	stationär
2	0,6	2,7	stationär
3	2,5		stationär

A 2.1.3

P1: Operatorgleichung $(1-B)(1 - d\cdot B)X_t = (1 + c\cdot B)a_t$

P1: Langform $X_t = (d+1)\cdot X_{t-1} - d\cdot X_{t-2} + a_t + c\cdot a_{t-1}$

P2: Operatorgleichung $(1-B^4)(1 - d_4\cdot B^4)X_t = (1 + c_4\cdot B^4)a_t$

P2: Langform $X_t = (d_4+1)\cdot X_{t-4} - d_4\cdot X_{t-8} + a_t + c_4\cdot a_{t-4}$

P3: Operatorgleichung $(1-B)(1-B^4)X_t = \mu + a_t$

P3: Langform $X_t = \mu + X_{t-1} + X_{t-4} - X_{t-5} + a_t$

P4: Operatorform $(1-B)(1 - d_1\cdot B - d_2B^2)X_t = a_t$

P4: Langform $X_t = (d_1+1)\cdot X_{t-1} + (d_2-d_1)\cdot X_{t-2} - d_2\cdot X_{t-3} + a_t$

[5] Die BBF-Holding ging 1993 von einem jährlichen Zuwachs von 1 Mio aus, korrigierte 1994 ihre Prognose von 40 Mio zunächst auf 28 und 1995 noch einmal auf 24 Mio herunter (siehe Berliner Zeitung 13.2.95 und 20.2.95 und Spiegel 7/95).

P5: Operatorform $(1 - B^{12})X_t = (1 + c_{12}\cdot B^{12} + c_{24}\cdot B^{24})\, a_t$

P5: Langform $X_t = X_{t-12} + a_t + c_{12}\cdot a_{t-12} + c_{24}\cdot a_{t-24}$

P6: Operatorform $(1 - B^{12})^2 X_t = \mu + (1 + c_{12}\cdot B^{12})\, a_t$

P6: Langform $X_t = \mu + 2X_{t-12} - X_{t-24} - X_{t-13} + a_t + c_{12}\cdot a_{t-12}$

A 2.1.4

P1: Operatorgleichung $X_t - 1{,}5 = (1 + 0{,}6\cdot B + 0{,}2\cdot B^2)a_t$

P1: Kurzform (0, 0, 2) mit Absolutglied

P2: Operatorgleichung $(1 - 0{,}5\cdot B)(X_t - 0{,}3) = (1 + 0{,}1\cdot B)a_t$

P2: Kurzform (1, 0, 1) mit Absolutglied

P3: Operatorgleichung $(1 - 0{,}5\cdot B - 0{,}1\cdot B^2)X_t = a_t$

P3: Kurzform (2, 0, 0) ohne Absolutglied

A 2.1.5 P1: Kurzform $(0, 0, 1)(0, 0, 1)_{12}$

P2: Kurzform $(0, 1, 0)(0, 1, 0)_4$

A 2.2.1

Lag	AR(2)	MA(2)	ARMA(1,1)
1	0,625	-0,343	0,472
2	0,512	-0,143	0,330
3	0,381	0	0,231
Vorzeichentausch von d und c			
1	-0,417	0,514	-0,472
2	0,008	0,143	0,330
3	0,079	0	-0,231

Stationarität liegt vor, da die Nullstellen der charakteristischen Gleichungen stets betragsmäßig kleiner als 1 sind:

Modell AR(2): Nullstellen 0,78 und –0,26.
Modell ARMA(1,1): Nullstelle 0,7.

A 2.2.2 1. Prozess $r_1 = (-1/3)/(10/9) = -0{,}3$ $r_2 = r_3 = ...0$

2. Prozess $r_1 = -3/10 = 0{,}3$ $r_2 = r_3 = ...0$

A 2.2.3 1. Prozess $X_t = a_t + 0{,}5 \cdot a_{t-1} + 0{,}5^2 \cdot a_{t-2} + 0{,}5^3 \cdot a_{t-3} + ...$

2. Prozess $X_t = a_t + 0{,}4 \cdot a_{t-1} + 0{,}28 \cdot a_{t-2} + 0{,}196 \cdot a_{t-3} + ..$

3. Prozess $X_t = 2 + a_t + \cdot a_{t-1} + \cdot a_{t-2} + \cdot a_{t-3} + ..$

A 2.2.4 $X_t = a_t + 0{,}5 \cdot a_{t-1} + 0{,}45 \cdot a_{t-2} + 0{,}325 \cdot a_{t-3} + 0{,}2525 \cdot a_{t-4} \cdot + ...$

Tendenz fallend.

A 2.2.5 P1: AR(1) mit $d = 1/3$.

P2: AR(2) mit $d_1 = 0{,}75$ und $d_2 = 0{,}15$.

P3: AR(3) mit $d_1 = 1$, $d_2 = -0{,}84$ und $d_3 = 0{,}1$.

P4: AR(1) mit $d = -1/2$.

P5: MA(3) mit $c_1 = 1{,}03$; $c_2 = -0{,}45$; $c_3 = 0{,}12$.

A 2.2.6 P1: ARMA(1,1) mit $d = 0{,}8$ und $c = -0{,}5$.

P2: AR(1) mit $d = 0{,}8$ und $c = 0$.

P3: ARMA(1,1) mit $d = 0{,}8$ und $c = 0{,}5$.

A 2.3.7 Empfehlung instationärer Modellprozesse:

1) Wechselkurs von Yen in DM: Random Walk mit Drift

2) Nikkei-Index: Random Walk mit Drift

3) Rendite Schweizer Obligationen: ARMA(3,1,0) ohne Absolutglied.

A 2.4.1 $\beta_1 = 0{,}1$ und $\beta_2 = 0{,}05$

Prognose/h	1	2	3
Punktprognose	4,60	2,30	1,15
OKI	5,56	4,27	3,12
UKI	2,64	0,33	-0,82

A2.4.2 $\beta_1 = -0{,}7$; $\beta_2 = 0{,}5$; $\beta_3 = -0{,}1$

Prognose/h	1	2	3	4
Punktprognose	13,30	12,18	12,55	12,5
OKI	16,077	15,564	16,206	17,349
UKI	10,533	8,796	8,894	7,651

A 2.4.3 Ansatz ohne Absolutglied

Prognose/h	1	2	3
Punktprognose	4,5	4,5	4,5
OKI	6,46	8,03	9,1
UKI	2,54	0,97	-0,1

Ansatz mit Absolutglied

Prognose/h	1	2	3
Punktprognose	14,5	24,5	34,5
OKI	16,46	28,03	39,1
UKI	12,54	20,97	29,90

A 3.1 Modellempfehlungen zur Box-Jenkins-Technik

1) Zeitreihe Tankbier: ARIMA $(0,1,1)(0,1,1)_{12}$ln ohne Absolutglied.

2) Zeitreihe Elektroenergieverbrauch: ARIMA $(0,0,1)(1,1,0)_{12}$ ohne Absolutglied.

3) Zeitreihe Tagesabsatz von Brot: ARIMA $(1,0,0)(1,1,0)_5$ ohne Absolutglied

4) Zeitreihe Tagesabsatz von AfG: AR(1) mit Absolutglied.

Verzeichnis der Zeitreihen-Beispiele

Anzahl jährlich abgefertigter Fluggäste auf dem Flughafen London-Heathrow (Mio.)

1977	23,4	**1982**	26,4	**1987**	34,7	**1992**	45,2
1978	23,4	**1983**	26,7	**1988**	37,5	**1993**	47,9
1979	26,5	**1984**	29,1	**1989**	39,6	**1994**	51,7
1980	28,0	**1985**	31,2	**1990**	43,0	**1995**	54,5
1981	27,5	**1986**	31,3	**1991**	40,2	**1996**	55,8

Quelle: DIW, Verkehr in Zahlen.

Anzahl monatlich abgefertigter Fluggäste auf dem Flughafen Singapore-Changi (Tausend)

	Jan	**Feb**	**Mar**	**Apr**	**Mai**	**Jun**	**Jul**	**Aug**	**Sep**	**Okt**	**Nov**	**Dez**
1991	1143	1015	1113	1146	1148	1366	1210	1384	1283	1286	1363	1520
1929	1307	1362	1309	1340	1273	1448	1459	1506	1395	1374	1463	1640
1993	1547	1333	1508	1474	1455	1625	1609	1714	1508	1556	1622	1840
1994	1569	1564	1715	1578	1533	1684	1757	1820	1647	1662	1718	1950

Quelle: International Civil Aviation Organisation Montreal (ICAO).

Jahresabsatz von Getränken (khl)

1973	610	**1977**	859	**1981**	1160	**1985**	1212
1974	645	**1978**	1030	**1982**	1271	**1986**	1250
1975	723	**1979**	1086	**1983**	1230	**1987**	1270
1976	786	**1980**	1077	**1984**	1155	**1988**	1282

Quelle: Absatzstatistik eines Getränkeherstellers.

Ausstattung deutscher Haushalte mit Farbfernsehgeräten in Prozent

1972	**1973**	**1974**	**1975**	**1976**	**1977**	**1978**	**1979**	**1980**	**1981**	**1982**	**1983**
9,1	10,9	21,1	29,3	42,2	50,1	60,9	69,2	73,8	78,7	81,5	85,1
1984	**1985**	**1986**	**1987**	**1988**	**1989**	**1990**	**1991**	**1992**	**1993**	**1994**	
87,6	87,1	90,1	91,2	94,1	95,2	95,8	95,9	96,5	96,9	96,3	

Quelle: BfW, Wirtschaft in Zahlen.

Monatliche Bettenauslastung in der Hanse-Stadt Stralsund in Prozent

	Jan	**Feb**	**Mrz**	**Apr**	**Mai**	**Jun**	**Jul**	**Aug**	**Sep**	**Okt**	**Nov**	**Dez**
1993	15	17,7	24,9	33	42,8	45,2	43,9	52,6	44,4	33,2	21,6	15,9
1994	13,8	17,2	28,9	31,4	52,8	50,2	46,5	44,9	44	27,9	16,9	12,7
1995	14,7	17	24,6	36,2	51,4	46	50	50,2	39,9	23	14,9	9,7
1996	7,8	10,8	15,5	25	42,1	43,6	52,6	47,2	42,4	26,6	14	9,8
1997	8,5	11	20,5	28,9	44,5	45,2	44,1	52,5	45,7	24,4	13,2	10

Quelle: Tourismusstatistik der Hanse-Stadt Stralsund.

Synthetische Reihe (Bsp. 1.3.2)

170	93	150	224	223	141	143	268	245	174
165	232	238	145	126	286	287	196	274	393
407	388	380	525	572	477	479	603	625	509
499	615	620	543	561	704	733	691	727	877

Quelle: Scheer [1983], Ablage zeilenweise.

Monatlicher Tankbierabsatz einer Brauerei (khl)

1974	1975	1976	1977	1978	1979	1980	1981
2339	1638	2101	2363	2697	3279	3438	4021
1588	1798	2307	2700	3388	3561	4044	4570
1800	2235	2281	2794	3609	4343	4584	4461
1858	2481	2827	3371	3570	4103	4536	4771
2001	2479	2713	3303	3783	4749	5711	5383
2169	1988	3083	3555	4163	4711	6225	4843
2911	2804	3657	4364	4405	5661	5609	5504
3414	2820	3872	4198	4890	5503	5860	5633
2077	2666	3149	3547	4206	4494	4800	5360
2184	2494	2773	3491	3923	4595	5256	5297
1913	2308	2382	3246	3893	4740	4576	4546
1809	2212	2798	3102	3543	4179	4330	4733

1982	1983	1984	1985	1986	1987	1988	1989
4646	4811	6236	6770	6771	7386	7034	7150
4646	5896	6582	7881	7237	6279	7449	8525
5868	7426	8029	8290	8335	8370	8569	9530
6346	7076	7661	8720	8966	8356	10320	
6857	7749	8471	9813	11709	11318	10340	
6602	8293	9103	9913	9402	8964	10641	
8295	9183	10198	9847	11799	11119	11100	
7278	9496	10725	10196	11147	11113	10474	
6829	8620	8785	8546	8645	8783	10427	
6269	8237	7994	9613	9615	10397	10329	
5814	6919	7929	8038	7765	7672	8677	
5686	6721	7527	7217	7948	8202	8651	

Quelle: Absatzstatistik eines Getränkeherstellers.

Monatlicher Einzelhandelsumsatz in den USA (Mio Dollar)

	1990	1991	1992	1993	1994	1995	1996	1997	1998
Jan	135823	133940	141269	147779	154595	166441	174314	187710	194449
Feb	130495	131203	142275	144354	155792	163293	181366	185182	190911
Mrz	152118	152214	153844	163990	184004	191193	200674	211725	216341
Apr	148785	151138	158174	169718	181415	186582	199969	206666	
Mai	158291	162806	164923	175486	186602	200374	215092	220869	
Jun	157868	156907	163456	174928	189506	201543	206074	213929	
Jul	153231	157578	164783	177114	185191	193761	206128	218017	
Aug	161757	162703	165263	176331	193232	203135	213706	221896	
Sep	149502	149213	159495	170359	185232	191802	197194	208727	
Okt	154663	154903	168134	175618	188733	192925	209194	217578	
Nov	159113	158565	166413	180446	193566	201328	211575	215632	
Dez	182965	184767	203560	217716	232010	236933	245910	258278	

Quelle: U.S. Bureau of Census.

Anzahl der durch Alkohol beim Fahrzeugführer verursachen Unfälle mit Personenschaden in Deutschland

	1984	1985	1986	1987	1988	1989	1990	1991	1992	1993	1994
Jan	2405	1316	1878	1564	2263	2284	2049	1952	1932	1867	1988
Feb	2309	1721	1702	1811	2027	2035	2199	1595	1893	1617	1526
Mrz	2755	2267	2317	1912	2083	2440	2178	2195	1906	1788	1762
Apr	3005	2625	2499	2397	2335	2584	2414	2439	2092	2137	2054
Mai	3647	3514	3429	3101	2958	2984	2970	2734	2831	2852	2429
Jun	3765	3452	3058	2875	2808	2933	2905	2872	2487	2472	2334
Jul	3790	3420	3109	3088	3100	3078	2776	2747	2566	2590	2635
Aug	3258	3260	3351	2978	2731	2805	2844	2933	2651	2496	2363
Sep	3418	3295	2949	2848	2730	2913	2722	2753	2458	2370	2357
Okt	3083	3142	2995	2910	2829	2939	2655	2568	2508	2446	2419
Nov	2935	2449	2893	2706	2370	2399	2517	2563	2371	2019	2154
Dez	3061	2680	2433	2739	2685	2607	2162	2246	2222	2257	2130

Quelle: Statistisches Bundesamt, CD Statis-Bund.

Index des Einzelhandelsumsatzes in Deutschland (1986 = 100)

	1980	1981	1982	1983	1984	1985	1986	1987	1988	1989	1990
Jan	83,5	80,9	81,8	84,6	95,8	100,6	100,2	86,2	86,4	97,5	103,4
Feb	82,8	87,9	88,1	85,6	101,1	98,3	94,4	88,5	94,1	99,9	102,9
Mrz	90,6	96,2	105,2	106,3	112,7	112,7	99,4	100	109,8	116,5	122
Apr	89,6	90	95,3	94	102,3	110,2	110,8	101,7	99,6	111,4	111
Mai	85,7	86,5	90,4	96,7	110,6	111	98,2	95,1	102,1	109,5	119,8
Jun	85,1	90,7	93,6	102,3	100,7	104,1	101,1	96,8	105,6	116,3	112
Jul	87,4	93,1	88,6	87,7	102,7	110,2	99,4	97,5	96,4	102,2	115,8
Aug	79,4	88,9	90,4	96,8	102,6	104,1	89,6	91,9	103	109,2	120,8
Sep	91,3	100,7	99,8	103,9	106	109,8	103,4	104,8	110,2	113,5	121,3
Okt	94,8	103,2	95,8	103,5	117,1	120,4	108	106,9	109,2	120,4	136,6
Nov	86,4	95,3	98,5	104,8	110,7	107,1	96,2	101,5	111,5	118,3	131,8
Dez	91	96,1	100,9	105,4	104,1	103,9	99,4	103,8	113	112,6	118,3

	1991	1992	1993	1994
Jan	122,9	120,6	103,1	105,5
Feb	114,5	118,8	110,1	110,2
Mrz	128,2	134,7	133,9	135,4
Apr	131,6	128,4	122,5	118
Mai	125,6	122	115,5	124,6
Jun	128,1	128,1	125,8	127,9
Jul	126,4	124,7	116,9	114,7
Aug	119,1	113,7	115,9	121,4
Sep	127,9	128,5	128,1	131
Okt	137,7	129	123,9	127,8
Nov	129,1	123,4	126,8	132,1
Dez	122,9	125,1	124	127,6

Quelle: Statistisches Bundesamt, CD Statis-Bund.

Anzahl der monatlich abgefertigten Fluggäste auf dem Flughafen Frankfurt/M. (Tausend)

	1980	1981	1982	1983	1984	1985	1986	1987	1988	1989	1990	1991	1992
Jan	1237	1231	1196	1209	1275	1347	1405	1505	1728	1835	2028	1828	2147
Feb	1115	1122	1129	1102	1212	1246	1300	1413	1629	1683	1866	1406	1984
Mrz	1438	1320	1366	1386	1364	1600	1622	1740	1989	2102	2315	2011	2363
Apr	1374	1473	1405	1390	1537	1553	1660	1879	1968	2152	2354	2153	2522
Mai	1522	1591	1542	1547	1706	1827	1719	2040	2123	2292	2586	2398	2533
Jun	1650	1630	1645	1633	1756	1953	1818	2129	2257	2335	2715	2560	2730
Jul	1735	1698	1645	1737	1817	1937	1859	2214	2409	2492	2834	2653	2914
Aug	1764	1714	1640	1713	1856	1977	1988	2322	2379	2480	2851	2835	3026
Sep	1694	1756	1661	1788	1950	2045	2002	2303	2447	2608	2838	2852	2951
Okt	1577	1647	1599	1716	1784	1890	1952	2287	2443	2497	2717	2820	2968
Nov	1279	1267	1216	1258	1400	1452	1612	1771	1919	2117	2200	2279	2325
Dez	1170	1203	1191	1248	1322	1394	1485	1651	1824	1974	2062	2077	2170

Quelle: Arbeitsgemeinschaft Deutscher Verkehrsflughäfen (ADV) Stuttgart.

Synthetische Reihe (Bsp. 1.4.3)

379,21	192,80	259,75	465,00	502,78	358,45	371,79	606,22	659,43	472,29
522,95	775,87	774,23	624,79	650,31	887,28	903,91	764,21	792,32	977,67
1016,50	844,00	857,40	1081,10	1094,91	905,23	939,40	1145,99	1163,89	987,62
987,11	1186,89	1266,91	1104,07	1130,01	1354,14	1370,45	1218,24	1303,94	1503,90
1555,72	1429,90	1483,54	1708,28	1809,42	1649,20	1693,03	1961,34	2042,07	1902,55
1915,11	2233,65	2260,35	2131,94	2180,78	2414,93	2502,05	2331,87	2374,44	2606,17

Quelle: Eigene Berechnung, Ablage zeilenweise.

Halbjährliche Sparquote[1] (Prozent)

1982	**1982**	**1983**	**1983**	**1984**	**1984**	**1985**	**1985**	**1986**	**1986**
13,3	12,2	10,9	10,8	11,4	11,4	12	10,8	12,2	12,2
1987	**1987**	**1988**	**1988**	**1989**	**1989**	**1990**	**1990**	**1991**	**1991**
13,1	12,1	13	12,7	12,6	12,3	14,1	13,6	13,8	12,9
1992	**1992**	**1993**	**1993**	**1994**	**1994**				
12,9	12,9	12,7	11,9	11,5	11,5				

Quelle: Sachverständigenrat, Jahresgutachten 1995/96 und ältere Gutachten.

Durchschnittszins für Dreimonatsgeld in Deutschland (Prozent)

1960	**1961**	**1962**	**1963**	**1964**	**1965**	**1966**	**1967**	**1968**	**1969**
5,1	3,59	3,42	3,98	4,09	5,14	6,63	4,27	3,81	5,79
1970	**1971**	**1972**	**1973**	**1974**	**1975**	**1976**	**1977**	**1978**	**1979**
9,41	7,15	5,61	12,14	9,9	4,96	4,25	4,37	3,7	6,69
1980	**1981**	**1982**	**1983**	**1984**	**1985**	**1986**	**1987**	**1988**	**1989**
9,54	12,11	8,88	5,78	5,99	5,44	4,6	3,99	4,28	7,07
1990	**1991**	**1992**	**1993**	**1994**	**1995**	**1996**	**1997**	**1998**	**1999**
8,43	9,18	9,46	7,24	5,31	4,48	3,27	3,3	3,52	2,94

Quelle: Deutsche Bundesbank.

[1] Bis 1990 alte Bundesländer, danach alte und neue Bundesländer.

Wöchentlicher Absatz von Speiseöl (Tonnen)

589	489	204	583	400	409	403	498	608	245
522	402	294	294	405	397	510	434	317	485
373	423	461	463	430	319	303	745	636	638
937	427	569	657	551	436	436	381	360	246
394	413	525	415	442	394	394	432	371	371
369	721								

Quelle: Absatzstatistik eines Öl- und Margarineproduzenten, Ablage zeilenweise.

Tagesabsatz von alkoholfreien Getränken (1000 Harasse) und Tagesdurchschnittstemperatur (°C)

t	Temp.	Absatz	t	Temp.	Absatz	t	Temp.	Absatz
1	14,2	44,54	**11**	26,3	25,01	**21**	15,9	33,1
2	16,8	45,79	**12**	30,7	44,99	**22**	16,1	41,41
3	15,2	38,65	**13**	24,6	52,32	**23**	16,3	36,48
4	13,2	34,85	**14**	20,9	58,58	**24**	15,9	33,29
5	14,9	33,34	**15**	15,5	55,99	**25**	23,2	30,56
6	13	33,53	**16**	15,6	68,15	**26**	26,7	25,81
7	13,3	43,19	**17**	15,9	55,05	**27**	23,3	43,18
8	13,3	30,73	**18**	17,5	32,75	**28**	19,6	45,38
9	14	32,5	**19**	16,1	32,06	**29**	24,1	52,67
10	23,8	28,05	**20**	15,9	32,59	**30**	20,1	36,28
31	19,1	42,92	**41**	22,4	38,62	**51**	20,7	43,91
32	18,6	44,96	**42**	23	42,02	**52**	15,3	47,3
33	20,7	49,15	**43**	23,3	39,03	**53**	14,6	47,01
34	18,4	43,38	**44**	23,8	40,37	**54**	14,1	38,21
35	20	34,57	**45**	17,7	38,97			
36	21	34,58	**46**	20,5	47,65			
37	17,8	43,27	**47**	21,4	54,47			
38	18,3	43,39	**48**	20,8	56,79			
39	16,8	36,3	**49**	21,7	46,04			
40	21,7	30,55	**50**	20,6	35,64			

Quelle: Absatzstatistik eines Getränkeherstellers.

Jährlicher Wertindex für das Bauhauptgewerbe (1985 = 100)

1971	76,8	**1981**	97,7	**1991**	168,1
1972	80,6	**1982**	98,3	**1992**	179,1
1973	77,4	**1983**	108,1	**1993**	182,3
1974	69,3	**1984**	101,8	**1994**	190,5
1975	74,0	**1985**	100,0		
1976	69,4	**1986**	109,1		
1977	80,3	**1987**	106,2		
1978	99,0	**1988**	116,0		
1979	111,4	**1989**	132,2		
1980	114,5	**1990**	152,1		

Quelle: Sachverständigenrat, Jahresgutachten 1995/96.

Wöchentlicher Absatz von Margarine und Backfett (Tonnen)

4059	3095	2822	2822	3554	3494	3400	3731	3588	3262
3253	3605	3470	3639	2967	3752	3152	3152	3681	3001
3182	3400	2577	3730	2911	2991	3217	3221	3217	3223
3203	2859	3113	3613	3635	3654	3508	3635	3405	3405
3822	3992	3882	3796	3637	3910	3725	4013	3586	4108
3539	3508								

Quelle: Absatzstatistik eines Margarineproduzenten, Ablage zeilenweise.

Quartalsweiser Volumenindex des Auftragseingangs für das Bauhauptgewerbe (1985 = 100)

	1987	1988	1989	1990	1991	1992	1993	1994
Q1	81,5	95,1	104,3	124,5	121,4	131,1	126,3	135,1
Q2	114,3	121,5	134,8	141,3	146,5	148,4	144,4	152,6
Q3	117,0	125,0	133,4	136,6	151,0	143,1	146,4	146,5
Q4	98,3	101,2	117,4	127,0	129,6	133,0	135,1	136,1

Quelle: Sachverständigenrat, Jahresgutachten 1995/96 und ältere Gutachten.

Monatlicher Elektroenergieverbrauch eines Kühlhauses (MWh)

	1980	1981	1982	1983	1984	1985	1986	1987	1988	1989
Jan	10,3	9,2	13,4	11,3	10,3	12	15,5	11,7	12,7	12,5
Feb	10,4	8,9	13,4	8,8	10,4	7,9	9,5	11,6	11,1	11,3
Mrz	10,8	11,3	14	14,2	10,9	12,2	7,8	16,1	13,5	13,9
Apr	14,4	12,7	14,6	16	14,4	9,9	12,1	16,8	15,8	16,9
Mai	19,1	17,4	16,4	19,1	18,5	14,9	18,7	21,3	18,2	19,3
Jun	21,8	24,7	20,9	20,2	22	16,6	16	21,2	20	17,7
Jul	19,8	19,9	22,6	19,8	20,6	19,9	18,8	20,5	20,5	19,5
Aug	22	22,1	23,1	19,9	22,2	21,2	21,2	18,1	19,5	17,9
Sep	22,9	22,9	21,1	16,6	19,3	14,3	17	19,7	17,6	19,2
Okt	13,3	20,9	21,3	16,2	18,2	13,3	18,8	19	19,2	17,1
Nov	11,9	12,8	16,4	14,6	11,5	11,9	16,1	15,1	17	16,3
Dez	14,6	12,3	13,1	13,4	12,5	14,6	15,3	15,1	16,7	15,1

Quelle: Statistik eines Fischhandelsunternehmens.

Halbjährlicher privater Verbrauch von Haushalten in den alten Bundesländern (Mrd. DM)

1982 I	1982 II	1983 I	1983 II	1984 I	1984 II	1985 I	1985 II	1986 I	1986 II	1987 I	1987 II	1988 I
443	475	464	500	486	518	498	540	515	553	531	579	556
1988 II	**1989 I**	**1989 II**	**1990 I**	**1990 II**	**1991 I**	**1991 II**	**1992 I**	**1992 II**	**1993 I**	**1993 II**	**1994 I**	**1994 II**
597	590	631	635	686	701	748	741	794	766	823	799	847

Quelle: Sachverständigenrat, Jahresgutachten 1995/96 und ältere Gutachten.

Vom TÜV geprüfte Kraftfahrzeuge und Hänger (Tausend)

1975	1976	1977	1978	1979	1980	1981	1982	1983	1984
8,4	8,6	9,1	9,6	10,6	11,3	11,8	12,4	12,8	12,8
1985	**1986**	**1987**	**1988**	**1989**	**1990**	**1991**	**1992**	**1993**	**1994**
12,0	13,6	12,8	14,1	13,7	15,0	16,9	17,9	18,7	19,0

Quelle: BMV, DIW, Verkehr in Zahlen 1996.

Wochentäglicher Absatz von Mischbrot (Tonnen)

Woche	Mo	Di	Mi	Do	Fr	Woche	Mo	Di	Mi	Do	Fr
1	135,1	93,5	84,0	98,0	186,4	**14**	135,1	89,4	87,4	105,1	182,1
2	136,1	90,5	82,7	94,6	190,5	**15**	136,8	93,1	83,3	96,6	181,4
3	149,4	90,6	84,0	96,6	181,9	**16**	136,3	92,2	82,7	96,7	173,7
4	148,6	111,9	99,5	114,0	198,1	**17**	134,9	88,5	80,7	91,5	176,5
5	146,8	94,9	83,4	98,8	184,2	**18**	127,4	87,5	82,9	96,9	200,5
6	143,7	91,5	87,2	108,6	179,3	**19**	154,9	99,6	86,8	98,3	189,0
7	144,2	95,0	85,6	100,5	185	**20**	142,2	93,6	86,2	98,9	184,3
8	135,3	95,5	90,2	107,7	190,4	**21**	143,0	93,1	84,5	98,5	182,0
9	142,7	94,9	82,5	98,8	192,5	**22**	139,9	94,5	88,7	99,4	191,1
10	139,1	93,4	84,7	98,2	185,5	**23**	141,2	94,6	88,5	104,4	188,2
11	141,0	92,7	82,8	109,7	194,6	**24**	142,2	104,4	92,4	105,5	184,5
12	133,8	91,1	85,6	97,2	173,0	**25**	141,0	92,0	82,0	97,1	182,6
13	129,7	90,8	85,8	97,5	174,9	**26**	140,6	93,6	86,4	98,5	183,1

Quelle: Absatzstatistik einer Großbäckerei.

Bevölkerung der Republik China (Milliarden)

1966	**1967**	**1968**	**1969**	**1970**	**1971**	**1972**	**1973**	**1974**	**1975**
12,99	13,30	13,65	14,34	14,68	15,00	15,29	15,57	15,85	16,15
1976	**1977**	**1978**	**1979**	**1980**	**1981**	**1982**	**1983**	**1984**	**1985**
16,51	16,81	17,14	17,48	17,81	18,14	18,46	18,73	19,01	19,26
1986	**1987**	**1988**	**1989**	**1990**	**1991**	**1992**	**1993**	**1994**	**1995**
19,45	19,67	19,9	20,11	20,36	20,56	20,75	20,94	21,13	21,3

Quelle: Statistical Yearbook of the Republic of China.

Anzahl der jährlich auf deutschen Flughäfen abgefertigten Fluggäste (Tausend) und Ausgaben der Bundesbürger für Auslandsreisen (Mrd. DM)

Jahr	Berlin ges.	Frankfurt	Deutschland	Ausgaben
1980	6395	17605	48393	
1981	6434	17651	48018	
1982	6113	17233	46535	
1983	6363	17727	47670	
1984	6631	18978	51098	35
1985	6946	20225	54876	38
1986	6958	20420	56430	39
1987	7718	23254	63834	42
1988	8294	25115	67988	44
1989	8772	26568	72077	44
1990	8643	29368	79574	48
1991	7705	27872	78388	51
1992	8887	30634	87561	57

Quelle: ADV und Statistisches Bundesamt.

Anzahl der monatlich abgefertigten Fluggäste auf den drei Berliner Flughäfen insgesamt (B) und auf dem Flughafen London-Heathrow (L) (Tausend)

	B 80	L 80	B 81	L 81	B 82	L 82	B 83	L 83	B 84	L 84
Jan	310	1926	316	1857	303	1925	286	1839	298	1936
Feb	303	1767	295	1711	287	1700	278	1628	301	1762
Mar	382	2189	340	2046	344	2060	345	2092	342	2391
Apr	381	2219	387	2227	342	2247	330	2121	347	2363
Mai	435	2303	412	2105	393	2209	388	2232	408	2458
Jun	400	2513	396	2231	379	2364	371	2428	377	2672
Jul	360	2769	364	2627	319	2677	337	2747	351	2934
Aug	389	2892	356	2765	317	2663	331	2693	351	2967
Sep	421	2659	462	2645	386	2574	443	2665	421	2993
Okt	428	2394	434	2409	393	2322	404	2428	425	2653
Nov	360	1919	347	1955	312	1806	322	1922	359	2183
Dez	312	1920	306	1832	288	1857	301	1973	309	2152

	B 85	L 85	B 86	L 86	B 87	L 87	B 88	L 88	B 89	L 89
Jan	309	2112	328	2211	328	2301	369	2550	401	2736
Feb	295	1915	320	1953	336	2123	378	2401	392	2538
Mar	376	2480	368	2474	406	2608	465	2975	472	3184
Apr	361	2553	376	2455	426	2867	444	2995	485	3177
Mai	434	2699	412	2477	493	2949	522	3074	510	3287
Jun	411	2951	399	2712	468	3119	503	3337	531	3521
Jul	371	3153	370	3032	442	3514	450	3696	467	3837
Aug	396	3165	377	3216	475	3547	458	3646	515	3791
Sep	478	3046	441	3109	524	3345	536	3635	574	3778
Okt	441	2727	459	2850	537	3176	570	3454	575	3620
Nov	362	2250	397	2410	438	2603	464	2892	539	3059
Dez	318	2259	332	2412	378	2588	430	2855	478	3060

	B 90	L 90	B 91	L 91	B 92	L 92
Jan	452	3014	430	2653	510	3107
Feb	446	2768	390	2086	516	2957
Mar	539	3381	494	2996	608	3468
Apr	534		524	3152	617	3752
Mai	617		574	3398	614	3795
Jun	581		630	3613	680	3967
Jul	570		598	4018	640	4442
Aug	585		603	4102	632	4463
Sep	641		710	3998	707	4224
Okt	659	3714	703	3825	784	3968
Nov	582	3137	607	3235	621	3432
Dez	502	3046	516	3168	553	3391

Quelle: ADV und ICAO.

Durchschnittlicher Bodenpreis im Distrikt Tokai (1000 Yen)

1946	1947	1948	1949	1950	1951	1952	1953	1954	1955
1,30	3,25	8,32	14,48	17,92	24,15	36,55	49,13	70,70	85,78
1956	**1957**	**1958**	**1959**	**1960**	**1961**	**1962**	**1963**	**1964**	**1965**
97,54	118,26	133,06	150,67	145,41	151,21	149,42	159,51	167,23	170,21

Quelle: Hundred-Year-Statistics of the Japanese Economy.

Nikkei-Index an Handelstagen der Börse von Tokio vom 2.1.97 bis 31.12.97

7451 8295 8284 8115 8590 8579 8878 9323 9433 9590 9523 9375 10169
7563 8256 8344 8174 8810 8514 8739 9354 9310 9622 9424 9585 10387
7603 8292 8337 7964 8871 8483 8685 9429 9214 9798 9604 9637 10433
7606 8340 8420 7941 8830 8518 8774 9505 9287 9697 9694 9607 10073
7561 8301 8423 8085 8953 8475 8762 9590 9176 9510 9720 9835 10040
7683 8376 8471 8203 9114 8461 8865 9808 9250 9466 9524 9903 9943
7722 8502 8621 8332 9073 8451 8890 9709 9141 9537 9378 9888 10188
7798 8342 8627 8283 8854 8429 9013 9730 9076 9663 8715 9851 9994
7861 8412 8627 8215 8917 8599 8808 9718 9572 9611 9055 9901 9952
7883 8607 8425 8049 8736 8444 8955 9681 9565 9645 9026 9898 9977
7914 8704 8568 8153 8671 8465 8831 9836 9451 9700 8879 9977 10120
7979 8631 8574 8305 8657 8418 8873 9699 9465 9713 8921 10308 10240
8076 8770 8466 8385 8642 8775 8999 9430 9483 9860 9224 10266 10230
8107 8692 8456 8365 8454 8892 9021 9334 9319 9973 9341 10318
8129 8540 8349 8428 8301 8849 9114 9233 9195 9799 9419 10398
8038 8496 8375 8338 8340 8808 9301 9219 9116 9796 9444 10538
7947 8549 8476 8610 8280 8725 9316 9230 9371 9632 9327 10587
7937 8567 8481 8577 8286 8802 9124 9112 9318 9775 9356 10457
8031 8438 8530 8553 8385 8923 9154 9173 9502 9794 9452 10254
8262 8356 8310 8458 8490 8776 9334 9343 9492 9771 9285 10128

Quelle: TU-Braunschweig, http://nmzf.home.pages.de, Ablage spaltenweise.

Dow-Jones-Index an Handeltagen der New Yorker Börse vom 6.1.97 bis 30.12.97

9943 9241 9355 9017 9566 10751 10849 10646 9866 9400 8742 7416 6883
9688 9084 9236 8815 9830 10855 10567 10463 9643 9306 8499 7563 7056
9577 8898 9365 8698 9805 10904 10669 10539 9627 9213 8088 7829 6827
9212 8844 9310 8807 9812 10878 10519 10179 9437 9162 8410 7777 6790
8925 9082 9357 8638 10027 10886 10451 10199 9243 9188 8173 7870 7090
9312 9102 9326 8573 10479 10984 10446 10144 9391 8941 8199 7843
9312 9238 9120 8725 10403 11169 10417 10351 9724 9039 8073 7683
9247 9338 9087 8627 10423 11168 10366 10319 9803 9055 8000 7527
9253 9335 9200 8747 10598 11068 10425 10621 9720 8850 7998 7630
8922 9286 9471 8860 10735 11007 10323 10201 9732 8979 7603 7470
8863 9290 9435 8844 10822 11104 10537 10381 9937 8824 7535 7810
9163 9605 9494 8950 10898 11081 10423 10382 9907 8753 7435 7778
9213 9589 9134 9076 10549 11070 10492 10427 9680 8830 7197 7525
9151 9524 9254 8992 10494 11037 10609 10226 9264 8839 7234 7372
8972 9572 9199 9111 10614 10813 10484 10073 9364 9122 7045 7411
9173 9599 9075 9166 10542 10681 10401 9995 9197 8987 7704 7496
9268 9685 9065 9135 10492 10647 10392 10255 9235 8764 7874 7904
9067 9456 8972 9080 10758 10915 10513 10218 9261 8741 7374 7634
9435 9426 8801 9288 10737 10902 10532 9991 9260 8969 7594 7137
9249 9434 8988 9348 10536 10780 10653 9850 9504 8692 7895 6827

Quelle: TU_Braunschweig, http://nmzf.home.pages.de, Ablage spaltenweise.

Wechselkurs Yen in DM vom 2.1.97 bis 30.12.97

2137	2241	2346	2525	2464	2431	2509	2736	2625	2755	2765	2738	3003
2139	2257	2327	2444	2477	2441	2485	2777	2643	2803	2810	2790	3006
2136	2273	2332	2418	2525	2440	2518	2807	2605	2787	2830	2824	2991
2134	2286	2370	2363	2545	2464	2523	2856	2639	2774	2719	2872	3009
2140	2318	2387	2405	2586	2459	2537	2866	2616	2823	2770	2851	2969
2133	2329	2418	2442	2598	2466	2557	2840	2598	2807	2681	2810	2965
2147	2345	2388	2455	2583	2412	2557	2727	2661	2822	2492	2808	3020
2171	2366	2453	2477	2557	2408	2574	2710	2708	2862	2625	2838	3075
2166	2347	2473	2459	2514	2386	2598	2741	2734	2870	2614	2845	3075
2197	2368	2457	2447	2522	2453	2568	2785	2692	2927	2599	2862	
2205	2384	2428	2410	2490	2479	2613	2746	2736	2987	2665	2954	
2191	2392	2440	2426	2437	2480	2625	2706	2735	3003	2694	2953	
2201	2370	2456	2445	2449	2452	2628	2721	2681	2998	2743	2966	
2165	2392	2401	2465	2371	2447	2716	2697	2674	2948	2727	3023	
2195	2370	2428	2453	2429	2457	2740	2687	2638	2883	2677	3051	
2207	2341	2394	2464	2448	2513	2704	2675	2623	2926	2715	3089	
2186	2319	2404	2470	2466	2516	2654	2644	2619	2909	2737	3046	
2184	2324	2417	2501	2518	2499	2708	2687	2654	2906	2688	2973	
2185	2354	2454	2495	2518	2512	2780	2687	2727	2835	2698	2934	
2235	2343	2511	2475	2476	2507	2737	2710	2742	2775	2729	3008	

Quelle: TU-Braunschweig, http://nmzf.home.pages.de, Ablage spaltenweise.

Jahresdurchschnittliche Rendite von Schweizer Aktien und Obligationen (Prozent)

Jahr	Aktie	Oblig.	Jahr	Aktie	Oblig.	Jahr	Aktie	Oblig.	Jahr	Aktie	Oblig.
1926	19,63	6,02	**1946**	7,32	3,41	**1966**	-12,89	2,29	**1986**	9,27	5,70
1927	23,19	5,23	**1947**	9,41	3,05	**1967**	38,66	5,72	**1987**	-32,13	4,94
1928	19,16	4,86	**1948**	-5,36	2,42	**1968**	33,29	6,13	**1988**	21,20	4,26
1929	-6,38	4,86	**1949**	13,16	4,48	**1969**	4,39	0,39	**1989**	20,30	-4,07
1930	-5,32	6,06	**1950**	9,24	5,91	**1970**	-11,26	3,74	**1990**	-21,46	1,22
1931	-35,8	6,11	**1951**	17,84	0,66	**1971**	14,41	10,84	**1991**	16,27	7,88
1932	5,03	4,98	**1952**	8,04	2,20	**1972**	18,34	3,90	**1992**	16,25	11,35
1933	9,11	3,80	**1953**	9,96	3,94	**1973**	-22,31	-0,30	**1993**	41,09	12,20
1934	-7,52	3,46	**1954**	23,22	3,21	**1974**	-40,25	1,89			
1935	-12,02	3,84	**1955**	5,82	1,49	**1975**	38,36	15,34			
1936	42,21	5,59	**1956**	2,10	2,11	**1976**	7,59	15,15			
1937	7,50	4,20	**1957**	-10,82	0,79	**1977**	7,78	8,59			
1938	1,78	5,80	**1958**	20,51	2,85	**1978**	-0,51	7,96			
1939	-18,03	1,75	**1959**	25,62	6,75	**1979**	10,37	-2,07			
1940	3,56	1,78	**1960**	36,78	6,02	**1980**	5,89	2,29			
1941	29,76	6,29	**1961**	40,14	3,73	**1981**	-12,68	1,91			
1942	6,23	3,49	**1962**	-19,5	2,34	**1982**	12,45	11,33			
1943	-1,61	3,42	**1963**	-0,16	1,22	**1983**	24,13	3,34			
1944	5,42	3,00	**1964**	-7,18	2,11	**1984**	4,42	3,31			
1945	14,88	2,64	**1965**	-7,26	4,71	**1985**	47,84	5,65			

Quelle: Schweizer Bankenstatistik.

Umsatzindex des deutschen Großhandels (1986 = 100)

	1980	1981	1982	1983	1984	1985	1986	1987	1988	1989	1990
Jan	83,5	80,9	81,8	84,6	95,8	100,6	100,2	86,2	86,4	97,5	103,4
Feb	82,8	87,9	88,1	85,6	101,1	98,3	94,4	88,5	94,1	99,9	102,9
Mrz	90,6	96,2	105,2	106,3	112,7	112,7	99,4	100,0	109,8	116,5	122,0
Apr	89,6	90,0	95,3	94,0	102,3	110,2	110,8	101,7	99,6	111,4	111,0
Mai	85,7	86,5	90,4	96,7	110,6	111,0	98,2	95,1	102,1	109,5	119,8
Jun	85,1	90,7	93,6	102,3	100,7	104,1	101,1	96,8	105,6	116,3	112,0
Jul	87,4	93,1	88,6	87,7	102,7	110,2	99,4	97,5	96,4	102,2	115,8
Aug	79,4	88,9	90,4	96,8	102,6	104,1	89,6	91,9	103,0	109,2	120,8
Sep	91,3	100,7	99,8	103,9	106,0	109,8	103,4	104,8	110,2	113,5	121,3
Okt	94,8	103,2	95,8	103,5	117,1	120,4	108,0	106,9	109,2	120,4	136,6
Nov	86,4	95,3	98,5	104,8	110,7	107,1	96,2	101,5	111,5	118,3	131,8
Dez	91,0	96,1	100,9	105,4	104,1	103,9	99,4	103,8	113,0	112,6	118,3

	1991	1992	1993	1994
Jan	122,9	120,6	103,1	105,5
Feb	114,5	118,8	110,1	110,2
Mrz	128,2	134,7	133,9	135,4
Apr	131,6	128,4	122,5	118
Mai	125,6	122	115,5	124,6
Jun	128,1	128,1	125,8	127,9
Jul	126,4	124,7	116,9	114,7
Aug	119,1	113,7	115,9	121,4
Sep	127,9	128,5	128,1	131,0
Okt	137,7	129	123,9	127,8
Nov	129,1	123,4	126,8	132,1
Dez	122,9	125,1	124	127,6

Quelle: Statistisches Bundesamt.

Zinsen für Dreimonatsgelder in der Schweiz (Prozent)

1976	1977	1978	1979	1980	1981	1982	1983	1984	1985	1986
1,20	2,11	0,62	1,30	5,03	8,20	4,40	3,31	3,77	4,36	3,36
1987	**1988**	**1989**	**1990**	**1991**	**1992**	**1993**	**1994**	**1995**	**1996**	**1997**
3,22	2,58	6,44	8,32	7,60	7,20	4,29	3,54	2,37	1,43	1,03

Quelle: Sachverständigenrat, Jahresgutachten 1998/99.

Durchschnittszins für Tagesgeld in Deutschland (Prozent)

1960	1961	1962	1963	1964	1965	1966	1967	1968	1969
4,56	2,93	2,66	3,00	3,29	4,10	5,34	3,35	2,59	4,81
1970	**1971**	**1972**	**1973**	**1974**	**1975**	**1976**	**1977**	**1978**	**1979**
8,65	6,16	4,30	10,18	8,87	4,40	3,89	4,14	3,36	5,87
1980	**1981**	**1982**	**1983**	**1984**	**1985**	**1986**	**1987**	**1988**	**1989**
9,06	11,26	8,67	5,36	5,55	5,19	4,57	3,72	4,01	6,59
1990	**1991**	**1992**	**1993**	**1994**	**1995**	**1996**	**1997**	**1998**	**1999**
7,92	8,84	9,42	7,49	5,35	4,50	3,27	3,18	3,41	2,73

Quelle: Deutsche Bundesbank.

Index der jährlichen Bierproduktion in Frankreich (1990 = 100)

1985	1986	1987	1988	1989	1990
101,98	99,59	95,23	93,39	97,24	100,00
1991	**1992**	**1993**	**1994**	**1995**	**1996**
97,63	96,88	106,16	92,33	95,64	89,31

Quelle: Statistisches Jahrbuch Frankreich.

Bauinvestitionen der alten Bundesländer (Mrd. DM)

1985	1986	1987	1988	1989	1990
204,95	208,96	209,57	217,29	227,5	241,49
1991	**1992**	**1993**	**1994**	**1995**	**1996**
249,25	259,71	250,67	258,46	257,64	251,90

Quelle: Statistisches Bundesamt.

Straßenverkehrsunfälle in Deutschland (Tausend)

1981	1982	1983	1984	1985	1986	1987	1988
363	359	374	359	328	342	326	342
1989	**1990**	**1991**	**1992**	**1993**	**1994**	**1995**	**1996**
344	340	385	395	385	393	388	373

Quelle: Statistisches Bundesamt.

Steinkohleförderung in Deutschland (Mio. t)

1980	1981	1982	1983	1984	1985	1986	1987	1988
87,1	88,5	89,0	82,2	79,4	82,4	80,8	76,3	73,3
1989	**1990**	**1991**	**1992**	**1993**	**1994**	**1995**	**1996**	
71,4	70,1	66,4	65,9	58,3	52,4	53,6	48,2	

Quelle: Statistisches Bundesamt.

Wöchentlicher Absatz von Toastbrot (Tausend Stück)

214,0	228,2	234,2	241,8	237,0	234,9	258,8	256,2	257,3	252,7
248,8	242,3	247,9	241,7	245,0	245,3	241,0	245,0	246,0	244,0
245,0	264,6	240,7	248,2	262,0	264,5	263,3	244,3	253,7	264,3
262,2	260,2	273,5	261,3	281,5	252,8	245,3	235,1	245,4	255,4
264,9	236,5	243,3	248,2	242,7	240,1	236,9	230,6	233,8	235,5
233,3	234,2	249,2	234,7	244,5	237,9	231,5	251,0	263,1	244,7
237,6	238,4	246,1	247,7	241,8	236,7	242,1	250,9	243,2	244,4
239,9	248,9	250,3	246,4	248,5	250,5	254,3	252,5	251,3	255,5
257,6	246,0	232,1	242,5	245,1	242,7	219,9	226,8	227,3	224,5
233,9	220,3	234,3	235,0	222,9	220,3	236,2	240,2	235,7	237,3
221,8	231,6	239,5	224,9	244,0	243,9	248,3	238,4	237,5	255,5
261,1	256,9	249,9	235,1	241,0	244,1	240,1	216,6	230,5	236,8
228,0	231,8	235,7	231,8	233,1	225,4	225,5			

Quelle: Absatzstatistik einer Großbäckerei, Ablage zeilenweise.

Kalendermatrix 1980-1994

	1980							1981							1982						
	d_1	d_2	d_3	d_4	d_5	d_6	f_t	d_1	d_2	d_3	d_4	d_5	d_6	f_t	d_1	d_2	d_3	d_4	d_5	d_6	f_t
Jan	0	1	1	1	0	0	0	0	0	0	1	1	1	0	-1	-1	-1	-1	0	0	0
Feb	0	0	0	0	1	0	0,75	0	0	0	0	0	0	-0,25	0	0	0	0	0	0	-0,25
Mrz	0	-1	-1	-1	-1	0	0	0	0	-1	-1	-1	-1	0	1	1	1	0	0	0	0
Apr	0	1	1	0	0	0	0	0	0	1	1	0	0	0	0	0	0	1	1	0	0
Mai	0	0	0	1	1	1	0	-1	-1	-1	-1	0	0	0	0	-1	-1	-1	-1	0	0
Jun	0	-1	-1	-1	-1	-1	0	1	1	0	0	0	0	0	0	1	1	0	0	0	0
Jul	0	1	1	1	0	0	0	0	0	1	1	1	0	0	0	0	0	1	1	1	0
Aug	-1	-1	-1	-1	0	0	0	0	-1	-1	-1	-1	0	0	0	0	-1	-1	-1	-1	0
Sep	1	1	0	0	0	0	0	0	1	1	0	0	0	0	0	0	1	1	0	0	0
Okt	0	0	1	1	1	0	0	0	0	0	1	1	1	0	-1	-1	-1	-1	0	0	0
Nov	-1	-1	-1	-1	-1	0	0	0	-1	-1	-1	-1	-1	0	1	1	0	0	0	0	0
Dez	1	1	1	0	0	0	0	0	1	1	1	0	0	0	0	0	1	1	1	0	0

	1983							1984							1985						
	d_1	d_2	d_3	d_4	d_5	d_6	f_t	d_1	d_2	d_3	d_4	d_5	d_6	f_t	d_1	d_2	d_3	d_4	d_5	d_6	f_t
Jan	0	-1	-1	-1	-1	0	0	0	0	-1	-1	-1	-1	0	0	1	1	1	0	0	0
Feb	0	0	0	0	0	0	-0,25	0	0	1	0	0	0	0,75	0	0	0	0	0	0	-0,25
Mrz	0	1	1	1	0	0	0	0	0	0	1	1	1	0	-1	-1	-1	-1	0	0	0
Apr	0	0	0	0	1	1	0	0	-1	-1	-1	-1	-1	0	1	1	0	0	0	0	0
Mai	0	0	-1	-1	-1	-1	0	0	1	1	1	0	0	0	0	0	1	1	1	0	0
Jun	0	0	1	1	0	0	0	0	0	0	0	1	1	0	-1	-1	-1	-1	-1	0	0
Jul	-1	-1	-1	-1	0	0	0	0	0	-1	-1	-1	-1	0	1	1	1	0	0	0	0
Aug	1	1	1	0	0	0	0	0	0	1	1	1	0	0	0	0	0	1	1	1	0
Sep	0	0	0	1	1	0	0	-1	-1	-1	-1	-1	0	0	0	-1	-1	-1	-1	-1	0
Okt	0	-1	-1	-1	-1	0	0	1	1	1	0	0	0	0	0	1	1	1	0	0	0
Nov	0	1	1	0	0	0	0	0	0	0	1	1	0	0	0	0	0	0	1	1	0
Dez	0	0	0	1	1	1	0	0	-1	-1	-1	-1	0	0	0	0	-1	-1	-1	-1	0

	1986							1987							1988						
	d_1	d_2	d_3	d_4	d_5	d_6	f_t	d_1	d_2	d_3	d_4	d_5	d_6	f_t	d_1	d_2	d_3	d_4	d_5	d_6	f_t
Jan	0	0	1	1	1	0	0	-1	-1	-1	0	0	0	0	-1	-1	-1	-1	0	0	0
Feb	0	0	0	0	0	0	-0,25	0	0	0	0	0	0	-0,25	1	0	0	0	0	0	0,75
Mrz	0	-1	-1	-1	-1	0	0	0	0	-1	-1	-1	-1	0	0	1	1	1	0	0	0
Apr	0	1	1	0	0	0	0	0	0	1	1	0	0	0	0	0	0	0	1	1	0
Mai	0	0	0	1	1	1	0	-1	-1	-1	-1	0	0	0	0	0	-1	-1	-1	-1	0
Jun	0	-1	-1	-1	-1	-1	0	1	1	0	0	0	0	0	0	0	1	1	0	0	0
Jul	0	1	1	1	0	0	0	0	0	1	1	1	0	0	-1	-1	-1	-1	0	0	0
Aug	-1	-1	-1	-1	0	0	0	0	-1	-1	-1	-1	0	0	1	1	1	0	0	0	0
Sep	1	1	0	0	0	0	0	0	1	1	0	0	0	0	0	0	0	1	1	0	0
Okt	0	0	1	1	1	0	0	0	0	0	1	1	1	0	0	-1	-1	-1	-1	0	0
Nov	-1	-1	-1	-1	-1	0	0	0	-1	-1	-1	-1	-1	0	0	1	1	0	0	0	0
Dez	1	1	1	0	0	0	0	0	1	1	1	0	0	0	0	0	0	1	1	1	0

	1989							1990							1991						
	d_1	d_2	d_3	d_4	d_5	d_6	f_t	d_1	d_2	d_3	d_4	d_5	d_6	f_t	d_1	d_2	d_3	d_4	d_5	d_6	f_t
Jan	0	0	-1	-1	-1	-1	0	1	1	1	0	0	0	0	0	1	1	1	0	0	0
Feb	0	0	0	0	0	0	-0,25	0	0	0	0	0	0	-0,25	0	0	0	0	0	0	-0,25
Mrz'	0	0	1	1	1	0	0	0	0	0	1	1	1	0	-1	-1	-1	-1	0	0	0
Apr	-1	-1	-1	-1	-1	0	0	0	-1	-1	-1	-1	-1	0	1	1	0	0	0	0	0
Mai	1	1	1	0	0	0	0	0	1	1	1	0	0	0	0	0	1	1	1	0	0
Jun	0	0	0	1	1	0	0	0	0	0	0	1	1	0	-1	-1	-1	-1	-1	0	0
Jul	0	-1	-1	-1	-1	0	0	0	0	-1	-1	-1	-1	0	1	1	1	0	0	0	0
Aug	0	1	1	1	0	0	0	0	0	1	1	1	0	0	0	0	0	1	1	1	0
Sep	0	0	0	0	1	1	0	-1	-1	-1	-1	-1	0	0	0	-1	-1	-1	-1	-1	0
Okt	0	0	-1	-1	-1	-1	0	1	1	1	0	0	0	0	0	1	1	1	0	0	0
Nov	0	0	1	1	0	0	0	0	0	0	1	1	0	0	0	0	0	0	1	1	0
Dez	-1	-1	-1	-1	0	0	0	0	-1	-1	-1	-1	0	0	0	0	-1	-1	-1	-1	0

	1992							1993							1994						
	d_1	d_2	d_3	d_4	d_5	d_6	f_t	d_1	d_2	d_3	d_4	d_5	d_6	f_t	d_1	d_2	d_3	d_4	d_5	d_6	f_t
Jan	0	0	1	1	1	0	0	-1	-1	-1	-1	0	0	0	0	-1	-1	-1	-1	0	0
Feb	0	0	0	0	0	0	0,75	0	0	0	0	0	0	-0,25	0	0	0	0	0	0	-0,25
Mrz	0	0	-1	-1	-1	-1	0	1	1	1	0	0	0	0	0	1	1	1	0	0	0
Apr	0	0	1	1	0	0	0	0	0	0	1	1	0	0	0	0	0	0	1	1	0
Mai	-1	-1	-1	-1	0	0	0	0	-1	-1	-1	-1	0	0	0	0	-1	-1	-1	-1	0
Jun	1	1	0	0	0	0	0	0	1	1	0	0	0	0	0	0	1	1	0	0	0
Jul	0	0	1	1	1	0	0	0	0	0	1	1	1	0	-1	-1	-1	-1	0	0	0
Aug	0	-1	-1	-1	-1	0	0	0	0	-1	-1	-1	-1	0	1	1	1	0	0	0	0
Sep	0	1	1	0	0	0	0	0	0	1	1	0	0	0	0	0	0	1	1	0	0
Okt	0	0	0	1	1	1	0	-1	-1	-1	-1	0	0	0	0	-1	-1	-1	-1	0	0
Nov	0	-1	-1	-1	-1	-1	0	1	1	0	0	0	0	0	0	1	1	0	0	0	0
Dez	0	1	1	1	0	0	0	0	0	1	1	1	0	0	0	0	0	1	1	1	0

Teststatistiken

Durbin-Watson-Statistik für eine Irrtumswahrscheinlichkeit von 5% und n Beobachtungen

n	60	65	70	75	80	85	90	95	100
$d_u(n)$	1,62	1,63	1,64	1,65	1,66	1,67	1,68	1,69	1,69
$d_o(n)$	2,38	2,37	2,36	2,35	2,34	2,33	2,32	2,31	2,31

Chi-Quadrat-Statistik für eine Irrtumswahrscheinlichkeit von 5% und k Freiheitsgrade (k = Maximallag - Anzahl Modellparameter)

k	8	9	10	11	12	13	14	15	16
v(k)	15,507	16,919	18,307	19,675	21,026	22,362	23,685	24,996	26,296

Symbolverzeichnis

α	Drift eines Random Walks
acf	Autokorrelationsfunktion (engl. Kürzel)
AR(p)	Autoregression über p Perioden
ARMA(p,q)	Kombination von Autoregression und Gleitmittel
AIC	Akaike Information Criterion
a_t	„Weißes" Rauschen
B	Rückwärts-Verschiebeoperator
c_j	Gewicht eines gleitenden Durchschnitts
$\gamma(\tau)$	Kovarianz eines schwach stationären Prozesses
Cov(X,Y)	Kovarianz zweier Zufallsvariablen
Corr(X,Y)	Korrelation zweier Zufallsvariablen
χ^2	Test-Statistik der Chi-Quadrat-Verteilung
d	Testgröße der Durbin-Watson-Statistik
d_0	Absolutglied einer Autoregression
d_j	Gewicht einer Autoregression
E(X)	Erwartungswert einer Zufallsvariablen
f_j	Frequenz
h	Prognose-Horizont
$I(f_j)$	Periodogramm zur Frequenz f_j
λ	Nullstelle der charakteristischen Gleichung
μ	Erwartungswert einer Wahrscheinlichkeitsverteilung
m	Anzahl Perioden eines Saisonzyklus
MA(q)	Gleitmittel über q Perioden
N.V.(μ, σ^2)	Normalverteilung mit Erwartungswert μ und Varianz σ^2
n	Anzahl der Beobachtungen einer Zeitreihe
OKI	oberer Grenze einer Intervall-Prognose
Ω	Ereignismenge
Q	Box-Pierce-Statistik
Q*	modifizierte Box-Pierce-Statistik
r	Prognose-Rhythmus
r_τ	Korrelation zum Lag τ
pacf	partielle Autokorrelationsfunktion (engl. Kürzel)
$\rho(\tau)$	Korrelation eines schwach stationären Prozesses
p_τ	partielle Korrelation zum Lag τ
s^2	Varianz eines statistischen Merkmals
s	Standardabweichung eines statistischen Merkmals
sk_t	Saisonfunktion der Holt-Winters-Glättung
s_{xy}	Kovarianz zweier statistischer Merkmale
σ^2	Varianz einer Zufallsvariablen
σ	Standardabweichung einer Zufallsvariablen

σ_a^2	Varianz des „Weißen Rauschens" bzw. Restvarianz
t	Beobachtungsperiode
T	Menge von Zeitpunkten
τ	Time-Lag
UKI	untere Grenze einer Intervall-Prognose
u_t	Niveau-Funktion der Holt-Winters-Glättung
v	Prognose-Wertesatz
$Var(X)$	Varianz einer Zufallsvariablen
w_j	Gewicht eines Mittelwertes
w_t	Trendfunktion der Holt-Winters-Glättung
$x^{(q)}{}_{med}(t)$	gleitender Median der Spanne q
$x^{(T4253H)}{}_{med}(t)$	robuste Glättung nach Velleman
$\bar{x}^{(q)}{}_t$	gleitender Durchschnitt der Spanne q
$\{X_t\}$	stochastischer Prozess
$\{x_t\}$	Zeitreihe
$x_T(t)$	Trend-Komponente
$x_S(t)$	Saison-Komponente
$x_Z(t)$	zyklische Komponente
$x_R(t)$	Rest-Komponente
$\hat{x}_t(h)$	Punkt-Prognose-Wert für die Periode t+h
$\hat{X}_t(h)$	Prognose-Variable für die Periode t+h
z	Variable eines transformierten Operator-Polynoms

Abbildungsverzeichnis

Tabellenverzeichnis

Literaturverzeichnis

Andrews, D. F.; Herzberg, A. M.: Data, Springer-Verlag 1985

Bamberg, G.; Baur, F.: Statistik, R. Oldenbourg Verlag München Wien, 7. Auflage 1992

Box, G. E. P.;Jenkins, G. M.: Time Series Analysis, Forecasting and Control, Holden-Day 1970

Bühl, A.;Zöfel, P.: SPSS für Windows Version 7.5, Addison-Wesley 1996

Chatfield, C.: Analyse von Zeitreihen, Teubner-Verlag Leipzig 1982

DeLurgio, A. St.: Forecasting Principles and Applications, McGraw-Hill 1998

Eaton, J.;Milgate, M.;Newman, P.: Time Series and Statistics, Macmillan Press 1990

Eckstein, P.: Angewandte Statistik mit SPSS, Gabler-Verlag 1999

Edel, K; Schäffer, K. A.; Stier, W.(Hrsg.): Analyse saisonaler Zeitreihen, Physica-Verlag 1997

Flieger, A.; Toutenburg, H.: SPSS-Trends für Windows, Prentice Hall 1995

Fuller, W. A.: Introduction to Statistical Time Series, John Wiley & Sons 1976

Gardner, S. E.: Exponential Smoothing: The State of the Art, J. of Forecasting 4(1985), S. 1-28

Gardner, S. E.: The Spreadsheet Forecast Manager, McGraw Hill Inc. 1994

Gaynor, P. E.; Kirkpatrick, R. .C.: Introduction to time-series Modelling and Forecasting in Business and Economics, McGraw-Hill 1994

Götze, W.; Müller, J. A.: Analyse und Vorhersage ökonomischer Prozesse, Lehrmaterial Hochschule für Ökonomie Berlin, Sektion Wirtschaftsinformatik, 1989

Götze, W.: Vorhersageorientierte Modellwahl zur Vorausberechnung von Zeitreihen aus Lebensmittelkombinaten, Messen Steuern Regeln 34(1991)4, S.267-271

Götze, W.: Specification and Forecasting Basic Structural Time Series Models, Wissenschaftliche Zeitschrift der Humboldt-Universität, Geistes- und Sozialwissenschaften, 2/1992, S.31-44

Götze, W.: Computerunterstützte Ausbildung von Betriebswirten und Wirtschaftsinformatikern am Beispiel der Statistik-Ausbildung mit SPSS, Diskussionsbeiträge des Fachbereiches Wirtschaft der FH Stralsund 4/1996, S. 1-13

Götze, W.: Auswertung der Abhängigkeit zwischen zwei statistischen Merkmalen, Studienbrief 2-030-0902 des FVL, Berlin 1998

Granger, C. W. J.: Forecasting in Business and Economics, Academic Press Inc. 2. Auflage 1989

Gruber, G.: Langfristige Abhängigkeit, Pseudozyklen und Selbstähnlichkeit in ökonomischen Zeitreihen, Service Fachverlag Wien, 1994

Hartung, J. u. A.: Statistik, R. Oldenbourg-Verlag, 8. Auflage, 1991

Hehn, E.: Zeitreihenanalyse von Optionsscheinpreisen zur Beurteilung von Kurschancen und –risiken, Europäischer Verlag der Wissenschaften Frankfurt 1994

Heiler, S.; Michels, P.: Deskriptive und explorative Datenanalyse, R. Oldenbourg-Verlag, 1994

Herwartz, H.: Analyse saisonaler Zeitreihen mit Hilfe periodischer Zeitreihenmodelle, Verlag Josef Eul, 1995

Kohlmüller, G.: Analyse von Zeitreihen mit Kalenderunregelmäßigkeiten, Verlag Josef Eule Köln, 1987

Lauer, W.: Frankenberg, P.: Zur Rekonstruktion des Klimas im Bereich der Rheinpfalz seit Mitte des 16. Jh. mit Hilfe von Zeitreihen der Weinquantität und Weinqualität, Gustav-Fischer-Verlag 1986

Lütkepohl, H.: Introduction to Multiple Time Series Analysis, 2. Auflage, Springer Verlag 1992

Meinlschmidt, G.;Meyer, H.: Zur Automatisierung des Prognoseverfahrens von Holt und Winters, Allg. Stat. Archiv 72(1988)3, S. 259-268

Mohr, W.: Untersuchungen zur Anwendung der Box-Cox-Transformation in der Zeitreihenanalyse, Allg. Stat. Archiv, 67(1983), S. 177-198

Missong, M.: Aufgabensammlung zur deskriptiven Statistik, R. Oldenbourg Verlag, 1. Auflage 1993

Nelson, C. R.: Applied Time Series Analysis for Managerial Forecasting, Holden Day 1973

Pauly, R.; Schell, A.: Calendar Effects in Structural Time Series Models with Trend and Season, Empirical Economics 14(1989), S. 241-256

Pecar, B.: Business Forecasting for Management, McGraw-Hill 1994

Rönz, B.; Strohe, H. G. (Hrsg.): Lexikon Statistik, Gabler Verlag 1994

Rönz, B.;Förster, E.: Regressions- und Korrelationsanalyse, Gabler-Verlag 1992

Rycroft, R. .S.: Microcomputer software of interest to forecasters in comparative review: An update; Int. Journal of Forecasting, 15(1999), S. 93-120

Scheer, A. W.: Absatzprognosen, Springer-Verlag 1983

Schlittgen, R.: Robuste Glättung ökonomischer Zeitreihen, Allg. Stat. Archiv 74(1990), S. 223-250

Schlittgen, R.; Streitberg, B.: Zeitreihenanalyse, R. Oldenbourg-Verlag, 6. Auflage 1995

Schülen, H.: Langfristige Automobilmarktprognosen, Schulz-Kirchner-Verlag 1985

Siegmann, F.: EDV-gestützte Kurzfristprognose mit Hilfe modifizierter Verfahren der Saisonbereinigung, Emp. Wirtschaftsforschung Bd. 24, LIT-Verlag 1993

Thury, G.: The Consequences of Trading Day Variation and Calendar Effects for ARIMA-Model-Building and Seasonal Adjustment, Empirica 1(1986), S.3-25

Tong, H.: Threshold Models in Non-linear Time Series Analysis, Springer-Verlag 1983

Wallgren, A. u. A.: Graphing Statistics Data, Sage Publications, Inc. 1996

Weber, K.: Prognosemethoden und –Software, Schulz-Kirchner-Verlag 1991

Winkler, P.: Empirische Wirtschaftsforschung, Springer-Verlag 1997

Wolfram, St.: Mathematica, Nachdruck 2. Auflage, Addison-Wesley 1994

Handbücher SPSS 9.0

Auswahl von Datenquellen

Informationssystem Statis-Bund des Statistischen Bundesamtes Wiesbaden auf CD-ROM

International Statistical Yearbook mit Beiträgen von OECD, IWF, Eurostat und Statistischem Bundesamt auf CD-ROM

Jahresberichte der Deutschen Hotel- und Gaststätteninnung (DEHOGA)

Statistische Beihefte und Monatsberichte der Deutschen Bundesbank

Verkehr in Zahlen, Deutsches Institut für Wirtschaftsforschung Berlin

Internetadressen

Statistisches Amt der Vereinigten Staaten (http://www.census.gov)

Eurostat (http://europa.eu.imt/eurostat.html))

Statistisches Bundesamt Wiesbaden (http://www.statistik-bund.de)

Stichworte

www.ingramcontent.com/pod-product-compliance
Lightning Source LLC
LaVergne TN
LVHW042237300926
849161LV00003B/387